Début d'une série de documents
en couleur

COLLECTION JULES ROUFF
1 fr. 50 le volume

PAUL DE KOCK

UNE FÊTE

AUX ENVIRONS DE PARIS

ET

CONTES ET CHANSONS

Nouvelle édition

PARIS
JULES ROUFF, ÉDITEUR
14, CLOITRE SAINT-HONORÉ, 14

EN VENTE A LA MÊME LIBRAIRIE :

ŒUVRES CHOISIES
DE
CH. PAUL DE KOCK

La Laitière de Montfermeil	Un jeune Homme charmant
Mon voisin Raymond	L'Homme de la nature
Georgette	La Femme, le Mari, l'Amant
Sœur Anne	Un Mari perdu
Le Cocu	Moustache
Madeleine	Le Barbier de Paris
Gustave le mauvais sujet	André le Savoyard
La Pucelle de Belleville	Monsieur Dupont
Un Tourlourou	La Maison-Blanche
Jean	L'Enfant de ma femme
Un bon Enfant	Nouvelles et Théâtre
Zizine	Fête aux environs de Paris
Ni jamais ni toujours	Contes et Chansons

CHAQUE ROMAN COMPLET EN UN SEUL VOLUME
Format in-18 jésus, vélin glacé
Prix : 1 franc 50 centimes.

A. CARCASSONNE
THÉATRE D'ENFANTS
Petites comédies en vers
A L'USAGE DES FAMILLES ET DES PENSIONNATS
1 vol. in-18, Prix : 2 francs.

ALEXIS BOUVIER
LA FEMME DU MORT. 1 fort vol. Prix. . . . 3 fr.
LA GRANDE IZA. 1 fort vol. de 700 pages Prix. 3 fr.

Paris. — Imprimerie Vve P. LAROUSSE et Cie, rue Montparnasse, 19.

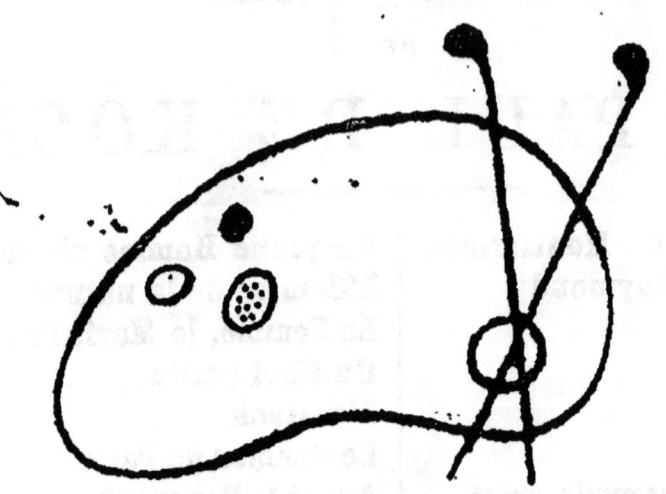

**Fin d'une série de documents
en couleur**

UNE FÊTE

AUX ENVIRONS DE PARIS

ET

CONTES ET CHANSONS

ŒUVRES CHOISIES

DE

PAUL DE KOCK

UNE FÊTE

AUX ENVIRONS DE PARIS

ET

CONTES ET CHANSONS

PARIS

JULES ROUFF ET Cie, ÉDITEURS

14, CLOITRE SAINT-HONORÉ, 14

Tous droits réservés.

UNE FÊTE

AUX

ENVIRONS DE PARIS

— Ma femme, je veux que tu t'amuses demain, et mes enfants aussi; c'est le diable pour te faire sortir; quand tu as été passer deux heures le matin aux Tuileries, c'est fini, en voilà pour la journée; tu fais rentrer tout le monde, et le soir tu crois que tu t'es bien amusée...

— Mais, mon ami.... — Mais, ma chère amie, permets-moi de parler d'abord : il ne faut pas être égoïste et ne vivre que pour soi. Notre fille a quinze ans passés, à cet âge-là on aime à prendre l'air, à se promener, et à voir autre chose que les jupons de sa mère, quoique certainement tes jupons soient fort respectables...

— Mon ami, vous savez bien qu'il nous vient du monde, et Léonore... — Oui, je sais qu'il nous vient de la société, entre autres M. Bellefeuille, ce jeune peintre de genre, qui s'est jeté dans le romantique, parce qu'il croit que ça lui va bien de laisser croître ses favoris et d'avoir un bouquet de poils sous la lèvre inférieure. Qu'on soit classique ou romantique, ça m'est bien égal, pourvu qu'on gagne de l'argent. S'il aime vraiment Léonore, nous verrons : je ne dis pas que je la lui donnerai; je ne dis pas que je la lui refuserai; nous avons du temps devant nous. J'en reviens à mon projet pour demain. Il faut nous amuser; il faut aller à quelque fête aux environs de Paris. C'est si gentil une fête de village!... Tu ne connais pas ça, toi; tu ne veux jamais passer les barrières; et cependant il me semble que les habitants de Paris devraient en connaître au moins les environs; d'ailleurs la banlieue, c'est encore Paris; on y reçoit le journal à midi au lieu de huit heures, et on y paye les lettres quatre sous au lieu de trois, voilà toute la différence; nous avons beaucoup de gens de mérite, d'hommes à talents, tels que poëtes, peintres, libraires même... c'est-à-dire anciens libraires, qui habitent maintenant la banlieue, parce qu'on y vit à meilleur marché, on y paye la viande un sou de moins par livre... Tu conçois que c'est une grande économie. Sur deux cents livres de viande qu'on prend dans l'année, on a dix francs de bénéfice... Il est vrai qu'on dépense bien vingt-cinq francs en voiture pour aller à Paris faire ses courses... mais c'est égal, c'est très-économique de vivre à la campagne... nous irons demain.

— Je ne suis pas grande marcheuse, et... — Nous prendrons des omnibus, des citadines; est-ce qu'il n'y a pas des voitures partout à présent? bientôt on fera le tour du monde pour six sous. Tiens! notre fils saute déjà de joie!... Ce pauvre Alexandre! comme il va s'en donner... s'amuser à la campagne!... Hein! — Oh! oui, papa!... — C'est convenu, tu t'arrangeras pour être au moins prête à midi, car il ne faut pas se mettre en route à quatre heures du soir, quand on veut aller dîner à la campagne. Je vais m'informer où il y a fête de village... Vous verrez, madame Barbeau, vous m'en direz des nouvelles...

M. Barbeau a quitté sa femme; vous croyez peut-être que c'est pour aller prendre des informations pour le lendemain, et se fixer sur l'endroit où il conduira sa famille? pas du tout. M. Barbeau n'a pas fait dix pas hors de chez lui, que déjà il ne songe plus à ce qu'il a dit à sa femme et projeté pour le lendemain. Il rencontre un ami, l'aborde, lui prend le bras, lui souhaite le bonjour, et s'est informé de sa santé, tout cela sans laisser à l'ami le temps de répondre. Puis il a déjà entamé la conversation, si toutefois on peut dire conversation quand c'est toujours le même qui parle ; et remarquez bien qu'au milieu de ses discours, M. Barbeau se rappelle sans cesse de nouveaux faits qui amènent de nouvelles histoires, qui nécessitent de nouveaux éclaircissements, en sorte qu'il n'y a plus de raison pour que cela finisse ; vous ne vous rappelez plus le point d'où votre parleur est parti, lui-même l'oublie souvent ; car à propos d'une pièce des Variétés, il va en venir à parler de la Belgique ou des pâtés de Lesage ; c'est absolument comme dans les *Mille et une Nuits,* une histoire en amène une autre, qui en fait arriver une foule ; ensuite tirez-vous de là si vous pouvez, et lorsque vous voulez, par hasard, placer une phrase, une réflexion, M. Barbeau vous arrête en s'écriant : — Permettez... je n'ai pas fini...

Tout cela n'empêche pas que M. Barbeau ne soit un bon vivant, un homme tout rond, au physique comme au moral ; gai, jovial, aimable même, excepté pour les bavards, qui ne pourraient vivre avec lui. C'est un ancien libraire ; il a connu beaucoup d'hommes d'esprit ; il se rappelle un mot de l'un, un trait de l'autre ; il aime à placer cela en causant. Sa conversation est amusante pour quelqu'un qui veut bien se borner à écouter. Il a fait beaucoup d'affaires ; il oublie les mauvaises et ne se souvient que des bonnes. C'est un heureux caractère ; ne s'inquiétant jamais d'avance, ne s'inquiétant même pas dans les moments difficiles ; distrait, sans souci, voyant un bon côté dans les choses plus fâcheuses. Lorsque ses affaires allaient mal, qu'il y avait mille raisons pour être tourmenté du présent et inquiet de l'avenir, que faisait M. Barbeau ? il sortait dès le matin de chez lui et passait sa journée à jouer aux dominos. Mais il est resté l'ami de tout le monde : c'est le meilleur éloge qu'on puisse faire de lui.

Madame Barbeau est aussi calme que son époux est vif, et comme les extrêmes se touchent, c'est une preuve qu'ils s'accordent. Leur fille a quinze ans, elle est timide et parle peu ; leur fils en a dix, et il fait déjà autant de bruit que son père. Voilà toute la famille, et le lendemain dimanche, la maman et les enfants sont habillés et prêts depuis onze heures du matin ; mais il est midi passé, et on attend en vain M. Barbeau, qui est sorti de très-bonne heure en disant qu'il ne serait que cinq minutes absent.

Le peintre de genre est venu rendre visite à ces dames ; il demande la permission d'être de la partie de campagne, il y fera quelques croquis.

Mais le temps s'écoule, et le chef de la famille ne revient pas. La jeune fille soupire en regardant la pendule ; le peintre soupire en regardant la jeune fille, et le petit garçon en regardant son pantalon neuf. Il n'y a que la maman qui conserve son air de bonne humeur : après vingt ans de ménage, on est habitué à attendre son mari.

Enfin, sur les deux heures, M. Barbeau arrive avec un petit homme sec et blême, qui salue gracieusement toute la famille, pendant que notre ancien libraire s'écrie : — Me voilà !... Figurez-vous que j'avais tout à fait oublié la partie de campagne !... j'ai rencontré un ami avec lequel j'ai déjeuné... c'est un homme que je n'avais pas vu depuis douze ans au moins !... il lui est arrivé bien des aventures depuis ce temps ; il me les a contées ; je vous les conterai en route. Après le déjeuner, nous nous promenions tranquillement au Palais-Royal ; là je rencontre Grigou, que voilà ; il me dit en causant : Il fait très-beau, j'ai envie d'aller à la campagne. Là-dessus, je me frappe le front en m'écriant : Ah ! mon Dieu ! et tout le monde qui m'attend à la maison pour aller à une fête de village!... J'ai proposé à Grigou de venir avec nous, il a accepté : plus on est de fous, plus on rit... Allons, ma femme, fais chercher un fiacre... mais surtout, dis à la bonne de le choisir grand.

Le fiacre est arrivé; quoiqu'il soit grand, la société ne s'y place qu'avec peine, parce que M. Barbeau remplirait presque à lui seul le fond de la voiture. On s'arrange tant bien que mal, les enfants à côté de leur mère, M. Grigou presque caché derrière M. Barbeau, auquel il dit : Je vais étouffer, tandis que celui-ci répond : Vous êtes bien... tâchez de ne pas trop remuer.

— Où allons-nous? demande le cocher.

A cette question fort naturelle, chacun se regarde, et madame Barbeau dit à son mari :

— Eh bien! mon ami, où allons-nous?

— Le diable m'emporte si j'en sais rien... Cocher, où y a-t-il une fête champêtre aujourd'hui?

Le cocher réfléchit quelque temps, puis répond : Dame!... il y a Tivoli... la Chaumière... — Ce n'est pas ça, nous voulons aller à 'a campagne, dans un endroit où l'on s'amuse. — Ah! c'est différent... Voulez-vous que je vous mène aux Batignolles, chez le père Lathuille? — Nous connaissons le père Lathuille ; on dine bien chez lui; mais ce n'est pas assez champêtre. — Je crois que c'est la fête à Belleville. — Va pour Belleville. En route!

— Mais, dit Grigou en essayant de sortir un peu de dessous M. Barbeau, Belleville n'est pas très-champêtre.... c'est comme un faubourg de Paris : nous ferions mieux... — Allons, vous voilà déjà d'un autre avis que les autres, vous! On doit s'amuser à Belleville, nous verrons la fête..... Laissez-vous donc conduire et ne remuez pas tant.

Le petit homme ne dit plus rien; il tâche seulement d'avoir une main libre afin de pouvoir tirer son mouchoir de sa poche pour s'essuyer le visage. Pendant toute la route, M. Barbeau a conté les aventures de l'ami qu'il a rencontré le matin.

On l'a laissé parler sans l'interrompre : la famille en a l'habitude. Le jeune peintre regarde Léonore en ayant l'air d'écouter le papa. Quant à l'ami Grigou, il ne se contente pas toujours du rôle d'auditeur; il aime aussi à conter son histoire, à dire son mot; mais, en voiture, il laisse parler Barbeau, en se disant : — J'aurai mon tour dans les champs.

On arrive à Belleville. Le cocher arrête devant l'île d'Amour. La société descend, renvoie le fiacre, et se promène quelques instants dans la grande rue du village en y cherchant quelque chose qui annonce une fête. Mais tout est fort tranquille, il n'y a pas une boutique de pain d'épice ni de mirlitons. La maman se promène gravement en tenant le bras de sa fille; le petit garçon marche au milieu du ruisseau et tâche de se crotter pour faire au moins quelque chose; le peintre cherche en vain un site champêtre dans la grande rue de Belleville, et Grigou regarde de tous côtés d'un air de mauvaise humeur, en murmurant : — Est-ce que c'est ça qu'ils appellent la campagne?

Tout à coup M. Barbeau s'arrête devant la société en disant : — Ah çà, nous nous promenons depuis un quart d'heure comme des imbéciles : est-ce que vous vous amusez ici?

— Non, pas du tout. — Ni moi. — Ni moi. Le cocher est une bête, il n'y a pas de fête ici; mais nous ne sommes pas obligés d'y rester. Montons le village, et allons au bois de Romainville, c'est peut-être là qu'est la fête.

— Romainville!... je n'aime pas ce bois-là, dit M. Grigou; une fois, en voulant avoir une châtaigne..... — Allons, Grigou, vous n'êtes jamais de l'avis des autres, il faut mettre du sien en société... vous voulez toujours faire vos volontés, c'est ridicule.—Mais il me semble au contraire..... — Nous allons à Romainville, c'est convenu.

On monte Belleville, on traverse le parc Saint-Fargeau, on est dans la campagne.

— Ah! papa! un âne! s'écrie le petit garçon. — Veux tu aller à âne? — Oh! oui, papa!... — Nous allons en louer, il faut s'amuser à la campagne! Nonore ira aussi.. Et toi, ma femme?.... — Ah! par exemple, êtes-vous fou, monsieur Barbeau?... — Aimes-tu mieux un cheval?... Je vais te louer un petit *cognard*. — Ni cheval ni âne; est-ce que je saurais me tenir là-dessus?..... — Grigou, vous irez à cheval?.... — Moi, je n'y ai pas monté depuis... ma foi... attendez donc... — Ce n'est pas la peine... je vais louer des chevaux.

M. Barbeau va faire seller deux ânes et deux chevaux. Sa fille et son fils montent sur les plus paisibles animaux. M. Grigou veut en vain résister. Son ami le met à cheval malgré lui; puis il enfourche l'autre coursier, et la cavalcade part, suivie de la maman, qui a déjà mal aux pieds, et du peintre de genre, qui aurait voulu s'arrêter pour croquer un point de vue.

M. Barbeau et son ami ont bientôt perdu les ânes de vue. Ils entrent dans le bois. Dans un sentier qui descend, pendant que M. Barbeau veut trotter, l'ami Grigou passe par-dessus la tête de son cheval, qui a manqué des jambes de devant.

— J'étais sûr que cela m'arriverait, s'écria Grigou en appelant à son aide et poussant des gémissements plaintifs.

— Qu'est-ce que vous avez? dit M. Barbeau en revenant sur ses pas. — Vous le voyez bien... je suis tombé. — C'est que vous ne savez pas vous tenir. — Eh! c'est ce maudit cheval qui est tombé! — C'est que vous ne savez pas tenir votre cheval. — C'est vous qui êtes cause de cela!... — Allons, vous n'êtes pas blessé.... Ce n'est rien; à la campagne, il faut s'amuser...Retournons trouver ces dames. — Retournons, soit; mais je ne remonte plus; je mènerai mon cheval en laisse. — Vous êtes un poltron.

Ces messieurs retournent vers la lisière du bois; ils aperçoivent un âne qui se roule sur le sable après avoir jeté à terre la dame qui le montait, et celle-ci est tombée de manière que sa robe cache sa figure.

— Ah! Dieu! c'est charmant! s'écrie M. Barbeau. Voyez donc, Grigou, quel dommage que Bellefeuille n soit pas là!... Quel joli tableau de genre!...

Grigou s'arrête et cherche ses lunettes pour mieux voir le tableau de genre; mais, avant qu'il les ait trouvées, madame Barbeau est accourue par le côté opposé, et a été rabattre les jupons qui couvraient le visage de la jeune personne tombée; alors M. Barbeau s'aperçoit que c'est sa fille qui était par terre; il ne trouve plus le tableau si drôle. Il descend de cheval et court à sa femme qui se lamente.

— Qu'est-ce qu'il y a ?... — Ma fille est tombée... Ce vilain âne a voulu se coucher... — Je sais tout cela... Es-tu blessée, Nonore? — Oh! mon Dieu! non, papa. — Alors, n'y pensons plus!

— N'y pensons plus!... Cela vous est bien aisé à dire, murmure la maman; mais ma fille est tombée fort désagréablement... elle a montré... — Je sais tout cela!... Bellefeuille l'a-t-il vu? — Non, grâce au ciel, il était resté en arrière. — Du moment que Bellefeuille n'a rien vu, il n'y a aucun mal... Tout est sauvé... Holà... eh... Bellefeuille!... mon ami, ayez la complaisance de reconduire les chevaux et les ânes, nous nous sommes assez amusés avec. Nous allons nous asseoir, nous rouler sur l'herbe en vous attendant.

Le jeune artiste n'est pas enchanté de la commission, mais il n'ose refuser; il part sur un cheval conduisant en bride un âne et l'autre coursier. M. Barbeau lui crie qu'il a un faux air de Franconi.

— Nous allons entrer chez ce traiteur là-bas, et demander si c'est la fête ici, dit M. Barbeau.

— Je ne vois rien qui l'annonce, dit Grigou; mais j'ai déjà faim. Il n'est pourtant pas l'heure de dîner... nous avons le temps. — Le temps! parce que vous avez déjeuné à la fourchette, vous n'êtes pas pressé! — Ma femme, attends-nous sur l'herbe, avec ta fille... Je vais aller m'informer si c'est fête ici, et où elle se tient.

Madame Barbeau ne demande pas mieux que de s'asseoir, elle va se reposer avec sa fille ; et Grigou suit son ami Barbeau.

Le restaurateur chez lequel on s'adresse se trouve être aussi bavard que M. Barbeau ; pour répondre à une simple question, il s'entortille dans des phrases d'où il ne sort plus ; pour indiquer une route, il commencera par vous décrire tous les environs ; et quand vous lui demandez ce qu'il peut vous donner à dîner, il vous fait l'énumération des plats qu'il sait faire, de ceux qu'il a inventés, de ce qui entre dans la confection d'une sauce ; tout cela pour en venir à vous avouer qu'il n'a plus que du veau rôti.

M. Barbeau suait d'impatience en écoutant le traiteur ; il l'interrompt brusquement, au milieu de la description d'un plat de dessert de sa composition, et lui dit : — Je vous demande depuis une heure si c'est fête à Romainville, si nous trouverons à bien dîner chez vous, et, au lieu de me répondre, vous me parlez compote..., confiture, gelée !... Est-ce que vous croyez que je viens chez vous pour apprendre à faire la cuisine ?...

— Monsieur... qu'est-ce ?... comment ?... vous ai-je insulté ?... Si je vous ai insulté, monsieur, je suis homme à vous en rendre toutes les raisons possibles... — Allez au diable !... voilà qu'il me propose un duel à présent ! Nous ne dînerons pas chez vous, parce que vous parlez trop et que vous n'êtes pas à votre affaire.

M. Barbeau sort de chez le traiteur, suivi par Grigou, qui dit : — Il faudra pourtant dîner quelque part.

On s'assied sur l'herbe. M. Bellefeuille revient avec le petit Alexandre, qui marche en se tortillant, parce que sur l'âne il a déchiré son pantalon, et qu'il craint que sa maman ne s'en aperçoive. Mais alors la mère et la fille admirent de fort belles noix sur un arbre à peu de distance d'où elles sont assises, et M. Barbeau est enfoncé

1.

dans une histoire qui n'amuse nullement Grigou, parce qu'elle ne finit pas.

— Je vous disais donc, poursuit l'ancien libraire, qu'un jour étant à la campagne avec quelques amis, nous avions fait la partie de griser un gros bonhomme, nommé Duloiret, qui arrivait de sa province.

— Ah! Duloiret! je l'ai connu, s'écria Grigou. — C'est bon, ça ne fait rien à mon histoire, que vous l'ayez connu. — Oui; mais je sais ce qu'on lui a fait... Pour preuve, je vais conter l'histoire, et... — Non, permettez, je dois la savoir mieux que vous, et je crois que je la raconterai tout aussi bien.

Et, sans attendre la permission de son ami Grigou, M. Barbeau reprend son anecdote, qui doit nécessairement en amener une douzaine d'autres. Cependant, au milieu de son récit, le père de famille s'aperçoit que sa femme et sa fille sont distraites; il leur dit : — Que regardez-vous donc en l'air pendant que je parle?... — Ce sont ces noix là-bas... elles sont superbes. — Maman, veux-tu que je monte sur l'arbre? s'écrie le petit Alexandre. — Non, mon ami, dit le papa, tu as déchiré suffisamment ton pantalon; si tu montais sur des arbres, je sais bien ce que tu nous montrerais avant d'arriver à Paris. Grigou, allez donc gauler quelques noix pour ces dames; vous voyez bien que Bellefeuille fait son croquis... Vous n'êtes pas galant, Grigou. — Que n'allez-vous en abattre vous-même? — Je ne suis pas leste comme vous... — Mais est-ce permis de...? — Pour une noix, n'avez-vous pas peur?

Grigou se décide à aller abattre des noix : il aime mieux cela que d'entendre les histoires de M. Barbeau. Celui-ci s'étend sur l'herbe, auprès de Bellefeuille, et lui dit : Si j'étais peintre, je voudrais croquer tous les originaux que je verrais... — Monsieur, il n'est pas si facile de... — Permettez, laissez-moi vous développer mon idée... J'ai eu dans ma vie des idées assez heureuses... J'ai souvent donné le sujet, la pensée d'un livre à un auteur; ces livres-là se sont toujours bien vendus... — Mais un livre, monsieur, ce n'est pas... — Je n'ai pas fini, mon ami. Tenez, examinons un peu les gens qui vont passer devant nous... C'est Paris à la campagne ici. — C'est-à-dire ce sont quelques bourgeois, quelques ouvriers... — Il y a de tout, et si j'étais homme de lettres ou peintre, j'en ferais mon profit. Tenez, voilà un couple qui s'avance : ce sont des habitants de Paris; pour un dimanche, ils ont même assez bonne tournure. Ils se parlent de trop près, se regardent trop souvent pour que ce soit le mari et la femme. Le jeune homme fait un peu la moue... La dame n'aura pas voulu s'égarer dans l'épaisseur du bois. Mais ils entrent chez le traiteur... ils prendront un cabinet particulier, et ça se raccommodera. Cela me fait l'effet d'un marchand de nouveautés et d'une lingère; remarquez que la dame a de la recherche dans sa collerette, et que le jeune homme porte en pantalon et en gilet les étoffes nouvelles. Qui est-ce qui vient là-bas, en riant, en sautant, en faisant du bruit et de la poussière? Il ne faut pas le demander, ce sont des grisettes, mais des grisettes du second ordre : ce ne sont pas les moins gaies; celles-ci mettent toute bienséance de côté. Elles sont cinq, et pas un pauvre petit homme avec elles; ça ne les empêchera pas de rire, de faire du train : ces demoiselles ne croiraient pas s'amuser si elles ne faisaient pas autant de bruit que la retraite; elles se moquent de toutes les personnes qu'elles rencontrent; les voilà qui s'arrêtent et se consultent en regardant la maison du traiteur. Je gage qu'elles comptent ce qu'elles ont d'argent à elles cinq, pour savoir si elles entreront dîner là... On ouvre les sacs... on calcule... Vous voyez le résultat; au lieu d'entrer chez le gros traiteur de l'endroit, elles se dirigent vers un petit bouchon : leurs moyens ne leur permettent que le vin du cru et l'omelette au lard. Mais elles s'en dédommageront ce soir en se faisant payer de la bière ou du punch par le premier imbécile qui voudra leur faire la cour. Puis, toute la semaine, en bordant des souliers ou en faisant des boutonnières, elles se rappelleront les plaisirs du dimanche! Il faut avoir de la philosophie ou un grand fonds de bonne humeur pour qu'un jour de plaisir suffise à toute une semaine!... Il est vrai qu'il y a des gens riches, des gens en place qui ne s'amusent pas même un jour sur sept. Tout est donc compensé. Ah! voici des habitants de l'endroit... c'est fort, c'est robuste, mais c'est vilain. En général, les paysannes des environs de Paris ne sont pas jolies. Celles-ci n'ont pas d'ailleurs une coiffure piquante comme dans la Normandie ou la Franche-Comté. Ces bonnets plats n'ont rien de gracieux, et les paysannes portent toujours des robes à taille courte, ce qui empêche de voir si elles sont au moins bien faites. Le paysan qui leur donne le bras a mis son bonnet de police pour faire voir qu'il est de la garde nationale; depuis que l'on veut que ces bonnes gens fassent l'exercice, ils croient, même en labourant, devoir se donner quelque chose de militaire; et pourquoi donc? ce n'est pas un crime d'être plus à son aise en blouse qu'en uniforme. Mais voilà un ouvrier endimanché qui amène ici sa famille; il tire une petite voiture d'osier, dans laquelle sont ses deux derniers marmots, avec les provisions pour le dîner. Sa femme est derrière; elle ne tient rien, mais elle est enceinte; elle est maussade, elle se plaint tout le long de la route, et ne parle à son mari que pour lui dire: Prends donc garde, tu les mènes sur des pierres... tu vas les faire verser... Ah! que tu tires cela bêtement!... Et le pauvre homme qui sue sang et eau, et fait le métier d'un caniche, se persuade qu'il se divertit le dimanche, et travaille comme un forçat dans la semaine pour se procurer cet aimable délassement. Ah! voici une cavalcade. Tenez, mon cher Bellefeuille, est-ce que cela ne vaut pas la peine d'être croqué? ces cavaliers en bonnet de loutre, en cravate déchirée... Comme ils n'ont pas de sous-pieds, leur pantalon s'est relevé jusqu'au genou, et comme ils n'ont pas de bas dans leurs souliers, ils montrent leur jambe nue aux passants ; ce qui, à cheval, produit un bien joli effet. En voyant ces cavaliers en guenilles, on est tenté de leur dire : Au lieu de louer un cheval à trente sous l'heure, ne feriez-vous pas mieux de vous acheter des bas... — Ils pourraient vous répondre : Mêlez-vous de ce qui vous regarde. — C'est juste: c'est pour cela qu'on ne leur dit rien.

Pendant que M. Barbeau faisait sa revue d'originaux, dans laquelle il ne s'était pas encore compté, l'ami Grigou s'était dirigé vers le noyer, sur lequel il lançait des pierres : comme ce jeu lui rappelait sa jeunesse, il y prenait du plaisir, et poussait un : Ça y est, toutes les fois qu'une noix tombait à ses pieds. Il en était à sa vingtième pierre et ramassait sa huitième noix, ce qui ne prouvait pas beaucoup en faveur de son adresse, lorsqu'un petit homme décoré d'une plaque de fer-blanc, armé d'un grand sabre, et coiffé d'un chapeau à cornes, dont la pointe est placée exactement au-dessus de son nez, se précipite sur lui, et le saisit au collet en criant : — Ah ! ça y est !... Est-il effronté celui-là !... un dimanche !... devant tout le monde !... Allons, en prison, Parisien !

Grigou tâche de s'excuser, de se dégager ; mais le messier, qui, dans la semaine est ordinairement entre deux vins, est toujours complètement gris le dimanche. Aussi n'entend-il pas raison, et ne lâche-t-il pas son homme. Déjà plusieurs paysans sont accourus, et ils n'épargnent pas les injures à Grigou. Les paysans sont enchantés lorsqu'ils peuvent molester les gens de la ville. A les entendre, on croirait que les habitants de Paris ne viennent aux champs que pour tout ravager ; et cependant, ces laboureurs, ces cultivateurs, que l'on nous peint quelquefois comme doués de toutes les vertus domestiques, tandis qu'ils sont pour la plupart envieux, jaloux, médisants, cauteleux et intéressés, que feraient-ils de leurs denrées si les gens de la ville, dont ils se moquent sans cesse, ne les leur achetaient point? Sans doute les citadins seraient également embarrassés si les habitants de la campagne ne cultivaient pas pour eux les produits de la terre. Mais qu'est-ce que cela prouve? Que nous avons tous besoin les uns des autres. Est-ce donc pour cela que nous nous déchirons mutuellement?

Les cris de Grigou ont été entendus par la société qui est sur l'herbe. M. Barbeau se lève et court au milieu du groupe. Il demande, s'informe, ne laisse pas répondre; mais il devine facilement ce dont il est question en voyant le garde champêtre qui tient toujours Grigou au collet.

— Qu'est-ce que vous allez faire?... — Mener un homme en prison pour une noix? — Monsieur, c'est... — Je vois bien ce que c'est... — Est-ce que cela vaut la peine de faire tant de bruit?... — Oh! quand un... — C'est l'amende que vous voulez qu'on vous paye... — Tenez, voilà cent sous, et laissez-nous tranquilles.

Le messier repousse la pièce de cinq francs, peut-être parce qu'il y a du monde autour de lui, et les paysans s'écrient: — Il faut le mener chez le maire à Romainville! Tous ces méchants Parisiens viennent nous voler... nous... — Vous êtes bien heureux que ces Parisiens, que vous insultez, vous achètent votre lait et vos pommes de terre. — Tiens! s'ils ne nous les achetaient pas, nous les mangerions, voilà tout! — Oui, et alors avec quoi achèteriez-vous des souliers, des vêtements, du vin, et payeriez-vous vos impositions?...

Les manants ne trouvent rien à répondre; mais ils crient de nouveau: — Chez le maire! Faut les mener chez le maire! Et le garde champêtre, qui commençait à s'attendrir en voyant Grigou prêt à pleurer, remet son chapeau de travers et entraîne son prisonnier.

— Eh bien, allons chez le maire, dit M. Barbeau. — Comment !... Qu'est-ce donc ? demande madame Barbeau, qui arrive alors avec le reste de la société. — Ce n'est rien... Nous allons à Romainville, chez le maire, pour deux noix que Grigou a fait tomber... C'est une mauvaise plaisanterie; mais nous n'avons rien à faire, ça nous promènera... et nous verrons probablement la fête quand nous serons dans le village.

La société n'est pas enchantée de faire cette promenade; mais, comme M. Barbeau est déjà en avant avec l'accusé et les témoins, il faut bien se décider à les suivre. Pendant la route M. Barbeau s'efforce de prouver aux paysans qu'ils ont tort d'arrêter un homme pour une noix, et il leur cite là-dessus vingt anecdotes toutes véridiques; tandis que Grigou lui dit tout bas: — C'est vous qui êtes cause de tout cela, c'est vous qui...

M. Barbeau lui donne un coup de coude dans le côté en murmurant : — Taisez-vous... vous gâtez votre affaire.

On arrive au village de Romainville, où il n'y a pas plus d'apparence de fête qu'à Belleville. On va chez le maire, escorté par tous les enfants du village, qui se sont joints aux paysans qui conduisent Grigou; ce qui, avec le reste de la société, commence à faire un cortége fort gentil, dont M. Barbeau a l'air d'être le chef ; il marche fièrement à la tête, pérorant toujours ; il commence à intimider le garde champêtre, qui craint d'avoir fait une bévue, et même les paysans, qui pensent qu'un homme qui parle toujours doit finir par avoir raison. Enfin on jurerait que c'est M. Barbeau qui a fait arrêter Grigou.

On arrive chez le maire : il n'est pas chez lui, il est à la mairie.

— Allons à la mairie, s'écrie Barbeau. Mais comme madame Barbeau et ses enfants sont harassés, la famille s'assied sur un banc de pierre avec M. Bellefeuille, qui se dispose à croquer l'entrée d'une laiterie.

On arrive à la mairie : M. le maire n'y est pas. Un voisin assure qu'il est allé chez le père Antoine, où il y a une dispute entre des buveurs.

Le garde champêtre et les paysans se regardent d'un air indécis, on voit qu'ils sont las de promener leur prisonnier, et qu'avec quelques paroles conciliatrices et quelques verres de vin tout serait terminé. Mais Barbeau n'entend pas cela ; sans écouter Grigou, qui le tire par son habit, il s'écrie : — Allons chez le père Antoine... Il faut voir le maire, je serais fort aise de le voir... On a voulu arrêter monsieur, il faut qu'on le juge.

— Mais, dit tout bas Grigou puisqu'ils ont l'air plus doux à présent... — Ça ne fait rien, allons chez le père Antoine ; je ne veux pas m'être promené pour rien, moi ! ça ne peut pas se passer comme ça.

On arrive chez le père Antoine, qui vend des gâteaux, du lard et du vin. Le maire vient d'en sortir parce que la querelle est terminée, la mère Antoine croit qu'il est retourné à la mairie pour juger l'affaire de Jean Marie et de Gaspard, qui ont un puits mitoyen et ne veulent jamais que ce soit leur tour de mettre une corde neuve.

— Alors retournons à la mairie, dit M. Barbeau. Mais le garde champêtre, qui a l'habitude de se reposer et de boire chez le père Antoine, s'est déjà placé devant une table ; les paysans en font autant en disant : — Ah ben ! gnia qu'à laisser aller monsieur, il n'prendra pas de noix une autre fois... V'là assez de promenades pour aujourd'hui... N'est-ce pas, messier ?

Le messier répond en se versant du vin : — Oui... en v'là assez... pour cette fois !

Grigou est enchanté, il va remercier tout le monde, lorsque Barbeau se met entre lui et le garde en disant : — Je n'entends pas ça, messieurs, on n'arrête pas un homme pour rien... Je veux retourner à la mairie...

A ces mots, Grigou devient violet de colère ; il s'écrie à son tour : — Morbleu, monsieur Barbeau ! c'est trop fort cela ! Quand cette malheureuse affaire est terminée, quand ces messieurs veulent bien oublier mon étourderie, c'est vous qui voulez me mener chez le maire ? — Oui, monsieur, parce que j'aime que les choses se fassent régulièrement... parce que je déteste l'arbitraire et... — Allez au diable, avec votre arbitraire !... C'est vous qui m'aviez dit d'aller gauler des noix... — Qu'est-ce que cela prouve ? — Que vous mettez les gens dans l'embarras et les y laissez... — Vous voyez bien que je vous en tire, au contraire... — Vous êtes un entêté. — Vous un imbécile !

La dispute s'échauffe tellement que le garde et les paysans sont obligés de s'interposer et de séparer les deux amis. Enfin les esprits se calment. Barbeau s'assied près du garde, fait venir du vin, en paye à tout le monde. Grigou offre des petits gâteaux au beurre fort. On mange, on trinque, et on devient très-bons amis.

Tout en causant et en buvant, M. Barbeau dit aux paysans : — Où se tient donc la fête ? — La fête... Mais il n'y a pas fête à Romainville... aujourd'hui. — Il n'y a pas fête à Romainville... Diable ! nous y étions venus pour cela cependant. — C'est à Bagnolet que c'est la fête... — A Bagnolet... Ah ! que c'est heureux ! nous allons aller voir la fête de Bagnolet... Ce n'est pas loin, je crois ? — Non... un petit quart de lieue... Redescendez la grande route jusqu'au chemin à gauche, et vous y êtes. — Allons, Grigou, un dernier coup, et en route ! Notre société nous attend sur un banc de pierre. Adieu, mes enfants, à votre santé, sans rancune.

M. Barbeau et Grigou sont enfin sortis de chez le père Antoine, et l'ancien libraire dit à son ami : — Vous voyez bien que tout s'est bien passé... J'étais fort tranquille, moi. — Ce n'est pas votre faute si cela n'a pas été plus mal. — Laissez donc, vous n'avez pas compris ma tactique ; si j'avais eu l'air d'un pleurard comme vous, nous serions encore leurs prisonniers.

On rejoint la société. Bellefeuille avait eu le temps

de croquer trois vaches et toute une basse-cour. — Nous allons à Bagnolet, s'écrie M. Barbeau du plus loin qu'il aperçoit sa femme. C'est un village charmant... à deux pas, nous n'avons qu'à descendre.

— A Bagnolet! dit madame Barbeau; mais y pensez-vous, monsieur? il va faire nuit. — Qu'est-ce que cela nous fait?... Je pense, ma chère amie, que vous n'avez pas peur avec nous. — Mais nous sommes très-fatigués. — C'est en descendant, je vous dis. — Nous mourons de faim. — Nous dînerons à Bagnolet.

On ne réplique plus, et on se met en route. On arrive à la nuit à l'entrée de Bagnolet. Le charmant village ne se compose que d'une seule rue étroite et presque aussi longue que le faubourg Saint-Martin. En avançant, on entend un brouhaha qui va toujours croissant, on ne distingue pas si ce sont des ris, des cris ou des chants; mais cela bourdonne continuellement.

— A la bonne heure, on s'aperçoit que c'est la fête ici, dit Barbeau; entendez-vous ces gaillards-là comme ils s'amusent? — Je ne sais pas si on s'amuse, répond madame Barbeau; mais ce bruit-là me fait peur... On dirait qu'on se bat. — Ça me fait peur aussi, dit Nonore en se serrant contre sa mère. — Si on se bat, dit Grigou, j'aime autant ne pas voir la fête. — Allons donc, vous rêvez!... On rit, on danse, et ça vous effraye! En avant! je réponds de tout.

On arrive sur la place de l'endroit; c'est là que la fête se tient. Cette place est grande comme celle du Chevalier-du-Guet, à Paris. Dans un petit coin qu'on a sablé et entouré de cordes, deux violons et un tambourin font danser la jeunesse du pays. En face, il y a deux boutiques ambulantes, l'une de pain d'épice, l'autre de saucissons. Tout cela est éclairé par quelques lampions posés à terre, et de chandelles entourées de papier.

Au moment où la société arrive, il y avait effectivement une rixe entre les paysans, dont la plupart étaient gris. Les paysannes s'étaient sur-le-champ réfugiées d'un autre côté, d'où elles regardaient ces messieurs se battre. Mais enfin la dispute venait de s'arranger, on se rapprochait; les sexes se mêlaient de nouveau, et on retournait à la danse que l'on avait abandonnée.

— Vous voyez bien qu'on s'amuse ici, dit M. Barbeau. On fait du bruit parce que les paysans n'ont pas l'habitude de parler bas. — C'est cela une fête champêtre? dit Grigou. — Attendez donc, nous n'avons pas encore tout vu... Cherchons un traiteur d'abord.

On cherche, on regarde de tous côtés, mais il n'y a pas plus de traiteur à Bagnolet que de fête à Romainville. On découvre cependant un gargotier, sur la porte duquel est écrit : *Jardin champêtre et paysage.*

— Comprenez-vous ce que ça veut dire? demande M. Barbeau au peintre. — Ma foi, non!... — Ni moi! c'est égal, entrons là, nous demanderons un paysage où l'on mange.

On entre dans la guinguette. On ne reste pas dans la salle, parce que cela y sent l'ail à faire pleurer; on passe dans le jardin champêtre, derrière la maison. C'est là que le marchand de vin prétend qu'on voit un paysage, parce que sur les murs du fond de son jardin il a fait coller du papier, à treize sous le rouleau, sur lequel sont peints des serins et des perroquets.

La société, qui meurt de faim, s'arrête à une table, devant le paysage, et demande ce qu'il y a pour dîner. On ne peut lui donner que du petit salé et des œufs frais; tout le reste a été dévoré par les paysans venus à la fête. Ce repas, arrosé du vin de Bagnolet, paraît bien champêtre aux Parisiens. On se dépêche de le prendre et de quitter le paysage.

Le bal est en train. Après avoir bourré la société de pain d'épice en guise de dessert, M. Barbeau veut absolument la faire danser. Il entraine sa femme, qui résiste en vain. Bellefeuille prend la main de Nonore;

les voilà sur le petit terrain sablé. L'orchestre part, les paysans étaient partis avant ; la danse est très-animée. Tout à coup d'autres paysans arrivent d'un air furibond, en disant à ceux qui sautent : Nous vous avons défendu de danser avec nos femmes!

Et, sans attendre de réponse, ils appliquent des coups aux danseurs. Ceux-ci ripostent, tous les paysans qui sont à la fête accourent et prennent parti pour l'un ou pour l'autre. Le combat devient général. Les femmes se sauvent en criant, les enfants pleurent, et malgré cela les violons vont toujours. Au milieu de cette cohue, de cette grêle de coups que les paysans se donnent, madame Barbeau a perdu son mari, sa fille a été séparée de son danseur. Ce n'est pas sans peine qu'ils parviennent à sortir de l'enceinte du bal. Elles appellent leur époux, leur frère ; leurs voix se perdent avec celles des paysannes qui crient pour séparer les combattants. Au coin de la place ces dames retrouvent Grigou, que deux hommes viennent de relever, et sur lequel quatre paysans se sont battus pendant cinq minutes. Grigou est moulu ; mais il trouve assez de force pour s'éloigner de la fête et du village. M. Bellefeuille paraît ; il a perdu son chapeau ; mais il a retrouvé le petit Alexandre, et le ramène à sa mère. Il ne manque plus que M. Barbeau pour fuir de Bagnolet ; il arrive enfin, sans cravate, le col déchiré, mais toujours de bonne humeur.

— Ah! les enragés comme ils y allaient! s'écrie-t-il en rejoignant sa femme. — Ah! mon ami... d'où venez-vous?... que j'étais inquiète! — Je viens de me battre! — Et pour qui? — Je n'en sais rien ; mais, ma foi, tout le monde se battait, j'ai fait comme les autres, j'en ai roulé deux ou trois, et alors on m'a fait de la place. — Ah! mon Dieu! quelle partie de campagne!... — Est-ce que vous voulez vous en aller? — Oui, monsieur, et bien vite encore. — Eh bien! en route... Mais je ne vous réponds pas que nous trouverons une voiture à la barrière. — Ah! monsieur Barbeau, dit Grigou, vous ne me reprendrez pas à une fête aux environs de Paris.

VERRES DE LA LANTERNE MAGIQUE

Attention, messieurs et dames! nous avons l'honneur de vous offrir premièrement le tableau d'une fête champêtre aux environs de Paris.

C'est la fête des Loges près de Saint-Germain. Cette fête est une des plus brillantes et des mieux composées, parce qu'étant plus éloignée de la capitale que Saint-Cloud, Vincennes, Pantin et autres lieux, les modestes bourgeois de Paris ne peuvent s'y rendre à pied, portant le pâté dans une serviette et le fin melon sous le bras. Pour aller aux Loges, il faut nécessairement faire la dépense d'une voiture; tout le monde ne peut pas se permettre cela.

Voyez quelle file nombreuse d'équipages arrêtés dans ce bois; des landaus, des calèches, des tilburys!... La société doit être choisie; direz-vous : elle le serait, en effet, si toutes ces voitures appartenaient aux personnes qu'elles ont amenées.

Enfonçons-nous un peu dans le bois; mais prenons garde de tomber sur les rôtis que l'on a disposés, de distance en distance, dans ces cuisines creusées sur le gazon. Le bois retentit des éclats de la joie du paysan et de la gaieté du citadin. De tous côtés on rit, on danse ou l'on mange. Sous ces tentes dressées à la hâte se sont établis des traiteurs ambulants; vous voyez des pyramides de poulets, de pigeons et de saucissons; ce dont vous feriez peu de cas à la ville vous semble délicieux à la campagne; ces belles dames même ne dédaignent point ce morceau de veau cuit sur le gazon, et que souvent la poussière a assaisonné.

Mais voyez sur la droite comme ce bal est brillant ; c'est celui du beau monde ; les villageois n'y sont point admis. On danse, quoiqu'on n'en ait pas trop l'air ; mais c'est le bon genre maintenant de danser comme si on ne dansait pas ; en revanche, on se fait des mines, on se donne des airs *penchés*, on se glisse quelques mots à l'oreille, et on se serre la main bien délicatement.

Regardez à gauche : c'est un bal villageois ; celui-ci est tout l'opposé de l'autre : les paysans sautent à qui mieux mieux ; les paysannes se trémoussent ; s'ils ne suivent pas toujours la mesure, du moins, en les regardant, est-on certain qu'ils dansent. Le premier est le bal policé, celui-ci est le bal de la nature. Passons à un autre tableau.

J'ai l'honneur de vous offrir l'atelier d'un peintre célèbre. Si vous voulez avoir l'image d'un beau désordre qui n'a pas été calculé, examinez l'intérieur de cet atelier pendant que l'artiste, donnant l'essor à son génie, achève un tableau d'histoire qui doit augmenter encore sa réputation.

Regardez cette table placée à droite, et sur laquelle sont les restes d'un déjeuner ; que ce désordre ne vous effraye pas : rappelez-vous que c'est à la confusion des langues des fondateurs de la tour de Babel que nous devons la naissance des divers idiomes, et songez qu'au sein des contrastes on trouve souvent des leçons de philosophie. Cette table nous en fournit plusieurs.

Voyez cette bouteille à couleurs et ce flacon qui sort du sac d'une petite-maîtresse ; la tête de la Vénus de Médicis sur un morceau de fromage ; le chapeau sale et crasseux du modèle couvrant la tête d'un empereur romain ; du jambon dans un casque grec ; trois phalanges de doigt sur un petit pain ; un pied de Diane sur le fémur d'Antinoüs ; un bouteille d'huile grasse sur un foulard ; du vermillon sur une tête de mort ; une tunique grecque enveloppant des cigares, et sur une sainte Bible des chansons de Béranger.

Cette table nous montre le néant des grandeurs humaines. Il en est des hommes comme des choses. Un temps viendra où nous nous trouverons placés près d'un être qui nous fut constamment étranger.

Mais pardon, messieurs et dames, j'oublie quelquefois que je dois vous montrer la lanterne magique, et non vous faire de la morale. Mon penchant au bavardage m'emporte souvent!... Passons à un autre tableau.

Voyez quel site enchanteur, quelle belle nature! comme ces arbres sont verts, ces gazons fleuris, ces eaux transparentes, et ces nuages azurés! c'est l'*Intérieur de la lune*, vue prise du pont des Arts. Ceci est de la plus grande exactitude; l'artiste, avec un télescope qui le transportait sur les lieux, distinguait si bien les habitants de la lune, qu'il apercevait même ceux qui étaient descendus dans leur cave; car il y a des caves dans la lune, et on y boit du vin fait avec du raisin sans pepin, qui est très-commun dans ce pays-là. La chère y est fort bonne, on y vit bien; aussi les *lunatiques* sont-ils très-gras. Le pays a beaucoup d'agréments; il y fait jour pendant quarante-huit heures; les soirées y sont très-courtes ; voilà sans doute pourquoi on n'y a pas encore introduit l'éclairage par le gaz. Les maisons sont hautes comme les tours de Notre-Dame, et les plus petits arbres s'élèvent au-dessus des maisons. Mais vous désirez peut-être connaître un peu les mœurs des habitants : examinons les détails du tableau.

A la fenêtre de cette maison, remarquez cette jeune fille : ses regards sont constamment tournés vers le même point. D'abord sa figure exprimait le plaisir; il brillait dans ses yeux; un vif incarnat colorait ses joues, et elle passait fréquemment ses jolis petits doigts dans les boucles de ses cheveux, afin de réparer le désordre que l'air apportait dans sa coiffure. Elle chantait à demi voix, et souriait en regardant le chemin par lequel doit venir celui qu'elle attend. Mais depuis quelques instants elle ne chante plus; ses cheveux flottent à l'abandon; la rougeur de ses joues a disparu; ses yeux expriment la crainte, l'inquiétude; son sein palpite... les battements de son cœur sont plus rapprochés : il ne vient pas, et l'heure qu'il avait fixée est passée depuis longtemps. Mille pensées l'agitent; mille soupçons se présentent à son esprit. Où est-il? Que fait-il à présent? C'est ainsi que se terminent toutes ses conjectures. Que l'attente est pénible! Chaque instant est un siècle de plus, et l'imagination augmente les souffrances du cœur. Peut-être est-il près d'une rivale; il lui fait les plus doux serments, lui prodigue les plus tendres caresses!... Pauvre petite!... Déjà ses larmes coulent... Mais quel changement subit! Quelle expression de plaisir se fait jour parmi ses pleurs! Quelle rougeur a coloré son charmant visage!... Qu'elle sourit avec ivresse!... Elle l'a vu, elle veut le gronder pour cette heure d'attente; mais elle n'en aura pas la force : mal passé n'est plus qu'un songe. En amour, un instant de bonheur fait oublier un siècle de peine.

Voilà, mesdames, comme les femmes aiment dans la lune; c'est à vous de me dire si vous éprouvez les mêmes tourments, les mêmes craintes, lorsque vous attendez celui que vous aimez.

Mais pénétrons dans ce boudoir. Qu'a donc cette jeune femme? Elle est triste, elle soupire, se désole!... Son mari lui aurait-il fait infidélité? Non! ce n'est pas de son mari qu'elle s'occupe. Son cachemire serait-il moins beau que celui de son amie? Ne l'aurait-on pas invitée à danser au dernier bal?... C'est bien pis que tout cela, ma foi!... Elle vient de se trouver un cheveu blanc!... Un cheveu blanc!... et elle n'a que vingt-neuf ans! En vain sa femme de chambre lui a juré qu'il était blond argenté. — Non, non, s'écrie-t-elle, il est blanc, j'en suis sûre!... A vingt-neuf ans des cheveux blancs!...

Mais c'est cruel !... c'est affreux !... Je suis donc déjà vieille !... Dans quel temps vivons-nous ! Et cependant madame Valmont a quarante-cinq ans, et ses cheveux sont d'un noir d'ébène... Elle se les teint peut-être.

— Madame, lui dit sa femme de chambre, mademoiselle Isaure, qui n'a que vingt-cinq ans, est déjà obligée de porter un tour... Oh ! il n'y a plus d'âge pour blanchir !...

Ce discours console un peu la jeune femme. Vous voyez, mesdames, que dans la lune les cheveux blancs font peur à la beauté, à laquelle cependant ils donnent un air fort respectable. Mais ces dames ne tiennent pas à ce qu'on les respecte, elles veulent qu'on les aime... C'est des dames de la lune que je parle.

Occupons-nous un peu des hommes maintenant : quel est ce gros papa qui se promène dans ce beau jardin en se donnant un air d'importance tout à fait comique ? C'est M. Jonas, qui s'est dit à quarante ans : C'est bien singulier ! j'ai de l'esprit, de la fortune, de la tournure, et je ne puis réussir à rien ; je manque toutes les affaires que j'entreprends, je ne me connais point d'amis, personne ne fait attention à moi. Marions-nous, prenons une jolie femme, cela me donnera de la considération dans la société.

En effet, M. Jonas s'est marié ; son épouse est gaie, vive, aimable ; elle raffole de la musique et de la danse, et la maison de M. Jonas devient le rendez-vous des jeunes gens à la mode. Le cher mari a plus d'amis qu'il n'en peut compter. C'est à qui lui rendra service et lui fera des politesses. Le pauvre homme est dans l'enchantement !... Il paraît qu'on éprouve dans la lune l'influence du cotillon.

Mais regardez de ce côté : vous verrez des fats qui tranchent et décident sur ce qu'ils ne connaissent pas, tout en arrangeant le nœud de leur cravate, ou en ébouriffant leurs cheveux ; vous verrez des gens de mérite modestes, qui s'éloignent de la foule, et vont chercher le plaisir dans l'étude, le culte des arts et les charmes de l'amitié. Là-bas, ce sont de gros mondors, riches traitants, qui rassemblent à leur table tous les gens marquants de la ville ; ils donnent des dîners magnifiques, dont les frais suffiraient pour nourrir dix pauvres familles. Ici, vous verrez des hommes gorgés de richesses, qui sollicitent encore, tournant sans cesse leurs regards et leur sourire du côté du pouvoir, louant aujourd'hui ce qu'ils ont déprécié la veille, et dénigrant demain ce qu'ils auront loué aujourd'hui, suivant que cela peut servir leur cupidité et leur basse ambition. Regardez : vous verrez encore des hommes de lettres envieux de leurs confrères, des sots bouffis de vanité, des moralistes sans honneur, des hypocrites en faveur, des rigoristes sans probité, des Catons sans humanité, des censeurs sans vertu.

Mais pour voir toutes ces belles choses, est-il bien nécessaire de regarder dans la lune ?... Redescendons sur la terre, messieurs et dames, et passons à un autre tableau.

PARIS DE MA FENÊTRE

D'abord, il faut vous dire que ma fenêtre a vue sur le boulevard, non pas sur cet élégant boulevard, rendez-vous des dandys et de toute la gent fashionable, où se tient tous les jours une seconde bourse ; où l'on décide la nouvelle que l'on répandra le lendemain, afin d'obtenir sur la rente une hausse ou une baisse, tout en admirant un nouvel attelage qui vient de sortir de la rue Laffitte ou du pâté des Italiens.

N'allez pas croire non plus que je sois relégué sur les boulevards du Marais, devant les rues de la Roquette ou Saint-Sébastien, n'ayant pour perspective que de vieux arbres fort beaux, mais fort tristes ; que des contre-allées souvent désertes, et dans lesquelles apparaissent de loin en loin quelques respectables habitants de la rue du *Pas-de-la-Mule* ou des *Trois-Pistolets*. Ce quartier deviendra très-gai, très-vivant peut-être, lorsque le nouveau théâtre Saint-Antoine sera en pleine activité; mais jusque-là vous trouverez bon que je ne m'y arrête pas.

Prenez le milieu entre ces deux positions, et vous serez positivement sur le boulevard Saint-Martin; vous n'aurez ni le dandysme de la Chaussée-d'Antin ni la tristesse du Marais; mais vous verrez un peu de tout: vous aurez un petit Paris fort gai, fort animé, très-varié, un peu bruyant le dimanche, mais très-supportable dans la semaine. C'est une espèce de lanterne magique dont j'ai le spectacle, et dont je vais vous décrire quelques tableaux, en supprimant toutefois *monsieur le soleil* et *madame la lune*, parce que je ne les regarde jamais ni l'un ni l'autre, pour ne point me faire mal aux yeux.

Plaçons-nous à la lanterne, ou plutôt à ma fenêtre, à sept heures du matin. C'est le premier tableau.

Alors le boulevard est presque calme; les boutiques ne sont pas encore ouvertes, car quelles sont en général les boutiques du boulevard? Des magasins de nouveautés, des marchands d'estampes, de gravures, de livres, de jouets, de bonbons; des fabricants de billards et autres objets que l'on va rarement acheter à sept heures du matin; c'est pourquoi tous ces marchands ne se pressent point d'ouvrir leur boutique: ils savent que les personnes qui leur achèteront ne se mettent pas en route de si bonne heure.

Vous remarquerez que les épiciers et les marchands de vin sont fort rares sur cette promenade; les coins de rue sont spécialement affectés à ce genre de commerce, ce qui est fort heureux pour les boulevards.

En revanche, cette promenade a une multitude de cafés. Pour ma part, j'en ai un sous moi, un en face, un à ma droite, deux à ma gauche ; j'en aperçois encore deux un peu plus loin. Sans sortir de mon boulevard, je puis entrer dans dix cafés. On peut juger, d'après cela, du grand nombre de ces établissements dans Paris. Voilà qui donne un nouveau démenti au pronostic de madame de Sévigné, qui annonçait que le café passerait comme Racine ; ou que Racine passerait comme le café.

Comme ces établissements deviennent chaque jour plus brillants, plus élégants, plus riches... (à la vue du moins); comme les yeux y sont fatigués par l'éclat des glaces, des dorures et du gaz, vous comprenez que les propriétaires de ces fastueux caravansérails ne se lèvent pas comme le marchand de vin et l'épicier, qui vendent le petit verre au commissionnaire. Les garçons, fatigués d'avoir veillé tard, suivent l'exemple de leur maître ; c'est pourquoi à sept heures du matin les cafés ne sont pas ouverts.

Les fiacres, les cabriolets sont encore rares ; ce qui donne à ce moment un calme qui étonne même ceux qui passent. Déjà l'ouvrier matinal court à son travail en tenant sous son bras le tiers d'un pain de quatre livres, qu'il mangera à son déjeuner, et avec lequel l'homme du monde ferait six repas. Mais les gens qui se lèvent de bonne heure ont ordinairement bon appétit.

Voici les manœuvres retardataires ; ceux qui n'ont pas d'ouvrage ou qui sont à leurs pièces ; puis ceux qui flânent au lieu de travailler.

Deux hommes s'accostent ; il est aisé de voir que ce sont deux ouvriers. Mais l'un est propre ; sa veste a des boutons, sa casquette est posée de manière à couvrir sa tête ; enfin il a des bas dans ses souliers et son pain sous son bras ; l'autre a un mauvais bonnet rouge mis sur l'oreille, en tapageur ; il est tout débraillé ; son pantalon même semble ne pas tenir sur lui ; enfin, il a à la bouche un *brûle-gueule* (c'est le mot consacré).

Écoutons leur conversation ; c'est le second qui commence :

— Où donc que tu cours comme ça, Poulard ? Une minute donc... on ne passe pas devant les amis sans faire une pose.

— Tiens ! c'est toi, Balochet ; tu te promènes les mains dans tes poches... est-ce que tu fais le mercredi aussi, toi ?...

— Ah ! ma foi, la semaine est trop avancée. C'est plus la peine de la commencer. Viens donc arroser la conversation...

— Pas possible... je suis déjà en retard, et l'ouvrage presse...

— Viens donc... as-tu peur d'être grondé, clampin ?...

— J'ai besoin de travailler... j'ai quatre enfants à nourrir.

— Eh bien ! et ta femme ? Est-ce qu'elle ne doit pas veiller à ça ?... est-ce que c'est dans la dignité de l'homme de s'occuper des mioches ?... Vois-tu, Poulard, il faut toujours que l'homme conserve sa dignité... Je suis pour les idées nouvelles, moi !...

— Et moi je pense à nourrir mes enfants, vu que ma femme a ben assez à faire de les débarbouiller, de les soigner, et de nous préparer la pâtée à tous.

— Est-ce que ce n'est pas l'état de la femme de balayer les chambres et de nourrir la marmaille ?... Dieu ! Poulard, que t'es arriéré pour ton époque !... Viens donc chez le marchand de vin... c'est moi qui paye...

— Merci, je ne peux pas.

— Tu fais encore un fameux *faignant !*... T'aurais besoin d'être éclairé de nos lumières, Poulard, vois-tu... il faut connaître ses droits et sa dignité.. les hommes doivent commander et se promener, et s'occuper de politique toutes les fois qu'ils en auront l'envie.

— Et les enfants mourront de faim pendant ce temps-là...

— Est-ce que les femmes ne sont pas responsables!... tu ne comprends donc pas!... Moi, vois-tu, je suis pour le respect de mon autorité, et je suis susceptible d'aller très-loin..

— Tu me diras le reste un autre jour... adieu, Balochet!

— Écoute donc, Poulard!...

L'ouvrier qui travaille est déjà loin ; celui qui flâne hausse les épaules, et se dirige du côté d'un marchand de vin, en murmurant : Il n'y a pas moyen de faire entendre le raisonnement à cet être-là. On n'en fera jamais rien.

Ces deux hommes sont remplacés par des jeunes filles qui, avant de se mettre à l'ouvrage, viennent chercher leur tasse de lait pour le déjeuner quotidien.

Voyez cette grosse paysanne, à la mine joufflue, aux joues vermeilles et rebondies, elle arrive tous les matins de Noisy-le-Sec avec son âne chargé de boites de fer-blanc pleines de lait et de quelques petites cruches, dans lesquelles on veut nous persuader qu'il y a de la crème. L'âne est placé chez un gardien, car les ânes n'ont pas la permission de stationner au coin des rues ou des boulevards : on a craint l'affluence.

La laitière est établie contre une maison voisine; elle est entourée de ses boites et de ses cruches. Il y a un moment de presse où elle ne sait à qui répondre : toutes ces jeunes filles, toutes ces bonnes veulent être servies en même temps.

— Mon lait, Thérèse, je suis pressée.

— Mon lait, Thérèse, j'ai travaillé très-tard cette nuit, et j'ai besoin de prendre mon café.

— La laitière! vous ne m'avez pas donné ma mesure.

— Et moi donc, je n'ai pas eu ma petite goutte.

— Moi, mon lait a tourné hier, ça m'a rendue bien malheureuse!

La laitière, toujours calme au milieu de ce déluge de paroles, n'en va pas plus vite, sert chacune de ses pratiques en assurant que son lait est toujours excellent (quand il tourne, c'est la faute des vaches), et après s'être débarrassée de la foule qui l'assiége donne un sourire à un assez beau garçon, en costume très-léger, qui s'est arrêté devant elle.

C'est le garçon boulanger qui vient de porter du pain aux pratiques de son bourgeois. Vous saurez que le garçon boulanger aime beaucoup à rire, qu'il a ordinairement un faible pour les laitières, qu'il se croit très-séduisant, et qu'il fait des calembours.

Les laitières ne comprennent pas les calembours, mais elles rient de confiance, et le mitron a toujours sa petite cruche particulière lorsque par hasard il veut prendre du café.

Mais le tableau devient plus animé. Paris s'éveille; les boutiques s'ouvrent; les jeunes marchandes se montrent sur leur porte, encore en papillotes, en fichu du matin, et déjà curieuses de voir si leurs voisines ont étalé quelques marchandises nouvelles.

Les portiers et les portières se dessinent de distance en distance, comme les réverbères. Appuyés sur leur balai, ils écoutent les bonnes, et leur distribuent les nouveaux cancans qu'ils ont pu recueillir. Le portier de Paris est essentiellement cancanier, mauvaise langue. J'en sais un qui s'amusait à écrire des lettres anonymes aux locataires de sa maison; et comme il voyait bien des choses, il mettait la discorde dans les ménages au lieu de b ayer le devant de sa porte.

Mais l' ure avance : le garçon boulanger reprend son panier plein de pains, et qu'il a déposé près des cruches de la laitière. Il fait à la grosse marchande un de ses sourires les plus séducteurs, elle lui répond avec gaieté, et puis ils se séparent, lui pour porter son pain, elle pour rassembler ses cruches vides.

La laitière est partie; elle va reprendre son âne et retourner à Noisy-le-Sec; la laitière ne connaît de Paris que la route qui mène à la place où elle vend son lait.

Maintenant ce ne sont plus les ouvriers, ce sont les employés que nous voyons passer.

L'un marche vivement, son petit pain dans sa poche, l'habit boutonné jusqu'au menton, et parlant tout seul comme un vaudevilliste.

L'autre se dandine, flâne, regarde dans chaque boutique, s'arrête quand deux chiens se battent, et devant une maison qu'on bâtit, et à chaque colonne-affiche.

Il y en a qui filent comme des fusées, sans regarder ni à droite ni à gauche, l'air très-affairé, des rouleaux de papier sous le bras, toujours bien brossés, bien cirés. Généralement l'employé est bien tenu.

Mais le moment de l'employé passe vite. Voici maintenant les personnes qui sortent pour leurs affaires, leur commerce. Mise négligée, bottes crottées, cela se reconnaît tout de suite. S'il fait mauvais temps, ces personnes-là seront sans parapluie; tandis que le commis de bureau ne marche pas sans cela, pour peu que le ciel soit nébuleux.

Les petites boutiques viennent étaler sur le boulevard.

Là, c'est de la porcelaine, tasses, théières, assiettes, tout semble à très-bon marché; mais vous ne faites pas attention que ces pièces sont de rebut, et qu'elles ont toutes quelques défaut.

Quels sont ces messieurs en redingotes boutonnées jusqu'au menton et coiffés avec des casquettes dont la visière leur descend presque sur le nez? A leur accent, au cachet national empreint sur leur physionomie, vous devez sur-le-champ reconnaître des descendants du grand Abraham, des fils d'Israël, de cette nation si long-temps persécutée, et qui n'en fait pas moins son chemin dans le monde. En général les gens que l'on persécute acquièrent toujours ou de la gloire ou de la fortune. Les Juifs sont nés commerçants, et ce n'est point un reproche que je prétends leur faire, bien au contraire, c'est un éloge que je leur adresse ; car le commerce est la seule véritable richesse qu'il y ait au monde. Toutes les autres sont de convention. L'or, l'argent et les billets de banque n'ont de la valeur que parce que nous voulons bien leur en donner. Mais le commerce qui fait mouvoir tout cela, qui donne de l'activité à tant de millions d'hommes, qui fait voyager d'un pôle à l'autre les produits de nos fabriques et les denrées de nos climats, voilà la richesse qui n'est pas de convention et qui donne la vie aux autres.

Nous disons donc que les descendants d'Israël sont nés commerçants, comme les Italiens sont nés musiciens, les Anglais penseurs, les Allemands fumeurs, et les Français moqueurs. A l'âge de huit ou neuf ans, vous voyez des petits garçons juifs qui se promènent avec un éventaire devant eux ; ils ont commencé par trouver une épingle. Ils en ont cherché d'autres ; lorsqu'ils en ont amassé un cent, ils commencent à s'établir : c'est-à-dire à se faire marchand d'épingles ; et, au bout de quelques années, ces petits marchands ambulants auront une boutique ; un peu plus tard, des magasins, puis des commis, et peut-on savoir où cela s'arrêtera ?... Mais, revenons à ces messieurs qui viennent stationner sur le boulevard.

L'un d'eux sort de dessous sa redingote une espèce de pliant en bois sur lequel il pose une boîte plate et carrée, dont le dessus se relève et laisse voir une foule de bagues et d'épingles avec des pierres de toutes les couleurs ; vous voyez que cela fait tout de suite une boutique. Ce monsieur se met à crier :

— Voyez, messieurs, mesdames, choisissez dans la boutique. Tous bijoux fins et pierres fines montés en or... C'est contrôlé, messieurs, le contrôle y est, vous pouvez vous en assurer... on ne veut pas vous tromper... A trente sous des bagues en or... C'est par suite d'une faillite ; c'est pour rien, profitez de l'occasion.

Pendant que ce monsieur fait ainsi l'éloge de sa marchandise, deux de ses camarades, chargés du rôle de compères, sont arrêtés devant la petite boutique qui a été déposée juste au milieu du boulevard: ils semblent très-occupés à choisir des bagues et des épingles. Ils les admirent, ils s'extasient. Puis ils fouillent à leur poche, tirent une pièce de cinq francs, se font rendre de la monnaie, et tout cela dure très-longtemps, parce que l'on espère que cela attirera quelques badauds, plus quelque jobard qui se laissera entraîner par l'exemple et voudra faire cadeau d'une bague à sa femme ou à sa fille. En effet, les badauds s'arrêtent, regardent, écoutent, mais très-peu achètent. Le Parisien devient dificile à attraper.

Mais, outre les compères qui entourent la boutique et font semblant d'acheter, il y en a d'autres placés de distance en distance sur le boulevard; ce sont des vedettes chargées de donner l'alarme dès qu'un sergent de ville ou un agent de police se montre à l'horizon. Il paraît que les bijoux si bien contrôlés craignent beaucoup les regards de l'autorité; car aussitôt qu'une vedette donne l'alarme, il faut voir avec quelle dextérité le marchand de bijoux ferme sa boîte, relève son pliant, fait disparaître sa boutique et se sauve à travers les passants et les promeneurs. J'en ai vu, dans leur précipitation, laisser tomber une partie de leur marchandise, et ne pas vouloir s'arrêter pour la ramasser.

Ceci vous prouve qu'il existe à Paris de singulières industries, et que tout ce qui reluit n'est pas or.

Les voitures, les cabriolets se croisent; les omnibus, les algériennes passent presque à chaque instant. Il devient si facile et si peu coûteux de faire ses courses en voiture, que je suis étonné de voir encore autant de piétons dans Paris.

Il est deux heures, le tableau est à son apogée. Quel mouvement, quelle variété, quels contrastes dans ces figures, dans ces personnages! Là, de jeunes et jolies femmes, élégantes, gracieuses, sortant pour se promener, pour faire admirer leur figure et leur toilette; ici, la pauvre rentière, s'enveloppant avec peine dans un vieux châle usé.

Puis un jeune homme moyen âge, ayant de belles moustaches qui rejoignent d'énormes favoris, une royale au menton, un chapeau dont la forme est un peu pointue du bout, et sous lequel flottent des cheveux bouclés et frisés avec soin. Là-bas, un particulier en veste de velours, pantalon pareil, pas de gilet, et très-peu de boutons mis au pantalon et à la veste; avec cela une chemise ouverte, qui laisse voir la poitrine de ce monsieur, et qui nous apprend que cet individu a beaucoup de ressemblance avec un ours, connaissance dont nous nous serions bien passé.

Et ce personnage débraillé, dont la figure est avinée et la démarche chancelante, parle tout haut, chante même assez souvent en marchant, et il affectera de tenir les propos les plus libres, de faire entendre les paroles les plus indécentes, lorsqu'il passera près d'une femme qui aura l'air honnête, ou près d'une jeune fille au maintien modeste; et il ne se trouvera personne pour arrêter un tel misérable! Est-ce que ces gens qui veulent nous souffler au visage leurs vices, leur infamie, leur haleine empestée ne sont pas aussi punissables que ces petits marchands non patentés? En France on n'est pas assez sévère pour ce genre de délit, qui devient extrèmement commun depuis que nous avons le bonheur d'avoir la liberté que tant de gens traduisent par la licence.

Mais quel est ce vieux couple qui débouche par le coin du boulevard, et qui semble vouloir tout renverser sur son passage?

La femme est fort laide; mais en revanche elle a l'air très-désagréable. Elle est grande, maigre, longue, sèche et jaune; elle a un immense chapeau sur lequel il y a des fleurs, des plumes, des marabouts, de la blonde et de gros nœuds de rubans. Ce chapeau-là doit bien fatiguer la personne qui le porte, et lorsque le vent s'engouffre dans tout cela, il faut nécessairement que cette dame ait quelqu'un qui la retienne à terre, sans quoi son chapeau lui ferait une ascension.

Mais nous n'avons pas encore tout vu. Sous le chapeau il y a un bonnet, et ce bonnet est orné de fruits artificiels. Vous savez que la mode a pendant quelque temps remplacé les fleurs par les fruits; cette dame aura probablement trouvé que cela allait très-bien à la physionomie, car elle a sur chaque côté des joues une grappe de raisin, et sur le front un paquet de groseilles rouges. Figurez-vous maintenant cette vieille et maigre figure jaune entourée de raisin, de groseilles, couverte de plumes et de fleurs, et vous ne serez pas étonné si tout le monde se retourne en passant près de cette dame, et si quelques personnes s'écrient :

— Qu'est-ce que c'est que cela ?... avez-vous vu ce grand corps qui vient de passer?

— Oui, cela m'a fait peur... on dirait une momie qui marche.

— Moi, cela m'a fait l'effet d'un singe déguisé en femme.

— C'est quelque dame étrangère qui prend l'air pour sa santé.

— Ah! Dieu! elle a l'air bien malade.

Et la grande dame, qui entend quelquefois ce qu'on dit d'elle, jette des regards furibonds sur la foule et serre le bras de son mari en lui disant :

— Marchez donc, monsieur Mollet, vous nous faites rester au milieu de ce petit monde... on me volera mon cachemire sur mes épaules, et certes ce n'est pas vous qui courrez après le voleur.

M. Mollet est un homme court, replet, rouge, cagneux, qui porte constamment sur lui un maillot entier en flanelle, et par là-dessus deux chemises, un caleçon en tinette, un pantalon en cuir de laine, deux gilets, un habit, une redingote et un paletot. Vous comprenez que cette grosse masse a beaucoup de peine à se remuer, quand M. Mollet veut chercher son mouchoir dans sa poche, il commence par soupirer, puis il s'arrête, lâche le bras de sa femme, lui donne sa canne à tenir, et tâche de faire usage de ses mains; mais il n'est jamais bien certain dans laquelle de ses poches il a mis son mouchoir, et l'examen en est tellement long, que madame Mollet y met souvent fin en prêtant son mouchoir à son mari, qui le prend d'un air reconnaissant en murmurant :

— Merci, bobonne... je ne le salirai pas, ce n'est que de l'eau.

M. Mollet reprend sa canne et le bras de sa femme; le vieux couple se remet en marche : la dame persuadée qu'on doit se ranger devant elle parce qu'elle porte sur ses épaules un véritable cachemire des Indes; le mari aussi bête que sa moitié, et croyant que tout le monde admire sa belle épingle en diamant et sa belle canne à pomme d'or.

Je n'ai pas besoin de vous dire que ces gens-là ne sont ni comtes, ni marquis. La vraie noblesse peut être altière, fière, orgueilleuse, mais elle n'est jamais ridicule.

La Rochefoucauld a dit : « L'accent du pays où l'on est né, demeure dans l'esprit et dans le cœur comme dans le langage. »

Moi, je crois que l'on garde aussi l'*accent* de l'état que l'on a exercé; celui-là demeure dans les manières et dans la tournure comme dans le langage.

Ce monsieur et cette dame sont d'anciens boulangers retirés du commerce avec trente mille francs de rente. Certainement on peut être fort estimable tout en vendant du pain et des flûtes; mais il ne faut pas ensuite vouloir se donner des airs impertinents.

Laissons passer le vieux couple. Regardons ces enfants que conduit une bonne. Ces enfants si frais, si roses, si gentils, qui sautent et bondissent avec tant de plaisir devant chaque étalage de jouets. Le petit garçon a un cerceau, il veut le faire manœuvrer à travers cette foule incessante qui lui barrera souvent le passage. La petite fille a une balle qu'elle jette devant elle pour avoir le plaisir de courir après. Mais elle n'a que trois ans, et sa bonne ne devrait pas la laisser courir seule ; malheureusement pour l'enfant, la bonne vient de rencontrer une payse, et il est bien plus agréable de savoir des nouvelles de son *endroit* que de courir avec un enfant pour attraper une balle.

Cinq minutes ne se sont pas écoulées, et le petit garçon est renversé en voulant ravoir son cerceau qui est dans les jambes d'un maçon, et la petite fille tombe sur le nez en courant trop fort après sa balle.

Des passants ramassent les enfants, que la bonne n'entendait même pas crier, parce que la payse lui contait le mariage de son frère Jean-Louis avec la fille du meunier. Enfin quelqu'un lui fait apercevoir les deux enfants qui pleurent, en lui demandant s'ils sont avec elle. Alors la bonne court au petit garçon et à la petite fille ; elle les gronde tous les deux ; elle leur promet le fouet s'ils disent à leur maman qu'ils sont tombés ; et les enfants, le cœur gros, le visage barbouillé de poussière, promettent à leur bonne de ne rien dire ; alors celle-ci, pour les guérir de la bosse qu'ils ont à la tête, les conduit vers le marchand de coco et leur dit : — Je vais vous régaler.

Le marchand de coco est un être classique, comme le marchand de plaisir, et les enfants sont classiques, car ils aiment toujours le plaisir et le coco.

Il n'y a point de bonne fête populaire, de spectacle gratis, de queue à un théâtre, de revue au champ de Mars, de foire aux environs de Paris, de cortège sur les boulevards, sans que le marchand de coco y soit. Voyez-le avec sa fontaine argentée, bien polie, bien brillante, et puis les fleurs, les pompons, les grelots, les sonnettes qui pendent après ; c'est une petite Samaritaine ambulante.

Le marchand de coco a ordinairement le nez aussi rouge que son tablier est blanc, ce qui ferait croire que l'honnête industriel ne se désaltère pas avec sa marchandise, et qu'il ne mange pas son fonds. Mais son air est avenant, sa démarche assurée, malgré la fontaine qu'il porte sur ses épaules ; il crie d'une voix un peu aigre quelquefois :

— Qui veut boire ? à la fraîche, qui veut boire ? Mais il accompagne cela en secouant les sonnettes et les gobelets, ce qui produit une petite musique turque fort agréable. Je suis surpris qu'on n'ait pas encore employé le marchand de coco dans les concerts monstres.

Le monde passe toujours. Nous laissons échapper bien des originaux : d'abord, ce petit monsieur bossu, qui marche en se dandinant avec prétention, lorgnant les dames d'un air malin, et se figurant qu'on ne voit pas la difformité de sa taille, parce qu'il est toujours mis à la dernière mode.

Le monde va plus vite : c'est l'heure du dîner, il est rare qu'à ce moment il ne s'opère pas dans la marche un mouvement accéléré. L'un est attendu par sa femme, qui le grondera s'il revient tard. L'autre doit dîner en ville, et il faut qu'il aille d'abord faire sa toilette.

Un cabriolet élégant passe rapidement sur la chaussée, un petit maître le conduit ; prenez garde, il ne vous criera pas : Gare ! Il vous écrasera si vous ne vous rangez pas à temps. Faites donc place, pauvres piétons ! ne voyez-vous pas que ce monsieur est un entrepreneur qui, au lieu de payer ses actionnaires, trouve plus agréable de les éclabousser ?

Un moment : voilà une petite femme grosse, courte, ramassée, qui veut rejoindre un omnibus. Le conducteur ne la voit pas, la petite dame est bien malheureuse, elle ne peut pas crier, parce qu'elle est enrhumée ; elle ne peut pas courir, parce qu'elle porte un panier et un carton ; elle se place au milieu de la chaussée et joue la pantomime la plus expressive, jusqu'à ce qu'une grosse voix lui crie aux oreilles: Rangez-vous donc !

Ce sont des commissionnaires qui font un déménagement ; la pauvre dame est obligée de quitter la chaussée, et d'attendre que la Providence lui envoie un autre omnibus, ce que la Providence fait toutes les cinq minutes.

Mais où va ce couple joyeux, mine bourgeoise, tournure un peu commune ? La femme a un bonnet, l'homme a des anneaux à ses oreilles ; ils poussent de côté tous ceux qui les gênent pour avancer ; ils renverseraient les étalages, les boutiques, les marchands même, plutôt que de ne pas arriver à temps.

Ce sont de petits marchands qui vont au spectacle, au spectacle qu'ils adorent, et où leurs moyens ne leur permettent pas d'aller plus de quatre fois par an. Mais aussi ils ne veulent pas manquer une pièce, une scène, un mot. Ils ont choisi le théâtre où l'on donne le spectacle le plus long. A l'*Ambigu-Comique* il y a sur l'affiche trois mélodrames bien complets, bien fournis. Si un autre théâtre eût donné quatre mélodrames, ils y auraient été ; mais comme jusqu'à présent on n'a encore été que jusqu'à trois, nos jeunes gens vont à l'Ambigu.

Ils arrivent avant les pompiers, avant la garde municipale ; ils voient poser les barrières pour la queue ; ils voient entrer les ouvreuses ; ils sont seuls encore devant le bureau, et malgré cela, ils ne cessent pas de se dire : *Pourvu que nous ayons de la place!*

Ne nous moquons pas de ces gens-là ! ils auront au spectacle un plaisir que nous ne comprenons pas et que nous ne goûterons plus, nous, blasés sur les illusions de la scène ; nous qui, les trois quarts du temps, n'écoutons pas, et qui voyons l'acteur tandis que ces bonnes gens ne voient que le personnage.

Mais le jour baisse, les cafés s'éclairent, brillent, resplendissent de gaz !... les boutiques deviennent aussi plus belles, et il est rare que les marchandises étalées ne gagnent pas à être vues aux lumières. C'est le véritable moment de la promenade; le soir on ne sort plus guère pour ses affaires, mais on sort pour son plaisir.

C'est le moment où le mari galant mène sa femme choisir le châle en bourre de soie dont il veut lui faire cadeau ; aussi voyez comme ces dames ont l'air aimable en se penchant au bras de leur cavalier, et en lui désignant dans un magasin, une étoffe de robe ou de manteau qui est charmante à la lumière.

Voyez aussi les employés qui vont au café faire leur partie de billard ou de domino, et ceux qui s'asseyent dans la barrière, sur le boulevard, pour y prendre de la bière que le garçon a soin de faire mousser, de manière à ce qu'un tiers de la bouteille se répande sur la table.

Comme tout le monde a l'air gai, satisfait, content ! en vérité, les habitants de Paris, vus au gaz, semblent bien heureux, et un étranger qui se promène le soir sur nos boulevards, si brillants par les boutiques et les cafés, si animés par les théâtres, les promeneurs et les marchands ambulants, un étranger doit prendre une idée bien favorable de notre ville et de ses habitants.

Mais l'apparence est souvent trompeuse. Ces hommes, qui sont entrés au café pour se divertir, s'échaufferont avec du punch, se querelleront, et sortiront peut-être pour se battre. Ces deux époux qui semblaient si bien d'accord, rentreront chez eux en se faisant la moue, parce que monsieur n'a pas voulu satisfaire toutes les envies de madame. Les marchands fermeront leur boutique en se plaignant, parce qu'ils n'auront rien vendu dans la journée, et les pompiers reviendront en jurant contre les spectacles qui finissent trop tard.

Puis, derrière ces jeunes gens qui se promènent en chantant, en riant, à la suite du dîner qu'ils viennent de faire aux *Vendanges de Bourgogne*, un pauvre père de famille ne sait comment rentrer chez lui parce qu'il n'a pas de pain à porter à ses enfants, ou un vieillard honteux et tremblant s'approchera de vous sans oser mendier, mais en murmurant quelques mots que vous comprendrez bien vite si vous êtes compatissant. Alors vous sentirez que tout n'est pas joie dans ce qui est devant vos yeux, qu'il y a plus de mouvement que de bonheur dans ce tableau ; que les uns veulent afficher un luxe au-dessus de leurs moyens, tandis que les autres se disent gênés pour ne pas être obligeants ; qu'il y a plus d'ostentation que d'aisance dans ces magasins si bien éclairés ; qu'il y a plus d'ennui que de plaisir chez ces gens qui veulent avoir l'air de s'amuser, et qu'enfin le naturel est ce qu'on rencontre le moins dans une grande ville, où il semble que l'on craigne même de marcher et de se promener naturellement.

Mais les spectacles finissent : c'est encore un moment de vente pour les pâtissiers ; presque tous les habitués du paradis vont se faire servir de la galette ; on fait un moment queue pour avoir de la marchandise toute chaude. Le commerce de la galette a pris depuis quelques années beaucoup d'extension ; on y fait fortune en peu de temps. Vous pouvez voir tous les soirs à l'orchestre de l'Opéra-Comique, parmi les abonnés fidèles de ce théâtre, un ci-devant marchand de galette. Cela prouve que tout en faisant sa pâte ferme, ce monsieur avait du goût pour la musique ; je suis fâché, seulement, qu'il ne soit pas abonné aux Bouffes.

Le monde devient rare, les boutiques se ferment, le gaz s'éteint ; quelques cafés brillent encore, mais bientôt ils s'éteignent aussi, et de tous ces feux qui éclairaient les boulevards, il ne reste plus que les réverbères qui brillent fort et qui éclairent fort mal.

Avant de quitter la croisée, attendez un moment. Je crois que nous allons voir encore quelque chose, car des hommes se promènent là-bas, devant cette grande maison, et ce n'est pas sans intention.

Vous pensez peut-être que je vais vous faire assister à une scène de voleurs? Rassurez-vous, cela n'aurait rien de piquant ni de neuf dans une grande ville; vous allez voir quelque chose de plus original.

Tenez : on ouvre une fenêtre au troisième dans la grande maison, un homme y paraît et regarde sur les boulevards; les hommes en bas lui crient : Va! dépêche-toi!...

Pif!... pan!... pouf!... en quelques secondes trois matelas sont jetés par la fenêtre, puis une couchette, puis une commode, puis deux chaises et deux paquets sont jetés sur les matelas. Tant pis si les meubles se brisent; on préfère les voir cassés à ce qu'ils soient vendus par le propriétaire. Vous comprenez à présent que vous assistez au déménagement d'un pauvre diable qui n'a pas pu payer son terme, et auquel le propriétaire a signifié qu'il n'emporterait pas ses meubles. Le malheureux locataire a répondu en soupirant : — Je ne les emporterai pas.

En effet, il se contente de les jeter par les fenêtres, et ce sont deux de ses amis qui les emportent. En quelques secondes, le déménagement s'est effectué; et le lendemain le locataire sortira de grand matin, mais par la porte, pour aller rejoindre ses meubles qui sont sortis par la fenêtre.

Vous ne vous doutiez pas peut-être qu'à Paris il se fît des déménagements aussi tard. Mais il s'y fait encore bien des choses que nous n'avons pas vues; et, si ces tableaux vous ont amusé, vous pourrez une autre fois en voir la suite en vous mettant à ma fenêtre, depuis minuit jusqu'à sept heures du matin.

A BON CHAT, BON RAT

PROVERBE

PERSONNAGES

M. DE LA FINOTIÈRE, gentilhomme campagnard.
FRANVILLE, mari d'Hortense.
DERMILLY, ami de Franville.
HENRI DEMARSAN, amant d'Estelle.
LABRIE, valet de Dermilly.
HORTENSE, femme de Franville.
ESTELLE, fille de la Finotière.

La scène se passe dans une petite ville aux environs de Paris, sur une place donnant sur une promenade ; à gauche est la maison de madame Franville ; à droite, celle de la Finotière, et sur le devant un bosquet de lilas.

SCÈNE I

LA FINOTIÈRE, *sortant de chez lui.*

Allons, il faut qu'aujourd'hui même on s'explique : ma fille ne veut pas en convenir, mais je suis certain qu'elle raffole de Dermilly... Celui-ci ne s'est pas encore déclaré, mais il adore ma fille... c'est positif... Je vois tout cela, moi, j'ai un tact, une pénétration !... rien ne m'échappe... Sur un mot, un regard, je découvre une intrigue !... et Dieu merci, quoiqu'à trente lieues de la capitale, je ne manque pas d'occupation !... ça va même très-fort depuis quelque temps !... Cependant je ne connais pas encore cette dame qui loge là depuis un mois à peu près... On la nomme madame de Franville... c'est très-bien, mais cela ne suffit pas. Que fait-elle ? d'où vient-elle ? Est-elle veuve ou mariée ? Que fait son mari ? Voilà de ces choses qu'il faut absolument que je sache... et que je saurai bientôt. Déjeune-t-elle avec du café, du thé ou du chocolat?... c'est très-important à savoir... On n'a pas encore ouvert la fenêtre... il paraît qu'on se lève tard.

SCÈNE II

LA FINOTIÈRE, HENRI

HENRI, *à part.* — Je veux la voir encore, cette inconstante Estelle... et qu'elle sache que je ne l'aime plus.

LA FINOTIÈRE. — Ah! te voilà, mon cher Henri... Eh bien! quelle nouvelle?... que dit-on aujourd'hui dans la ville?... comment s'est terminée la dispute du greffier avec son clerc?... La femme de l'adjoint a-t-elle renvoyé sa domestique?... Elle avait trouvé son mari à la cuisine... c'est là-dessus qu'est venue la querelle.

HENRI. — Ah! monsieur de la Finotière... ce n'est pas tout cela qui m'occupe... mademoiselle votre fille... (*Il soupire.*)

LA FINOTIÈRE. — Ah! pauvre garçon!... je comprends!... Tu l'aimes, c'est fort bien... il y a longtemps que je le sais!.. mais elle ne t'aime pas, je dirai même plus, elle ne t'a jamais aimé.

HENRI. — Comment, monsieur, vous croyez!...

LA FINOTIÈRE. — Est-ce que je me trompe, moi?... Que veux-tu, mon garçon? c'est Dermilly qui a touché son cœur... Le fait est qu'il est beaucoup mieux que toi...

HENRI. — Que je suis malheureux!..... Comment, monsieur, vous souffrez cela?

LA FINOTIÈRE. — Que diable, mon ami, je ne puis pas contraindre ma fille, je ne suis pas un tyran... Regarde-moi bien... est-ce que j'ai dans la physionomie quelque chose d'un tyran?

HENRI. — Cependant vous m'aviez fait espérer...

LA FINOTIÈRE. — Sans doute!... parbleu, si ma fille

t'avait aimé!.. tu es un honnête garçon... de bonne famille... Je t'aime beaucoup, moi, oh! je t'aime sincèrement; mais je ne peux pas t'épouser!... Vois-tu, il faut pour séduire les jeunes filles un certain... je ne sais quoi... une certaine manière... que tu n'as pas du tout!... Oh! je te le dis franchement! je m'y connais... Au revoir, mon cher ami, console-toi... une autre t'aimera peut-être... avec le temps!... Tu as un tailleur qui t'habille mal, aussi... il faut en changer... Pour réussir dans le monde, et surtout près des femmes, la première chose, mon ami, c'est d'avoir un bon tailleur.   *(Il sort.)*

SCÈNE III

HENRI, *seul.*

Conçoit-on ce père qui, pour que l'on soit digne de sa fille, veut que l'on soit bien habillé?... Hum!.. si ce n'était pas le père d'Estelle, je lui dirais qu'il n'est qu'un vieux fou... mais je me contente de le penser... c'est presque toujours comme cela dans ce monde! Ah! mademoiselle Estelle... c'est un fat, un étourdi qui vous plaît maintenant!... après m'avoir fait les plus tendres serments!... Oh! les femmes! Enfin, elles sont toujours les mêmes... et, puisque nous les adorons comme cela, il paraît qu'elles font bien de ne point changer.

SCÈNE IV

ESTELLE, HENRI

ESTELLE, *sortant de la maison.* — Ah! le voilà, ce vilain jaloux! Je veux lui apprendre à douter de mon cœur...

HENRI, *à part.* — C'est elle... je devrais m'en aller, si j'avais un peu de fierté... mais je ne m'en irai pas...

ESTELLE. — Ah! vous voilà, monsieur Henri... Je croyais mon père avec vous...

HENRI. — Il me quitte, mademoiselle.

ESTELLE. — Et M. Dermilly, l'avez-vous vu aujourd'hui ?

HENRI, à part. — Allons, elle ne pense qu'à lui ! (Haut.) Non, mademoiselle, non... je n'ai pas eu ce bonheur !... Mais, sans doute, il ne tardera pas à se rendre près de vous.

ESTELLE. — C'est un jeune homme bien aimable ! toujours empressé, galant...

HENRI, à part. — Elle va me faire son éloge... Comme c'est amusant !... Je dois avoir l'air très-bête !...

ESTELLE. — Je crois qu'il rendra une femme très-heureuse.

HENRI. — Mademoiselle, vous croyez peut-être me faire de la peine en me disant cela..... mais vous vous trompez bien !... Un autre obtient la préférence ; eh bien ! loin d'éprouver des regrets, je vous rends vos serments.... et je saurai m'en consoler.

ESTELLE, piquée. — Vous ferez fort bien, et je vous y engage !... Oh ! d'ailleurs, les hommes se consolent toujours !... Ah ! voici M. Dermilly !

HENRI. — Cet homme-là me poursuivra partout !...

SCÈNE V

LES PRÉCÉDENTS, DERMILLY

DERMILLY. — Ah ! c'est la charmante Estelle !... (A part.) Et son dangereux adorateur !... C'est ma bête noire que ce monsieur.

HENRI, à part. — Elle voudrait que je m'éloignasse... restons.

DERMILLY. — Eh ! comment se porte votre père, ce cher M. de la Finotière ?... Il y a un siècle que je ne l'ai vu...

ESTELLE. — Vous nous oubliez, ce n'est pas bien !

DERMILLY. — Vous oublier !... impossible... Tenez, encore ce matin, je parlais de vous avec trois jeunes officiers de la garnison avec lesquels j'ai déjeuné... Je vous citais comme un modèle de grâce, de talents, d'esprit !... Vous jouez au boston comme un ange... Je citais la dernière misère en cœur que vous avez gagnée... Ah ! c'était d'une audace prodigieuse... Il n'y a que vous pour risquer de ces *misères-là*.

ESTELLE. — Ah ! monsieur !

HENRI, *à part*. — Drôle de façon de faire la cour à une demoiselle !... lui parler du jeu de boston.... Il me fait l'effet d'un sot, ce monsieur.

DERMILLY. — Quel dommage de vous voir rester dans une petite ville de province ! En vérité, c'est un meurtre !... c'est un vol fait à la capitale !... Je m'en plaindrai à M. de la Finotière...

ESTELLE. — Oh ! je ne vous en saurai pas gré !... J'aime ma petite ville, et je ne suis pas inconstante, moi.

HENRI, *à part*. — Elle n'est pas inconstante !... Non.. elle n'ose pas. Elle y est de la même force qu'au boston.

ESTELLE. — Mais mon père va rentrer, je vous quitte, messieurs.

DERMILLY. — J'espère vous revoir bientôt !... (*Dermilly baise la main d'Estelle, qui rentre.*)

HENRI, *à part, avec colère*. — Il lui a baisé la main... Ah ! c'en est fait, je ne dois plus songer à cette femme-là ! (*Il s'éloigne en jetant un regard furieux à Dermilly.*)

SCÈNE VI

DERMILLY, LABRIE

DERMILLY, *riant*. — Eh bien ! qu'est-ce qu'il a donc à me regarder, ce monsieur ?... si cela lui déplaît, qu'il le dise... On lui demandera peut-être la permission de faire des conquêtes.

LABRIE, *arrivant.* — Me voici, monsieur; j'ai fait toutes vos commissions.

DERMILLY. — Tu as porté chez le colonel les cent louis que j'ai perdus hier au jeu.

LABRIE. — Oui, monsieur... Si nous allons de ce train, la succession pour laquelle nous sommes venus dans ce pays ne nous y retiendra pas longtemps!

DERMILLY. — Il faut bien faire quelque chose; mais rassure-toi, je ne jouerai plus de quelque temps... je suis amoureux...

LABRIE. — Monsieur, je vous ai toujours connu amoureux, et cela n'empêchait pas... Mais, mariez-vous, et devenons sage, enfin!...

DERMILLY. — Que je me marie!... imbécile!... est-ce possible?...

LABRIE. — Comment, monsieur!... Pourquoi n'est-ce pas possible?...

DERMILLY. — Écoute: tu sais qu'à peine arrivé dans cette petite ville, j'ai reçu une lettre de Franville, qui habite Paris?...

LABRIE. — C'est le seul de vos amis qui vous ait donné de bons conseils, et même je crois qu'il vous a plus d'une fois prêté de l'argent... c'est superbe, ça...

DERMILLY. — Cela ne te regarde pas... D'ailleurs, je le lui ai rendu... ce qui est encore plus beau. Eh bien! le sage Franville s'est marié secrètement; il a fait cacher sa femme dans cette ville, jusqu'à ce qu'il ait obtenu le pardon de son oncle, qui avait d'autres vues sur lui; et cette dame qui loge là...

LABRIE. — C'est madame Franville, je comprends!

DERMILLY. — Me sachant ici, mon ami m'a prié de voir souvent sa femme, de lui tenir fidèle compagnie; enfin il me l'a recommandée tant que je resterais dans ce pays.

LABRIE. — Parbleu, il a eu là une belle idée!... Je devine le reste... par excès de zèle et d'amitié vous faites la cour à sa femme...

DERMILLY. — Non!... oh! je ne lui fais pas la cour!... mais je l'adore... J'ai tort, je le sens bien; mais Hortense est si jolie!... il est impossible de voir cette femme-là sans en être épris. Que veux-tu! ayant chaque jour l'occasion d'être seul avec elle... d'admirer les grâces de son esprit... Eh! mon cher Labrie, c'est une terrible chose que l'occasion, et je ne conçois pas comment Franville, qui connaît mon extrême sensibilité, a pu m'exposer à une telle épreuve...

LABRIE. — C'est vrai, monsieur... oh! c'est lui qui est dans son tort!... En général, les maris sont toujours dans leur tort!... Madame Franville connaît-elle votre amour?

DERMILLY. — Oh! elle ne le connaîtra jamais!... Cependant il y a des moments où je suis prêt à lui tout avouer!...

LABRIE. — Tenez, monsieur, voilà une nouvelle folie qui n'amènera rien de bon! Au lieu de cela, si vous pouviez épouser la fille de M. de la Finotière... jeune personne qui sera fort riche!... ce serait une bonne affaire... et maintenant, quand on se marie, c'est uniquement pour cela...

DERMILLY. — Oui! oh! je le sais bien, c'est comme lorsqu'on fait une pièce de théâtre à présent; c'est uniquement pour de l'argent!... mais tu sais bien que le mariage me fait peur. Un garçon est si heureux! il s'amuse tant!...

LABRIE. — Oh! certainement, un garçon s'amuse beaucoup... tant qu'il a de l'argent; mais quand il n'en a plus, adieu les plaisirs! Croyez-moi, monsieur, mademoiselle de la Finotière serait un parti excellent... et si elle vous aimait...

DERMILLY. — Comment, maraud, si elle m'aimait!... mais elle m'adore... Je n'aurais qu'un mot à dire, et... On sort de cette maison... C'est Hortense... va-t'en!

LABRIE. — Allons, encore une aventure où il n'y aura rien de bon à gagner. (*Il sort.*)

SCÈNE VII

DERMILLY, HORTENSE

HORTENSE. — Ah! vous voilà, Dermilly; il faut que je vous gronde... je ne vous ai pas vu depuis quelques jours. J'écrirai à Franville que vous négligez sa femme.

DERMILLY. — Ah! madame... ce reproche est trop obligeant!... mais des occupations sérieuses... Vous êtes coiffée comme un ange, aujourd'hui...

HORTENSE. — Vous trouvez... Je craignais que les bandeaux ne m'allassent pas bien.

DERMILLY. — Est-ce que tout ne vous va pas... avec une figure comme la vôtre?...

HORTENSE. — Oh! ne me dites pas cela; d'abord, je sais très-bien que je ne suis pas jolie!...

DERMILLY. — Ah! madame!... quel blasphème!

HORTENSE. — Je ne dis pas non plus que je sois laide... J'ai de la physionomie, voilà tout... Au reste, il y a très-peu de femmes véritablement jolies; souvent, à la promenade, j'ai fait cette remarque-là... Vous dites donc que vous avez des affaires sérieuses... Ah! je devine, quelque nouvelle conquête... car vous avez une terrible réputation.

DERMILLY. — Je suis comme Figaro, je vaux mieux que ma réputation.

HORTENSE. — Avez-vous reçu des nouvelles de Franville?

DERMILLY. — Non, madame.

HORTENSE. — Ni moi... il n'a jamais été si longtemps sans m'écrire!... Croyez-vous que son oncle lui pardonnera?

DERMILLY. — Eh! madame! qui pourrait ne point partager les sentiments de Franville?... Qui pourrait, en vous voyant... (*A part.*) Allons... mon secret va m'échapper...

HORTENSE. — Ah! ah!... en vérité, Dermilly, vous êtes aujourd'hui tellement préoccupé, que vous oubliez ce que vous voulez dire!... Mais je vous pardonne... et si vous me jugez un jour digne d'être votre confidente...

DERMILLY. — Ma confidente!... si j'osais vous confier... si vous pouviez lire dans mon âme!...

HORTENSE. — J'y verrais un nouvel amour... qui durera peut-être un grand mois... mais, tenez, pour vous distraire, vous seriez bien aimable d'aller voir s'il n'est pas arrivé de lettres de Franville...

DERMILLY. — Madame, vos moindres désirs sont des ordres... Je cours et je reviens dans un moment. (*Il sort.*)

SCÈNE VIII

HORTENSE, LA FINOTIÈRE

HORTENSE. — Ce pauvre Dermilly!... je voudrais bien savoir à qui s'adressent ces soupirs.

LA FINOTIÈRE. — Rien d'intéressant aujourd'hui!... C'est une chose étonnante!... pas le plus petit caquet... le pays devient très-ennuyeux. Eh! mais je ne me trompe pas... voilà cette dame qui loge là...

HORTENSE, *à part*. — Ce monsieur est, je crois, mon voisin.

LA FINOTIÈRE, *à part*. — Superbe occasion pour entamer la conversation... (*Faisant plusieurs saluts à Hortense.*) Je crois que j'ai l'avantage de saluer la dame qui habite cette maison?...

HORTENSE. — Oui, monsieur.

LA FINOTIÈRE. — Enchanté de faire votre connaissance... Déjà, comme voisin, j'avais l'intention d'aller vous présenter mes hommages... quoique l'on m'ait dit que vous receviez peu de monde...

HORTENSE. — Il est vrai, monsieur, jusqu'à l'arrivée de mon mari, je ne puis recevoir beaucoup de société.

LA FINOTIÈRE, *à part*. — Il paraîtrait, d'après cela, qu'elle n'est pas veuve. (*Haut.*) Monsieur votre époux est en voyage ?...

HORTENSE. — Il est à Paris.

LA FINOTIÈRE. — Ah! fort bien... j'entends... il sollicite quelque emploi?

HORTENSE. — Non, monsieur.

LA FINOTIÈRE. — Il suit un procès?

HORTENSE. — Non, monsieur.

LA FINOTIÈRE. — Il s'occupe d'un remboursement?...

HORTENSE. — Non, monsieur.

LA FINOTIÈRE, *à part*. — Elle me répond un peu laconiquement; mais c'est égal, je saurai tout.

HORTENSE, *à part*. — Ce monsieur est passablement curieux.

LA FINOTIÈRE. — Moi, madame, tel que vous me voyez, je suis un simple campagnard retiré des affaires; je ne fais plus rien, absolument que m'occuper de... servir mes amis, quand l'occasion s'en présente. J'ai quinze mille livres de rente, une fille charmante, une bonne table, et je suis veuf... avec cela, vous sentez qu'on doit se trouver très-heureux.

HORTENSE. — Je vous en fais mon compliment.

LA FINOTIÈRE. — J'ai cependant beaucoup d'occupations... Oh! pas un moment à moi... Je sais dès le matin tout ce qui s'est passé dans la nuit, et le soir je pourrais vous dire tout ce qu'on a fait dans la journée chez mes voisins... Avec moi on peut se passer de journaux.

HORTENSE. — C'est infiniment agréable...

LA FINOTIÈRE. — Comme je vous l'ai dit, j'ai une fille charmante... c'est tout mon portrait... quand j'avais huit ans.

HORTENSE. — Est-ce que mademoiselle votre fille n'a que huit ans?

LA FINOTIÈRE. — Non! elle en a dix-neuf. Je veux dire par là qu'elle est très-fraiche... très-rose... parce que moi, à huit ans, j'avais le teint d'une pomme d'api Vous sentez que beaucoup de partis se présentent pour elle... mais il y a entre autres un nommé Dermilly, un jeune homme de Paris, qui en est amoureux fou...

HORTENSE. — Dermilly... (*A part.*) Ah! voilà donc le secret de ce monsieur!

LA FINOTIÈRE. — Vous connaissez ce jeune homme... Je l'ai vu entrer chez vous trois fois... quatre fois... ou trois, je ne suis pas bien sûr; enfin, c'est égal, vous le connaissez.

HORTENSE. — C'est l'ami intime de mon mari.

LA FINOTIÈRE. — Fort bien, je comprends... il est aimable... il paraît un peu étourdi... mais cependant, si sa famille est honorable.

HORTENSE. — Elle est fort considérée... Je serais enchantée que Dermilly obtint votre aveu... Mais mademoiselle votre fille l'aimera-t-elle?

LA FINOTIÈRE. — Elle ne m'en a rien dit; mais vous sentez bien que je ne suis pas un de ces pères auxquels il faut dire ces choses-là... Je devine tout. Allons, voilà qui est arrangé, je ferai son bonheur... Infiniment reconnaissant des renseignements que vous m'avez donnés... et charmé d'avoir fait votre connaissance... Je vais chez moi savoir s'il ne m'est pas arrivé quelques nouvelles; j'espère que nous reprendrons cet entretien... (*A part.*) Pleine d'esprit, cette femme-là... (*Haut*). Votre serviteur... (*Il rentre.*)

SCÈNE IX

HORTENSE, *puis* DERMILLY

HORTENSE. — Ah! c'est de la fille de mon voisin que

Dermilly est amoureux... Mais le voici, amusons-nous un peu. (*A Dermilly.*) Eh bien, monsieur ?

DERMILLY. — Point de nouvelles de Franville.

HORTENSE. — Oh! c'est fort mal!... ces maris sont d'une indifférence... mais je m'en vengerai.

DERMILLY, *à part.*—Diable! mais ce serait l'instant de lui offrir des consolations...

HORTENSE. — Vous ne prenez pas la défense de votre ami ?... Votre nouvel amour vous occupe entièrement.

DERMILLY. — Mon amour... Et d'où jugez-vous?...

HORTENSE. — Oh! je suis plus instruite que vous ne pensez!

DERMILLY. — Quoi! madame, vous sauriez...

HORTENSE. — Oui, monsieur... quoique vous ne m'ayez pas donné votre confiance, je connais celle que vous aimez...

DERMILLY. — Se pourrait-il!... (*A part.*) Allons, elle a deviné mes sentiments.

HORTENSE. — Mais pourquoi cet air chagrin? Quoi! Dermilly, vous si habitué à lire dans le cœur d'une femme, vous n'avez pas deviné votre bonheur?

DERMILLY. — Mon bonheur... comment, madame, je puis espérer...

HORTENSE. — Eh! sans doute, monsieur!... En vérité, je vous croyais plus de pénétration.

DERMILLY. — Je n'en reviens pas... c'est elle qui m'encourage... Ma foi, l'ami le plus fidèle ne saurait tenir à cela.

HORTENSE. — Quittez cet air triste... ne vous affligez plus... Faut-il donc vous dire que l'on vous aime ?

DERMILLY, *tombant à ses genoux.* — Vous m'aimez... il se pourrait!... vous m'aimez!... Ah! madame, je jure de mon côté de vous adorer toujours.

HORTENSE. — Qui? moi!... mais vous êtes fou, monsieur... rappelez donc votre raison; ce n'est pas à moi que vous devez dire cela...

DERMILLY. — Pardonnez-moi, madame... oh! c'est bien à vous... à vous qui partagez mon amour.

HORTENSE. — Moi!... Mais, monsieur, il n'est pas question de moi, c'est de ma jeune voisine, de mademoiselle Estelle que je vous parle depuis une heure!...

DERMILLY. — Se pourrait-il!... c'était d'Estelle?...

HORTENSE. — Sans doute, monsieur... et je ne m'attendais pas...

DERMILLY. — Eh bien! madame, une méprise vous a fait connaître mes sentiments; mais depuis longtemps ce secret était prêt à m'échapper.

HORTENSE. — Monsieur, si vous n'aviez pas renouvelé cet aveu, je l'aurais pris pour une plaisanterie; mais puisque vous persistez, je craindrais, en continuant à vous voir, qu'une autre méprise ne vous fît croire que je partage vos sentiments, et je m'abstiendrai de vous recevoir jusqu'à l'arrivée de mon mari.

DERMILLY. — Quoi, madame!...

HORTENSE. — Adieu, monsieur; une autre fois, je tâcherai de mieux me faire comprendre. (*Elle rentre.*)

SCÈNE X

DERMILLY, *puis* LABRIE

DERMILLY. — Eh bien! me voilà bien avancé, moi!... et il faut que cette petite Estelle aille conter partout qu'elle m'adore!... Après tout, maintenant, je n'ai plus d'autre parti à prendre que de l'épouser...

LABRIE, *accourant*. — Ah! monsieur, je vous cherchais; grande nouvelle!...

DERMILLY. — Qu'est-ce donc?

LABRIE. — Votre ami, M. Franville... le mari de cette jolie dame...

DERMILLY. — Eh bien?

LABRIE. — Il vient d'arriver, il est ici.

DERMILLY. — Franville!... O maudit contre-temps!... et au moment où je viens de...

LABRIE. — Il s'est rendu chez vous, m'a demandé la demeure de sa femme, je la lui ai indiquée, et il me suit... Je suis venu vous avertir, certain que l'arrivée de votre ami vous ferait grand plaisir.

DERMILLY. — Oh! oui... cela m'enchante, en effet... (*A part.*) Si sa femme allait lui dire... C'est que je serais désolé de me brouiller avec ce cher Franville, que j'aime beaucoup!...

LABRIE. — Le voici, monsieur.

DERMILLY. — Laissez-nous... (*A part.*) Il faut absolument me tirer de là.

SCÈNE XI

DERMILLY, FRANVILLE

DERMILLY, *courant à Franville*. — Eh! c'est bien lui... ce cher ami... (*Ils s'embrassent.*)

FRANVILLE. — Bonjour, mon cher Dermilly.

DERMILLY. — Ton arrivée me cause une joie... une surprise... Parbleu, je ne t'attendais pas maintenant.

FRANVILLE. — J'ai voulu te surprendre, ainsi que ma femme... Félicite-moi, mon ami, tout est arrangé, tout est fini... Mon oncle me pardonne, et veut que je lui présente ma chère Hortense... qu'il traitera comme sa fille.

DERMILLY. — Allons, mon ami, je te fais mon compliment.

FRANVILLE. — Ah çà! c'est là que demeure ma femme... il me tarde de l'embrasser... de lui apprendre cette heureuse nouvelle... je cours la trouver...

DERMILLY, *le retenant*. — Eh! un moment... donc, mon ami... Comment, à peine arrivé tu me quittes déjà!...

FRANVILLE. — Nous aurons tout le temps de nous

parler... Mais tu dois penser qu'après deux mois de séparation je suis bien aise de revoir ma femme.

DERMILLY, *le retenant toujours.* — Sans doute... sans doute... mais c'est que... avant que tu lui parles... je veux t'apprendre quelque chose.

FRANVILLE. — M'apprendre quelque chose... avant que je la voie ?...

DERMILLY. — Oui, mon ami.

FRANVILLE. — Allons, parle, je t'écoute.

DERMILLY. — Oh! tu vas être enchanté, tu vas me faire mille remerciements.

FRANVILLE. — C'est possible; mais hâte-toi, je t'en prie.

DERMILLY. — Pendant que tu étais à Paris, je me suis dit : Ce pauvre Franville... il adore sa femme!... car tu adores ta femme... Quel plaisir si, à son arrivée, je pouvais lui assurer... lui prouver même qu'elle mérite tout son amour, qu'elle est digne même de tous les sacrifices qu'il lui a faits...

FRANVILLE. — Ah çà! je ne vois pas encore ce que tu veux dire...

DERMILLY. — Attends donc!... écoute-moi bien. On aime à croire sa femme fidèle, c'est fort naturel! mais, enfin, il en est qui n'ont pas toujours résisté à la séduction... Eh bien! mon cher Franville, la tienne est d'une fidélité à toute épreuve!... c'est la vertu la plus pure!... et je t'en parle savamment... je l'ai éprouvée...

FRANVILLE. — Tu as éprouvé ma femme ?...

DERMILLY. — Oui, mon ami, j'ai feint pour elle le plus vif attachement!... Aujourd'hui même je lui ai fait l'aveu de mon amour prétendu... Comme je m'y attendais, elle m'a repoussé, s'est fâchée, m'a même défendu de reparaître devant elle... Oh! c'était charmant!... j'étais enchanté!... Enfin, mon cher, mon épreuve a parfaitement réussi, et je n'ai plus qu'à t'assurer de ton bonheur... Eh bien!... tu n'es pas ravi, transporté... tu ne me remercies pas ?...

FRANVILLE. — Si fait... si fait... Oh! je te remercie!... d'après tout ce que tu as fait pour moi... Cependant, je ne t'avais pas chargé d'éprouver ma femme.

DERMILLY. — Ah! c'est une surprise que je t'avais ménagée...

FRANVILLE, *avec ironie*. — Je reconnais là ton amitié.

DERMILLY, *à part*. — C'est singulier, il n'a pas l'air aussi content que je l'espérais.

FRANVILLE. — Mais, dis-moi donc, si ma femme... car il faut tout prévoir, si ma femme t'avait écouté?

DERMILLY. — Ah! si... elle m'avait écouté...

FRANVILLE. — Oui, si ton amour ne l'avait pas offensée... qu'aurais-tu fait?

DERMILLY. — Ah! je conviens que cela eût été un peu embarrassant... alors, vois-tu... je ne t'aurais rien dit...

FRANVILLE. — Ah! tu ne...

DERMILLY. — Oh! je ne t'aurais rien dit... j'aurais gardé cela pour moi, parce que c'est toujours un très-mauvais service à rendre à un mari que de lui apprendre que sa femme.... Oh!... je t'assure que tu n'en aurais rien su! Mais j'étais certain de la vertu de la tienne; elle t'adore, t'est fidèle, et c'est à moi que tu dois d'en avoir la certitude.

FRANVILLE. — Tu es un ami rare, en vérité. (*A part.*) Je saurai bientôt à quoi m'en tenir.

DERMILLY. — Achevons de lui ôter tout soupçon. (*Haut.*) Mais tu ne sais pas tout...

FRANVILLE. — Est-ce encore au sujet de ma femme?

DERMILLY. — Non... oh! ceci est très-sérieux. Je suis amoureux, mon ami, je suis fixé, et je vais me marier avec le fille de M. de la Finotière, gentilhomme fort riche, qui demeure là; bientôt tu assisteras à mes noces... Oh! la jeune personne raffole de moi...

FRANVILLE. — Marie-toi, mon ami, tu feras fort bien... Mais je vais embrasser Hortense... Sans adieu... mon cher Dermilly. (*A part.*) Ah! tu éprouves ma femme, toi!... c'est très-bien, je tâcherai de te rendre service aussi! (*Il rentre.*)

SCÈNE XII

DERMILLY, puis ESTELLE

DERMILLY. — C'est singulier, on dirait que Franville se moque de moi... cependant il ne peut avoir aucun soupçon!... Maintenant, il faut en revenir à la petite Estelle...

ESTELLE, *sortant de la maison.*—Henri ne revient pas!... serait-il fâché tout à fait?...

DERMILLY, *l'apercevant.*—Eh! vous voilà!... charmante amie... Je suis enchanté de vous voir... j'ai mille choses à vous dire... d'abord, que je vous adore... que je ne respire que pour vous...

ESTELLE. — Quoi! monsieur... vous ne plaisantez pas?

DERMILLY, *à part.* — La pauvre petite!... elle n'ose croire à son bonheur!... (*Haut.*) Je ne vous demande pas si vous répondez à mon amour... je connais vos sentiments pour moi... et votre voisine, à qui vous en avez fait confidence, m'a appris que j'étais le plus heureux des hommes.

ESTELLE. — Ma voisine vous a dit cela, monsieur?...

DERMILLY. — Allons, plus de trouble, plus de mystère... vous m'aimez, je vous adore; vous êtes charmante, il y a similitude entre nous; votre père est le meilleur homme du monde, ce soir je lui demande sa fille, et demain je vous épouse, c'est une chose arrangée... Au revoir, mon aimable future... (*Il lui baise la main et sort vivement.*)

SCÈNE XIII

ESTELLE, *seule*.

Ah! mon Dieu!... demain il m'épouse... mais je ne le veux pas, moi... Est-ce qu'il croirait vraiment que je l'aime?... Ah! je vois bien, j'ai eu tort d'écouter les compliments d'un jeune homme de Paris. Et Henri!... me trouve trop coquette maintenant!... Mais qu'a-t-il voulu me dire avec sa voisine!...

(*Elle va s'asseoir sous le bosquet.*)

SCÈNE XIV

ESTELLE, HENRI

HENRI. — J'avais juré de ne plus approcher de cette maison... et je ne sais comment il se fait que m'en voilà tout près...

ESTELLE, *sous le bosquet*. — Mais c'est qu'il disait cela avec une assurance!

HENRI, *approchant du bosquet*. — Dieu! elle est là!

ESTELLE. — Moi, j'aimerais ce Dermilly!... un fat, un suffisant!... que j'écoutais pour m'en moquer!...

HENRI, *à part*. — Que dit-elle?...

ESTELLE. — Et Henri... le croit... lui que je n'ai jamais cessé d'aimer!...

HENRI, *courant auprès d'elle*. — Chère Estelle!... il se pourrait!...

ESTELLE. — Comment!... comment, monsieur, vous m'écoutiez!... Ah! c'est très-mal, cela!...

HENRI, *s'asseyant auprès d'elle*. — Ah! je suis le plus heureux des hommes.

SCÈNE XV

LES PRÉCÉDENTS, FRANVILLE, HORTENSE

(Ils sortent de chez eux, et ne voient pas les deux amants qui causent sous le bosquet.)

HORTENSE. — Mon ami, tu m'as arraché un secret que je voulais te cacher; mais rappelle-toi à quelle condition!...

FRANVILLE. — Sois tranquille... Oh! je ne veux pas sa mort... mais j'avoue que je serais bien aise de me venger un peu... Et tu dis qu'il va se marier?...

HORTENSE. — Eh! mais... sous ce berceau, j'aperçois sa future...

FRANVILLE, *bas*. — Elle est avec un jeune homme.

HORTENSE. — C'est Dermilly, sans doute...

FRANVILLE, *riant*. — Non... non pas, vraiment... Oh! voilà qui devient intéressant... Chut!... écoutons.

ESTELLE. — Oui, mon cher Henri, ce n'est que vous que j'aime, que j'aimerai toujours. Je crains que cet ennuyeux Dermilly ne paraisse... Revenez ce soir ici, nous irons tous deux trouver mon père, et nous lui ferons connaître nos sentiments.

FRANVILLE. — Un rendez-vous... Oh! c'est délicieux!...

HENRI. — A ce soir donc, ma chère Estelle.

ESTELLE. — A ce soir.

FRANVILLE. — Très-bien, j'y serai aussi, moi...

(Henri s'éloigne par le fond, Estelle rentre.)

FRANVILLE, *à Hortense*. — J'entends Dermilly... rentre vite et laisse-moi faire. *(Hortense rentre.)*

SCÈNE XVI

FRANVILLE, DERMILLY

(La nuit vient.)

FRANVILLE, *à part*. — J'aperçois mon sincère ami... Allons, à mon tour.

DERMILLY. — Eh! te voilà, Franville! mon ami, je viens de terminer mes affaires, mon mariage est arrêté. La petite ne demande pas mieux, le père le désirait; ainsi tu vois que cela ira tout seul.

FRANVILLE. — Je sais tout cela... Oh! je suis plus instruit que tu ne crois... et tu seras encore plus heureux que tu ne l'espérais!

DERMILLY. — Bah! que veux-tu dire?

FRANVILLE. — Ne sais-tu pas que tu possèdes un ami sincère, qui s'intéresse à ton bonheur?

DERMILLY. — Oh! oui, pour cela... je le sais.

FRANVILLE. — Crois-tu que j'aie oublié ce que tu as fait pour moi?

DERMILLY. — Oh! c'est une bagatelle... Tiens, ne parlons plus de ça!

FRANVILLE. — J'ai voulu te prouver ma reconnaissance... j'ai voulu enfin que tu fusses aussi heureux que moi.

DERMILLY. — Comment!... qu'est-ce que tu dis?... je ne comprends pas...

FRANVILLE. — Écoute donc; je me suis dit : On aime à croire que celle que l'on épouse n'a aucune autre inclination... mais enfin il est des femmes qui ne résistent pas toujours à la séduction...

DERMILLY. — Ah! oui... oui... je me rappelle! c'est justement ce que je te disais tantôt.

FRANVILLE. — Justement; enfin, mon ami, tu as éprouvé ma femme, et moi je vais éprouver ta future...

DERMILLY. — Ah! tu vas... Parbleu, l'idée est singulière!

FRANVILLE. — La seule différence entre nous, c'est que toi, tu étais déjà sûr de ton fait; tandis que moi... Oh! mais tu n'as rien à craindre! Tu es adoré, n'est-ce pas?...

DERMILLY. — Oh! certainement... mais explique-moi donc...

FRANVILLE. — J'ai retrouvé dans cette ville un jeune

homme que j'ai connu à Paris... il est ton rival, il adore la jeune Estelle, il m'a conté tous ses tourments!...

DERMILLY. — Ah! c'est sans doute ce pauvre Henri...

FRANVILLE. — Précisément. (*A part.*) Je ne savais pas encore son nom.

DERMILLY. — Ah! ce pauvre garçon!... Entre nous, c'est un niais auprès des femmes... Il est d'une timidité... Il ne réussira jamais!...

FRANVILLE. — Oui,... n'est-ce pas... oh! c'est ce que j'ai pensé aussi... et c'est pour cela que je l'ai engagé à écrire une lettre bien tendre à cette demoiselle... qui t'adore... en lui demandant un rendez-vous pour ce soir, ici... sous ce bosquet... Il a suivi mon conseil; mais le pauvre garçon attendra en vain sa belle, ou si elle vient, ce sera pour lui ôter toute espérance... Tu auras deux plaisirs à la fois : voir congédier un rival et épouser une femme dont l'amour te sera prouvé... Hein! qu'en dis-tu?

DERMILLY. — Oui... en effet... ce sera très-drôle!... et ton idée est... (*A part.*) Je commence à ne pas être tranquille.

FRANVILLE. — Comment, tu n'es pas ravi... enchanté?

DERMILLY. — Si fait, si fait!... mais il me semble que je ne t'avais pas chargé d'éprouver ma prétendue.

FRANVILLE. — C'est une surprise que je t'ai ménagée!... d'ailleurs, je ne voulais pas être en reste avec toi!

DERMILLY. — Oh! c'est trop aimable, en vérité!

FRANVILLE. — Voilà la nuit... notre amoureux ne va pas tarder à venir... comme nous allons rire à ses dépens!

DERMILLY. — Oui, oh! nous allons bien rire! (*A part.*) Certainement, je n'ai rien à craindre... mais les femmes sont si capricieuses... Je me serais bien passé de l'épreuve.

SCÈNE XVII

LES PRÉCÉDENTS, ESTELLE, HENRI *arrivant chacun de leur côté.*

HENRI, *à demi voix.* — Estelle... êtes-vous là?...

ESTELLE. — Oui, mon ami.

FRANVILLE. — Tiens! je crois que je les entends... Il me semble qu'elle a dit : Mon ami.

DERMILLY. — Chut! tais-toi donc!

HENRI. — Ah! répétez-moi encore que vous n'aimez pas Dermilly... qu'il ne vous a jamais plu...

ESTELLE. — Lui, me plaire! un sot qui me fait des compliments sur ma manière de jouer au boston!... un fat qui n'est occupé que de sa coiffure... de savoir si la raie de ses cheveux est bien faite... s'ils frisent bien sur les côtés...

DERMILLY. — J'en ai assez entendu... je veux m'en aller...

FRANVILLE. — Attends donc... Ah! mais c'est affreux, c'est indigne... on s'est joué de toi.

ESTELLE. — Ah! mon Dieu! nous ne sommes pas seuls!...

SCÈNE XVIII

LA FINOTIÈRE, HORTENSE, DERMILLY, FRANVILLE, ESTELLE, HENRI

LA FINOTIÈRE, *sortant de chez lui.* — Qu'est-ce qu'il y a donc?... que se passe-t-il par ici?... une émeute, un charivari?...

FRANVILLE. — Ce qu'il y a... c'est indigne... c'est affreux!... mon ami est trompé, trahi... celle dont il est adoré donne un rendez-vous à un autre.

LA FINOTIÈRE. — Ma fille!... Qu'est-ce à dire?

ESTELLE. — Non, monsieur, détrompez-vous, je n'ai

4.

jamais aimé M. Dermilly. Henri est celui qui me plaît, que je veux épouser, et c'est pour obtenir l'aveu de mon père que je l'avais engagé à se rendre en ces lieux...

DERMILLY. — Tu avais bien besoin de crier comme cela, toi!

FRANVILLE. — Ma foi, mon ami, si j'avais su cela, je ne me serais pas donné tant de peine pour te rendre témoin du rendez-vous!

LA FINOTIÈRE. — C'est Henri qu'elle aime... eh bien! j'en étais sûr... je l'avais deviné... je l'aurais même parié!... Oh! c'est que j'ai un tact!... un coup d'œil!... Mariez-vous, mes enfants, vous serez heureux... c'est moi qui vous le dis, et je ne me trompe jamais.

HORTENSE, à *Dermilly*. — Comment, monsieur Dermilly, votre épreuve n'a pas été heureuse!

DERMILLY. — Non, madame, pas autant que je l'espérais. (*A part.*) Allons, je suis complétement mystifié.

FRANVILLE. — Ah çà! mon ami, ce n'est que partie remise, et quand tu seras marié, si tu veux que j'éprouve ta femme...

DERMILLY. — Non, je te remercie, tu es trop obligeant.

FRANVILLE. — A bon chat, bon rat, mon ami.

UN BAL DE GRISETTES

Mademoiselle Adolphine, jeune couturière en chambre, était une jolie brune, à l'air piquant, coquet, et même un peu coquin; sa taille était svelte, ses formes arrondies, sa jambe fine, son pied... son pied n'était pas mignon, mais il était bien fait, bien cambré, ce qui est préférable à un pied petit et plat; enfin mademoiselle Adolphine était fort gentille, et elle ne sortait guère sans faire quelque conquête; ce qui, du reste, ne prouverait encore rien, car les femmes laides en font quelquefois. Il y a dans Paris tant de gens qui ne savent que faire de leur temps et de leur personne, et qui, pour employer l'un et placer l'autre, croient devoir suivre et accoster toutes les femmes qu'ils rencontrent sans cavalier. Ils suivent l'une pour sa mise, l'autre pour sa taille, celle-ci pour sa jambe, celle-là pour son pied : et comme il est rare qu'une femme soit absolument dépourvue de tout agrément, ces messieurs trouvent toujours quelque chose à suivre, et doivent être très-fatigués à la fin de leur journée.

Bref, mademoiselle Adolphine, avec ses vingt-deux ans, ses beaux yeux noirs, son nez retroussé et son air fripon, devait être fort suivie, car les hommes aiment beaucoup les airs fripons et les yeux agaçants; pourquoi?... Ma foi! demandez-leur; quant à moi, je m'en doute bien, mais je ne puis pas vous le dire dans une petite nouvelle... On a déjà tant crié après moi parce que j'ai intitulé un de mes romans *le Cocu!* Du reste, si c'était à refaire, je puis vous certifier que je le ferais de même, vu que j'ai pour habitude de m'inquiéter fort peu de ces criailleries et de ces critiques, qui ne viennent pas du véritable public.

Mais tout ceci m'éloigne de ma gentille couturière; j'y reviens : Adolphine avait la réputation d'être coquette; quelques mauvaises langues allaient plus loin, et prétendaient qu'elle avait des amants, parce qu'avec des yeux séducteurs, un nez retroussé et une démarche leste, il est impossible qu'une jeune fille soit sage.

Voilà une conséquence qui serait fort désagréable pour les demoiselles qui ressembleraient au portrait que je viens de faire d'Adolphine; mais qu'elles se rassurent : tout le monde sait que les apparences sont trompeuses; une jeune personne peut être fort sage quoique agaçante et riant toujours; tandis qu'avec un air modeste, timide et les yeux baissés, on peut souvent faire des sottises. Il me semble même avoir cherché à prouver cela dans un de mes ouvrages qui a encore un titre horrible : *la Pucelle de Belleville*. Il est vrai qu'ainsi que celui dont je vous parlais tout à l'heure, il a un but très-moral, tandis que maints romans, à titre irréprochable, sont parfois très-immoraux. Mais me voilà encore m'éloignant de ma grisette ; j'y reviens, et cette fois je vous promets de ne plus m'en écarter.

Depuis quelque temps, un jeune et joli garçon, nommé Édouard, était très-assidu près de mademoiselle Adolphine. Comme Adolphine aimait à rire et à causer, il n'était pas difficile de faire sa connaissance. Comme M. Édouard était bien, que sa tournure et sa mise étaient distinguées, on avait été flatté de faire sa conquête ; enfin, depuis quelque temps, le jeune homme était reçu chez Adolphine.

Quand on obtient d'une grisette la permission d'aller la voir, il est assez naturel de penser que bientôt on obtiendra davantage, et que l'on triomphera entièrement de sa conquête. C'est ce que M. Édouard avait pensé, et, dans cette idée, il avait voulu mener grand train ses amours. Mais, à sa grande surprise, il avait échoué dans ses tentatives : d'abord on avait ri de ses soupirs, on s'était fâché lorsqu'il avait voulu être entreprenant, puis on lui avait dit très-positivement :

— Si vous voulez que je continue de vous recevoir, il faut vous conduire honnêtement.

A cela Édouard avait répondu :

— Est-ce que cela est malhonnête d'être amoureux ? pourquoi êtes-vous si jolie ?... Pourquoi me tournez-vous la tête ?... Je mourrai si vous n'êtes pas à moi !...

Et mille autres phrases semblables, qui font ordinairement beaucoup d'effet sur les femmes qui ne demandent pas mieux que de céder ; mais Adolphine se contenta de rire encore en disant :

— Je ne suis pas persuadée que vous soyez amoureux de moi ; si vous m'aimez, ce n'est pas en vous conduisant ainsi que vous me le prouverez. Je ne veux être qu'à mon mari.... oui, monsieur, qu'à mon mari. Cela vous surprend!... parce que j'aime à rire, que je suis un peu coquette, et que je ne baisse pas les yeux dès qu'on me regarde. C'est pourtant comme cela. Quant à mourir si je ne suis pas à vous!... tenez, monsieur Édouard, je n'aime pas plus ces phrases-là que ces romans dans lesquels on ne parle que meurtre, cadavre et suicides : cela me dégoûte, et voilà tout; j'appelle cela de la littérature de cours d'assises, et quoique je ne sois qu'une simple grisette, je crois faire preuve de goût en préférant des tableaux gais, naturels, touchants, sans être horribles, à des peintures qui me font frissonner le jour et me donnent le cauchemar la nuit. Édouard était demeuré muet; cependant, pour continuer d'être reçu chez Adolphine, il avait bien fallu qu'il promît d'être sage; d'ailleurs les hommes promettent toujours : ils trouvent que cela ne les engage à rien.

Édouard continuait donc d'aller chez Adolphine : quand on lui refusait un baiser, il boudait; quand il avait bien boudé, Adolphine riait. Quelquefois plusieurs jours s'écoulaient pendant lesquels Édouard cessait d'aller voir la jolie couturière, espérant parvenir à l'oublier; mais bientôt l'amour le ramenait aux côtés de la grisette, qui souriait en l'apercevant, lui tendait la main en signe d'amitié, et lui donnait une petite tape lorsqu'il essayait de l'embrasser.

Cependant on était arrivé à l'époque du carnaval; alors le plaisir, la danse et les beignets étaient à l'ordre du jour. Dans toutes les classes de la société on voulait s'amuser : le plus petit commis donnait des soirées, le riche négociant rivalisait de luxe avec la noblesse, les sociétés bourgeoises avaient des *tombola*, les portiers faisaient des crêpes dans leur loge, et la plupart des grisettes allaient au bal masqué.

Plusieurs fois Édouard avait proposé à Adolphine de la conduire au bal; mais Adolphine refusait : elle ne voulait point passer la nuit dans un bal avec Édouard; elle craignait tout ce qui pouvait arriver en revenant seule la nuit avec un homme qu'elle avait tant de peine à maintenir sage pendant le jour.

Édouard, piqué des refus d'Adolphine, allait au bal sans elle, et venait moins souvent la voir.

Adolphine souffrait au fond du cœur, et craignait de perdre l'amour d'Édouard : car un nez retroussé n'empêche pas d'être sensible, et un air éveillé cache parfois une âme très-aimante.

Un beau soir, Adolphine avait chez elle plusieurs de ses amies : ces demoiselles travaillaient un peu et parlaient beaucoup.

— Tout le monde donne des bals, dit la grande Sophie, c'est une fureur... Il y a dans ma maison un frotteur qui a donné un bal costumé; on dit que c'était fort joli!... Il y avait des Espagnols, des Turcs, des bergères et des Robert-Macaire!... Il parait que c'était très-bon genre. — Moi, dit une toute petite fleuriste, j'ai été invitée à aller à un *raout* chez un tourneur de chaises... Il y avait un souper... masqué ou non masqué, du punch, des glaces, des tables de jeux innocents et autres; on a dansé des galops et mangé des brioches chaudes. — Dans toutes les maisons où je porte de l'ouvrage, je vois des apprêts de bal, de festin ! — Jusqu'à ma voisine, qui est ouvreuse de loges, et qui a donné une soirée de nuit, où l'on buvait de la bière à discrétion, et que l'on a même mangé des saucisses à trois heures du matin!... Tout le produit des petits bancs qui a passé en saucisses!... — Et ma portière, qui se permet de faire des pets-de-nonne, dans sa loge, avec une poêle; et son mari, avec du saindoux, qui tient la queue, que c'est d'un bouffant superbe!...

— Enfin, tout le monde dans Paris donne des soirées de bal!

— Eh bien! mesdemoiselles, pourquoi ne ferions-nous pas comme tout le monde?

— Nous?... nous, donner un bal? disent les grisettes.

— Certainement, si vous le voulez...
— Oh ! nous le voulons bien ; mais comment ?
— Écoutez-moi. Pour le local, j'offre d'abord le mien ; j'ai une fort belle chambre, et quand nous aurons ôté les meubles, elle sera encore plus grande ; de plus, j'ai deux cabinets qui serviront de vestiaire et de salle à manger. — Très-bien ; après ? — Après... Ah ! par exemple, il y aura quelques frais pour l'éclairage, les rafraîchissements et le souper... car il faut un souper, n'est-ce pas ?
— Oh ! oui !...
— Moi, dit la grande Sophie, je ne danse que pour manger.
— Eh bien ! alors, mesdemoiselles, cotisons-nous et faisons une masse, et si, comme je l'espère, vous avez confiance en moi, je me chargerai de tous les détails.
— Approuvé !... Cotisons-nous.

Toutes les jeunes filles fouillent à leur poche. Le résultat est une somme de vingt-trois francs ; mais, avec les jeunes amies que l'on connaît, on est certain d'en avoir autant : c'est donc une cinquantaine de francs que l'on réunira ; car les grisettes ne veulent pas que leurs amoureux payent : c'est une galanterie, un bal qu'elles veulent leur donner.

Avec cinquante francs, Adolphine prévient qu'elle ne pourra pas donner de glaces ; mais elle promet un violon, un petit flageolet, du cidre et des marrons dans la soirée, et un souper très-satisfaisant au milieu de la nuit. Tout étant décidé, on convient du jour, et l'on pense à faire des lettres d'invitation. Une jeune frangère, qui manie fort bien la plume, se place à une table, et écrit ce qu'Adolphine lui dicte :

« Vous êtes invité à venir danser et à passer la soirée toute la nuit chez mademoiselle Adolphine, samedi prochain ; il y aura un souper avec un violon.

« J'ai l'honneur de vous saluer. »

— Est-ce bien, mesdemoiselles ? — Très-bien.

— Ah !... attendez ! Fœdora, écris... par *post scriptum*...
— Par poste ?... qu'est-ce que c'est que ça ?... — Écris toujours ; ça se met en bas... sous la signature : « Ceux qui ne seront pas arrivés à neuf heures ne danseront pas le galop. »

— Ah ! très-bien... c'est le seul moyen de forcer ces messieurs à venir de bonne heure. — Maintenant, Fœdora, fais autant de lettres que nous voulons envoyer d'invitations ; je n'aurai plus qu'à signer. Voyons, mesdemoiselles, nommez les personnes que vous voulez inviter.

Chacune de ces demoiselles nomme son amoureux. Bref, la liste des invitations est faite ; les jeunes filles ne pensent plus qu'au costume qu'elles se feront pour le bal. C'est le sujet de la conversation pendant tout le reste de la soirée ; enfin les grisettes se quittent en se promettant beaucoup de plaisir pour le samedi suivant.

Adolphine n'a pas manqué d'envoyer une lettre d'invitation à M. Édouard, puis elle ne songe qu'à rendre sa soirée bien brillante. Ses amies lui ont encore remis une somme de trente francs : avec les vingt-trois francs qu'elle a déjà reçus, c'est donc cinquante-trois francs dont elle peut disposer ; et, pour sa part, elle veut encore y ajouter une quinzaine de francs, s'il le faut, afin que rien ne manque à son bal. La jeune fille fait ses calculs : elle veut avoir deux lampions dans l'escalier ; puis, pour sa chambre, il est nécessaire qu'elle loue au moins quatre quinquets ; car, pour qu'un bal soit gai, il faut d'abord qu'il soit bien éclairé. Ensuite Adolphine fait le menu de son souper : il faut quelques pièces de résistance, une volaille et un pâté pour les hommes ; il faut des friandises pour les femmes, car Adolphine veut contenter tous les goûts.

Après avoir longtemps réfléchi, voici comment la jeune couturière fait le budget de son bal :

Deux lampions	» fr.	10 sous.
Location de quatre quinquets et huile à brûler.	7	10
Chandelles dans les cabinets..................	»	10
Sucre, cidre, marrons, échaudés..............	8	»
Pâté, volaille, saucisson......................	16	»
Violon..	6	»
Pâtisserie sucrée...............................	9	»
Vin et café......................................	15	»
Total........	62 fr.	10 sous.

Ainsi, moyennant une somme de soixante-deux francs dix sous (les grisettes ne veulent jamais compter par centimes), Adolphine espère donner un bal charmant. Jusqu'au samedi la jeune fille s'occupe de sa toilette : elle aura un petit costume de paysanne de la Suisse ; elle le fait elle-même, elle l'essaye, et se dit tout bas : — Nous verrons ce que fera M. Édouard quand il m'aura vue comme cela.

Enfin le grand jour est arrivé. Il s'agit de faire les emplettes, d'aller louer les quinquets ; mais auparavant il faut s'assurer d'un joueur de violon. Adolphine se rend à la demeure qu'on lui a indiquée : c'est une assez vilaine maison de la rue des Gravilliers. Adolphine entre dans une allée; elle cherche un portier, il n'y en a point; elle monte un étage, puis un second, en se disant : — Un violon de bal, ça ne doit pas être au premier; surtout un pauvre violon qui ne prend que six francs par nuit, et qui fournit un flageolet.

Adolphine se décide à frapper au troisième, parce qu'elle entend de la musique à travers la porte. Un jeune homme, tenant une lampe à la main, vient lui ouvrir; mais c'est un petit-maître, et dans le fond de l'appartement Adolphine aperçoit plusieurs jeunes gens, tous assez élégants, et qui tiennent chacun un instrument.

La grisette craint de s'être trompée, elle balbutie :— Je voudrais parler à M. Dupont...— Qu'est-ce que c'est que M. Dupont?... Je ne connais pas cela, mademoiselle...

— Monsieur... c'est cependant un musicien... un homme qui joue du violon pour faire danser dans les bals. — Ah ! attendez donc, mademoiselle, je crois en effet que nous avons un Orphée, un pauvre musicien dans la maison... Je ne connais pas encore mes voisins... mais, si vous voulez venir... ce doit être tout en haut.

Adolphine fait une gracieuse révérence, et se hâte de monter l'escalier : elle arrive au sixième étage, elle écoute toujours si elle n'entendra pas jouer du violon ; mais elle a beau prêter l'oreille, elle n'entend pas de musique ; au contraire il lui semble distinguer comme des soupirs, des sanglots. Elle se décide pourtant à frapper à une porte qui est devant elle.

On lui ouvre ; mais quel triste tableau s'offre à sa vue ! Dans une chambre à peine meublée, un homme malade est étendu sur une mauvaise couchette ; à ses côtés une jeune femme tout en pleurs puis deux enfants, un petit garçon de huit ans et une petite fille qui en compte à peine cinq ; et tous deux, pâles et l'air chagrin, semblent déjà partager les peines de leurs parents.

— Mon Dieu ! dit Adolphine, je me trompe sans doute encore... Je demandais M. Dupont, joueur de violon dans les bals... — C'est ici, mademoiselle, murmure d'une voix faible la personne couchée dans le lit. C'est moi qui suis Dupont... Auriez-vous besoin de mes services ? — Oui, monsieur ; c'était pour un petit bal... ce soir, chez moi, Adolphine, couturière, rue aux Ours... Mais si vous êtes malade... — Oh ! oui, mademoiselle, répond la jeune femme, mon mari est bien malade, et c'est à force de s'être fatigué, d'avoir voulu travailler pour gagner de l'argent... Hélas ! nous avons eu notre pauvre père longtemps alité... puis ma petite fille.... Enfin nous avons été bien malheureux depuis quelque temps... et maintenant voilà mon mari... — C'est le chagrin qui rend mon père malade, dit le petit garçon ;

c'est parce qu'on doit demain vendre nos meubles si nous ne payons pas le propriétaire...—Taisez-vous... taisez-vous, Jules! dit la jeune femme; est-ce qu'il faut dire ces choses-là?...

Pauvres gens! dit Adolphine émue du tableau qui est sous ses yeux. Quoi! on aurait la barbarie de vendre vos effets!... Ah! il y a des propriétaires bien cruels, bien égoïstes!... Vous devez donc beaucoup?... — Quatre-vingts francs, murmure la jeune femme, et mon pauvre mari se désole de n'avoir pas la force de travailler pour amasser cette somme! — Et moi, dit le petit garçon, je ne suis pas assez fort sur le flageolet pour en jouer sans être accompagné par mon papa.

Adolphine réfléchissait et ne disait rien. Tout à coup elle sort de la chambre en s'écriant seulement : Je vais revenir. Elle court chez elle, prend les soixante-deux francs cinquante centimes destinés au bal, et avec ce qu'elle possède encore, parvient à compléter quatre-vingts francs; puis elle vole rue des Gravilliers, monte les six étages sans reprendre haleine, arrive chez la famille du pauvre joueur de violon, et dépose son argent sur une table près du lit en disant :

— Tenez, payez votre propriétaire; n'ayez plus de chagrin et guérissez-vous. Nous autres, nous pouvons bien danser sans musique et nous amuser sans souper.

La pauvre famille ne sait comment exprimer sa reconnaissance. Adolphine embrasse les deux enfants, et se sauve en disant : Adieu! je reviendrai vous voir.

La grisette est rentrée chez elle, le cœur satisfait et légère comme un oiseau. Dans les premiers moments, elle ne songe qu'aux pauvres gens qu'elle vient de secourir. Mais enfin elle se rappelle ce bal qu'elle doit donner le soir; alors elle se met à rire en disant : Ceux qui n'auront pas dîné pour mieux souper courent grand risque d'avoir mal à l'estomac... C'est égal, habillons-nous toujours en Suissesse : il ne m'en coûtera pas plus.

Adolphine s'habille, dispose sa chambre, et attend son monde avec une seule chandelle allumée qu'elle place sur la cheminée, ce qui ne donnait pas à la salle de bal beaucoup de clarté ; mais Adolphine ne possédait plus un sou chez elle : cette chandelle était sa dernière, et elle avait pour habitude de ne rien acheter à crédit.

Sept heures et demie sonnent. Les amies d'Adolphine arrivent et on les entend crier dans l'escalier : Adolphine, éclaire-nous donc !... C'est nous... Pourquoi donc tes lampions ne sont-ils pas encore allumés ?... C'est fort désagréable, quand on est en costume de bal, de monter quatre étages à tâtons.

Adolphine vient avec sa chandelle. Les jeunes filles, en entrant chez elle, s'écrient encore : Mon Dieu ! comme c'est noir ici !... Pourquoi donc tes quinquets ne sont-ils pas placés, allumés ?... A quoi penses-tu de nous laisser dans cette obscurité ?

A tout cela Adolphine souriait en répondant : Un peu de patience, on va apporter les quinquets et les lampions.

Les jeunes gens invités par ces demoiselles ne tardent pas à y arriver et ils se trouvent un peu surpris de ne voir le bal éclairé que par une chandelle, et puis les grisettes se dépitent, s'impatientent et s'écrient à chaque instant : Mais, Adolphine, quand donc apporte-t-on les quinquets ? — Et la musique, où donc est-elle ?... Oh ! elle va venir !... répond Adolphine. En attendant, mesdemoiselles, nous pouvons bien danser des rondes.

— Nous ne donnons pas un bal pour danser des rondes, disent les grisettes... Qu'est-ce que ces messieurs penseront de nous ?

Les jeunes gens ne disent rien, mais ils souriaient d'un air moqueur. Édouard observait Adolphine et gardait le silence ; la gentille couturière commençait à être fort embarrassée ; plusieurs de ces demoiselles avaient déjà demandé à se rafraîchir, et il avait encore fallu leur répondre : Les rafraîchissements ne sont pas arrivés.

Enfin, ne voyant arriver ni lumière, ni musique, ni comestibles, les grisettes perdent patience, et la grande Sophie dit à Adolphine : Ma chère amie, c'est toi qui as voulu te charger du bal... et tu n'as rien fait du tout : Qu'est-ce que cela signifie ?... A quoi donc as-tu employé notre masse ?

Adolphine rougit, hésite, et répond enfin : Mesdemoiselles, je n'osais pas vous le dire... Eh bien !... j'ai perdu mon sac, dans lequel était tout mon argent, voilà pourquoi je n'ai rien pu avoir pour notre bal.

Les jeunes filles semblent consternées, les jeunes gens rient ; Édouard console Adolphine, et lui reproche de ne point avoir réclamé ses services. Cependant les chuchotements, le dépit ont remplacé la gaieté ; quelques-unes de ces demoiselles ont même l'air de mettre en doute la perte du sac, et Adolphine va se fâcher, lorsqu'on frappe à la porte.

Ce sont cinq jeunes gens de fort bonne tournure, qui tiennent chacun un instrument : violons, basse, flageolet ; de quoi faire un orchestre délicieux.

— Ah! Adolphine s'était moquée de nous! s'écrient les jeunes filles ; voilà notre musique, et j'espère qu'elle sera brillante.

— Mais non, j'ai dit la vérité, dit Adolphine. Messieurs, vous vous trompez sans doute...

— Non, mademoiselle, répond un jeune homme qu'Adolphine reconnaît pour celui qui demeure dans la maison des pauvres gens qu'elle a secourus. Nous venons, moi et mes amis, pour avoir le plaisir de vous faire danser, à la place de mon voisin, ce pauvre Dupont, qui est dans son lit, et auquel vous avez généreusement donné tout l'argent que vous destiniez aux frais de votre bal... C'est par son fils que nous avons su votre belle action, et nous espérons que vous voudrez bien nous permettre d'être votre orchestre pendant toute la nuit.

Ces mots viennent de faire connaître la vérité, on entoure Adolphine, on la presse, on l'embrasse ; celles qui la grondaient lui demandent pardon les larmes aux yeux ; c'est une ivresse, une joie générale. En une minute, les jeunes gens ont couru chercher des bougies, des quinquets ; la salle de bal devient brillante ; puis des garçons pâtissiers, limonadiers, arrivent avec des provisions. Enfin, Édouard se charge du souper, et lorsque Adolphine veut s'y opposer, il lui répond tendrement : Ce sera le banquet de nos fiançailles.

FIN D'UNE FÊTE AUX ENVIRONS DE PARIS

CONTES & CHANSONS

AUX SOUSCRIPTEURS

DES ROMANS POPULAIRES

Peut-être s'étonnera-t-on de trouver dans notre recueil de romans populaires des chansons et des contes en vers. Il semble au premier abord que ce ne soit pas là leur place; mais la vogue soutenue qui s'attache à nos publications, les témoignages de sympathie que nous recevons chaque jour, les encouragements qui nous sont prodigués, nous déterminent à compléter autant que possible les œuvres des auteurs qui figurent dans notre collection. Nous avons voulu donner de Paul de Kock ses *œuvres complètes,* c'est-à-dire tout ce qui lui a valu son nom européen, tout ce qui lui assure un rang spécial dans la littérature française.

A ce titre, nous ne devions pas oublier de charmantes nouvelles dont le succès n'a pas été moindre que celui de ses romans. Nous ne devions pas oublier non plus des contes en vers dont le fond est toujours amusant; dont la forme est si facile et si légère.

Quant aux chansons de Paul de Kock, elles sont assez répandues pour qu'il soit inutile d'en entreprendre le panégyrique. Boileau parle de gens « qui font en bien mangeant l'éloge des morceaux. » Le public a fait depuis longtemps l'éloge des refrains de notre auteur en les chantant. Qui ne connaît : *Je n'en suis plus à mon premier amour; la Gloire et la Fortune; la Plume; le Manque de mémoire?* Qui n'a fredonné cette romance populaire : *Dans un vieux château de l'Andalousie?* Qui n'a entendu ces types de toutes les chansonnettes : *le Caporal et le Conscrit, le Jeune Soldat?* La chanson de table : *Plus on est d'amis, plus on boit*, rivalise avec celle d'Armand Gouffé, qui lui a servi de modèle. Le *Chansonnier français*, dont Paul de Kock a tracé un portrait si charmant et si vrai, a été peint d'après nature, et c'est l'écrivain lui-même qui en est l'original.

Nous pensons donc que nos souscripteurs nous sauront gré d'avoir placé les contes et les chansons de Paul de Kock parmi ces romans qu'ils accueillent avec une faveur si persévérante.

G. B.

CONTES

A Madame Elise S...

Vous m'avez dit : « Dans un conte
« Je trouve beaucoup d'attrait. »
Pour faire ce qui vous plaît
Il n'est rien que l'on n'affronte,
Daignez accepter ceux-ci,
C'est à vous qu'ils doivent être;
Mais aurais-je réussi!
Déjà je ne suis pas maître
D'un sentiment de frayeur,
Ma muse est franche, naïve,
D'une peinture un peu vive
Si vous preniez de l'humeur...
Non, je n'ai voulu que rire;
En tout temps ce fut permis,
Et dans vos yeux je crois lire
Que mon pardon m'est remis.
D'ailleurs, variant sans cesse,
Cherchant des sujets nouveaux,
Quelquefois dans mes tableaux
Une teinte de tristesse
Remplacera la gaieté;
Je peins le plaisir, la peine,
J'aime la variété,
Comme le bon La Fontaine

Aimait la diversité.
Lisez donc en liberté,
Mes contes sont bons apôtres;
Tantôt roses, tantôt bruns,
Glissez vite sur les uns,
Arrêtez-vous sur les autres.
Heureux de cette façon,
Si je vois femme jolie
Faire grâce à la folie
En faveur de la raison.

LES GONDOLIERS

Bel âge des amours!
Des plaisirs, de l'ivresse,
Doux moments, heureux jours!
Marqués par la tendresse?
Heures de la jeunesse,
Vous sonnez promptement!...
Arrêtez un moment;
Pourquoi tant de vitesse?
Il semble que le temps
Pour vous marche plus vite;
De l'aspect du printemps
Son front chauve s'irrite;
Rien ne peut le fléchir
Il se hâte, il nous presse,
Il semble alors courir.
Mais, quand vient la vieillesse,
Il paraît s'attendrir :
Des heures qu'il nous laisse
Le cours est chancelant;
Ah! c'est pour la jeunesse
Qu'il devrait être lent!...
Mais le destin l'ordonne,
Nul ne peut résister;

Des beaux jours qu'il nous donne
Sachons donc profiter.

Voyez-vous se croiser sur la plaine limpide
Ces légers bâtiments, d'uniforme couleur,
Ils glissent sur les flots, et de l'amant timide
　Ils ont souvent encouragé l'ardeur;
　　Dans cette retraite charmante
　　Que la gondole offre à l'amour,
Mollement balancé près de sa jeune amante,
Il brave les jaloux et la chaleur du jour.
　　Le gondolier, d'un air de nonchalance,
　　Poussant sa rame, évitant les cahots,
Mêle sa voix au bruit monotone des flots ;
Il chante de l'amour la douceur, la puissance,
Tandis que près de lui, mais cachés à ses yeux,
　　Ceux qu'il conduit le célèbrent bien mieux.

　　A nos regards quel séjour se présente ?
Quelle est cette cité qui sort du sein des eaux,
D'Amphitrite bravant la fureur impuissante ?
　　　A ses palais, à ses canaux,
Je reconnais Venise, et mon âme est émue;
Quels sentiments divers m'agitent à sa vue!
Le plaisir que j'éprouve est mêlé de terreur ;
Séjour où la folie établit son empire,
Qui sais du carnaval faire un temps de délire,
Tu ne me parais pas l'asile du bonheur.
　　　Près de ce palais que j'admire
　　　Pourquoi mes regards étonnés
Rencontrent-ils ces murs, sombres, abandonnés ?
Je contemple une place, immense, magnifique.
　A quelques pas je frémis malgré moi...
Ces lagunes déjà m'inspirent de l'effroi.
　　　Tout, dans cette ville magnifique,
Fait naître un sentiment qu'on ne peut définir.
D'un tribunal secret le sanglant souvenir,
　　　La vengeance, la jalousie

Aiguisant chaque jour leurs poignards en ces lieux,
 Ne font de Venise, à mes yeux,
Qu'un bien triste séjour du dieu de la folie.
Mais près de gondoliers fixons-nous désormais ;
Qu'on est bien, étendu dans leur maison mobile!
 Là, seulement, je retrouve la ville
 Que dans mes songes je rêvais !

 Sur les flots de l'Adriatique
 Urbino, dès ses jeunes ans,
 Avait bravé les plus forts ouragans ;
 Sa gondole, son bien unique,
 Le voyait, dès le point du jour,
S'embarquer en chantant, et chanter au retour.
 Heureux, content dans sa nacelle,
 Sans amour, sans ambition,
 Sa gaieté lui restait fidèle.
 Si l'on pouvait vivre sans passion,
Alors, comme Urbino, sans tourments, sans envie,
On descendrait gaiement le fleuve de la vie.
 Gaiement?... Non. L'uniformité
 Tôt ou tard fait fuir la gaieté.
 Les passions éveillent dans notre âme
 L'espoir, l'attente, le désir ;
Celui qui de l'amour n'a point connu la flamme
 A-t-il donc connu le plaisir?
Mais bientôt Urbino perd son indifférence,
 Zanetta le fait soupirer ;
 L'amour le tient en sa puissance,
 Et Zanetta sait si bien l'inspirer!
 Elle a seize ans, un regard tendre,
 Grâce naïve et modeste maintien,
 Un son de voix que l'on veut toujours entendre,
 Et de grands yeux que l'on comprend si bien!...
 De l'adorer qui pourrait se défendre?
Urbino jeune et beau l'aimera-t-il en vain ?
 Pour Zanetta, dès le matin,

Il redit tendre barcarolle,
Et nuit et jour, dans sa gondole,
Du nom de Zanetta fatiguant les échos,
Le mêle en soupirant au murmure des flots.
Tant d'amour a touché le cœur de la fillette :
Quand, près de son père, le soir,
Sur la rive elle vient s'assoir,
C'est Urbino que son œil guette ;
C'est pour lui ce soupir et ce brûluant regard
Qui l'accompagnent au départ.
Si le ciel s'obscurcit, s'il se forme un orage,
Inquiète, sur le rivage,
Semblable à la triste Héro,
Son cœur, qui s'agite et s'oppresse,
Craint pour l'objet de sa tendresse...
Mais ce sourire, cette ivresse,
Annoncent aussi qu'Urbino
Revient auprès de sa maitresse.

Cependant Paoli, père de Zanetta,
N'approuve point l'amour d'Urbino pour sa fille.
Il veut des écus ; sans cela
On n'entre point dans sa famille.
Il n'est aussi que simple gondolier,
Mais il a su, dans ce métier,
En servant les amants, arrondir sa fortune.
Quand il s'agit de gagner de l'argent,
Paoli, toujours prêt, est actif, obligeant,
Il sert et la blonde et la brune ;
C'est à lui que les amoureux
Vont compter leurs tourments, désigner leurs maitresses :
Pourvu que l'on ait des espèces,
Il trouve le moyen de faire des heureux ;
Et mainte fois dans sa gondole.
Emmenant un couple joyeux,
Il entonne sa barcarolle
En riant aux dépens d'un père ou d'un tuteur

Dont il vient de tromper l'active surveillance.
  Rien ne le met en belle humeur
  Comme l'espoir de quelque récompense ;
Veut-on se marier, on le trouve au besoin
  Tout prêt à servir de témoin.
  Et ce patron des bons apôtres
Prétend forcer sa fille à fléchir sous sa loi,
  Car ce qu'on veut bien faire aux autres
Est ordinairement ce qu'on défend chez soi.
Pour avoir Zanetta, ce n'est donc qu'à la ruse
  Qu'Urbino peut avoir recours ;
On l'emploie en intrigue, à la guerre, en amours,
  Et le succès est son excuse.
  Mais sans argent on doit fort mal ruser.
  Urbino n'a pas une obole !
  Le pauvre amant vend sa gondole :
C'était son seul trésor, mais il faut tout oser
  Pour posséder celle qu'on aime.
On est en carnaval ; il va se déguiser,
Puis près de Paoli se rend à l'instant même,
  Et, sous le masque, ose lui proposer
De gagner beaucoup d'or en servant sa tendresse.
  « Je suis tout prêt, recevez ma promesse, »
Dit le vieux gondolier. « Parlez, qu'exigez-vous ?
  « — Ce soir, prépare ta gondole :
« J'arrache mon amante aux fureurs d'un jaloux.
  « Mais elle a reçu ma parole
« Que l'hymen, cette nuit, consacrerait nos nœuds..
  « — Seigneur, je comblerai vos vœux ;
  « Je connais un endroit propice ;
« Un chapelain, prévenu par mes soins,
  « Nous attendra. Pour des témoins,
« Je vous en tiendrai lieu... J'ai même à mon service
  « Un villageois qui fera le second.
« Je me charge de tout ; allez, je vous répond
  « Que j'ai souvent conduit pareille affaire.
« — C'est fort bien. Prends ceci, ce n'est de ton salaire

« Qu'une bien faible portion.
« De la prudence, du mystère,
« Surtout de la discrétion. »
　De Zanetta quittant le père,
Urbino fuit sans être reconnu.
　Paoli ne se doute guère
Par qui son bâtiment vient d'être retenu.
　Tout occupé de cette affaire,
Il laisse à Zanetta bien plus de liberté.
　Urbino s'en était douté !
Vers la nuit il parvient auprès de son amante ;
Un large domino de sa taille charmante
　Cache la forme et les contours ;
　Un masque couvre son visage,
Et tous deux, déguisés, se rendent au rivage,
　Se recommandant aux amours.

Paoli les attend : au fond de sa gondole
　Il fait entrer les deux amants,
Et, pendant qu'ils se font les plus tendres serments,
　Il entonne sa barcarolle
En se disant : « Encore un de dupé,
« Quelque jaloux, quelque tuteur trompé...
« Cela ne va pas mal, et j'ai sujet de rire ;
« Le carnaval paraît bien commencer.
« Encore un an, et puis je me retire.
« Il faut jouir un peu, je suis las d'amasser.
« A quelque vieux richard je marierai ma fille ;
« Je n'aurai point de dot à lui donner,
« Et je vivrai content au sein de sa famille,
« Qui pourra tous les jours me donner à dîner. »

Tout en faisant son plan, il rame et l'on arrive :
Les amants déguisés descendent sur la rive.
Paoli les conduit vers un bois ténébreux
Dans lequel est bâtie une vieille chapelle.
　C'est là qu'un ministre fidèle

>   Va consacrer les plus doux nœuds.
> On a tout préparé pour la cérémonie.
> Avec le villageois, qui fait l'autre témoin,
>   Paoli, redoublant de soin,
> Va se mettre à la porte; et là, sans qu'on l'en prie,
> Il fait le guet pendant qu'on unit les amants.
>   Ceux-ci découvrent leur visage :
>   Le prêtre reçoit leurs serments,
>   Puis il bénit le mariage,
>   Et les jeunes gens sont époux.
> « Eh bien! » dit Paoli, qui se tient à la porte,
>   « Est-ce fini? — Ne craignez plus pour nous...
> « Venez, » dit Urbino; « vous avez fait en sorte
> « Que tout a réussi... Mais ce n'est pas grâce à vous. »
>
> Le gondolier, croyant toucher sa récompense,
>   Se hâte d'accourir près d'eux...
>   Que devient-il?... immobile... en silence,
>   Il les regarde... et se frotte les yeux,
>   C'est Urbino près de sa fille...
> Elle est unie au jeune gondolier,
>   Et la gondole du vieux drille
> A conduit les amants qu'on vient de marier!...
>   Il tempête, se désespère!
>   Mais à quoi bon tant de colère?
>   Les jeunes gens sont à ses pieds...
>   D'ailleurs ils sont unis, que faire?
>   Ce que l'on fait quand on est père :
> On pardonne, et les torts sont bientôt oubliés.
>
> « Ami, » dit Paoli, « songe avec ta gondole,
>   « Qu'il faut nourrir ta femme et t'occuper.
> « — Hélas! » dit Urbino, « tout ce qui me désole,
> « C'est que je l'ai vendue, afin de vous tromper.
>   « — Comment, coquin! — Ah! calmez-vous, de grâce!
>   « Vous vieillissez, et le travaille vous lasse,
> « Je connais vos projets. Eh bien! à votre place,

« Je conduirai votre bateau;
« Vous lui devez votre richesse;
« Je veux vous imiter et servir la jeunesse
 « En fait de ruses, de finesse,
 « A mon âge, on sait du nouveau.
« Tranquille, heureux, près de votre famille
 « Vous passerez des jours bien doux!
« Vous n'irez pas dîner chez votre fille...
 « Mais elle ira dîner chez vous. »

LE RAISONNEMENT

DE GROS PIERRE

« Ah! si j'avais un écu! »
Disait un jour le gros Pierre
A son compère Ledru,
« Va, tu ne te doutes guère
« De l'emploi que j'en ferais!
« Avec cet écu, j'aurais
« Un joli coq pour ma poule;
« Ce coq vous la coquerait,
« Alors ma poule pondrait :
« Or, d'un aussi joli moule,
« Les poulets seraient vendus
« La douzaine trois écus.
« Avec l'argent de la vente
« Je pourrais avoir du grain;
« Avec le grain, je me vante
« De trouver un bon terrain.
« Je sais cultiver la terre,
« Je suis actif, vigilant,
« Et, quand un propriétaire,
« Me connaitrait ce talent,
« On m'offrirait une ferme;
« Je la prendrais pour trois ans.
« Par des profits innocents,

« Gageons, au bout de ce terme,
« Que je me trouve de quoi
« Avoir une ferme à moi.
« Ah! c'est alors, mon compère,
« Que j'arrondirais mon bien !
« Je connais plus d'un moyen
« Pour faire rendre une terre
« Quatre fois plus qu'on ne croit.
« Dame! ensuite on peut s'étendre ;
« Pour acheter et revendre
« Je ne suis pas maladroit ;
« Enfin, par mon industrie,
« Je deviendrai, je parie,
« Le plus riche de l'endroit.

« — Pardieu, mon pauvre ami Pierre,
« S'il ne te faut qu'un écu
« Pour être propriétaire,
« Tiens, le voilà, dit Ledru ;
« Cultive, sème, défriche,
« Plante, achète, deviens riche ;
« Alors, chez toi, mon garçon,
« Pour prix de cette misère,
« Tu me permettras, j'espère,
« D'aller dîner sans façon. »

Maître Pierre tient la pièce,
Son compère est déjà loin.
Quand notre homme est sans témoin,
Il prend l'écu, le caresse,
Puis... oubliant son projet,
Va le boire au cabaret.
Le soir, quittant sa besogne,
Ledru repasse par là.
Il rencontre notre ivrogne,
Qui marche cahin-caha...
« Morbleu, » lui dit le compère.

« Dans quel état te mets-tu!
« Voilà donc de mon écu
« L'emploi que tu devais faire
« Et tes plans de ce matin...
« — Ecoute donc, » répond Pierre;
« Pour être riche, compère,
« J'ai pris le plus court chemin;
« Va, je nargue la misère!
« J'ai bien placé mon écu,
« Car, mon ami, quand j'ai bu,
« C'est à moi toute la terre. »

LE RHUME

Zoé logeait chez sa tante,
Zoé n'avait que seize ans;
Mais qu'elle était ravissante!
Quels regards doux, séduisants,
Quels contours, quel teint de rose,
Quel son de voix enchanteur!
Et sur sa bouche mi-close
La volupté qui repose
Semble attendre le bonheur.
Pourrait-on le cœur paisible
Contempler autant d'attraits?
Moi, je ne croirai jamais
Que la chose soit possible.
Aux charmes de la beauté
Peut-on rester insensible,
Quand de la divinité
Elle est la plus belle image?
Ah! recevez notre hommage,
Sexe fait pour l'inspirer!...
Vous chérir, vous admirer,
Est notre plus doux partage.
En vain, dans son froid langage,
La raison veut murmurer,

L'homme heureux, voilà le sage,
Il faut donc vous adorer.

Mais de Zoé je m'écarte,
Ces dames vont m'entrainer.
Je ne puis m'en étonner,
Je perds bien vite la carte;
Maintes fois un air mutin,
Une gentille figure,
Pied mignon, leste tournure
M'ont fait perdre mon chemin.
Revenons à la fillette
Dont les innocents appas
Faisaient courir sur ses pas
Plus d'un conteur de fleurette.
Mais notre tante était là
L'œil au guet, l'abord sévère :
A la nièce on pouvait plaire
On ne pouvait que cela.
Gros soupirs, gentille œillade,
Petits mots à la passade,
C'est charmant; mais, entre nous,
On ne peut passer sa vie
A s'en tenir aux yeux doux
Auprès de femme jolie.
C'était bon du temps des preux,
Où, dix ans, près de sa mie,
L'amant bornait son envie
A lui parler de ses feux.
Ce temps, nous l'employons mieux,
Et de la chevalerie
Il ne nous reste, je crois,
Que ce ton galant, courtois.
Ce désir de plaire aux dames,
Et ce vif amour des femmes
Qui toujours nous restera
Tant que le monde vivra.

On peut changer la manière;
Mais ce goût, cet amour-là,
En tout temps subsistera,
Et sans cesse on le fera,
Car le bon Dieu sur la terre
Nous a placés pour cela.

Or un jeune militaire
A Zoé cherchait à plaire.
On comprend un amoureux
Par le langage des yeux;
Et la petite brunette
Ne demanderait pas mieux
Que d'écouter en cachette
D'un amant les doux aveux.
Mais, hélas! dans sa chambrette
Si par ruse il pénétrait,
Notre tante l'entendrait;
Car une cloison traîtresse
Laisse aisément parvenir
Jusqu'au plus léger soupir
Que l'on pousse chez la nièce.
Et comment près d'un amant
Se livrer au sentiment,
Au plaisir, à la tendresse,
Sans laisser. par-ci, par-là,
Échapper dans son ivresse
Un soupir qui peint cela?
La fille la plus niaise
Par instinct devine bien
La forme de l'entretien
Qui doit la rendre bien aise.
De n'en pouvoir pas jouir
La pauvrette se chagrine:
On ne voit plus sur sa mine
L'expression du plaisir;
Déjà semblent se flétrir

Les roses de son visage :
Mal d'amour fait grand ravage!
Notre tante s'aperçoit
De la pâleur de sa nièce ;
De sa secrète tristesse
La bonne femme conçoit
Une vive inquiétude,
Et lui dit : « Qu'avez-vous donc?
« Je n'entends plus de chanson?
« Ce n'est pas votre habitude.
« Vous qui chantiez si souvent,
« Quelquefois même en rêvant;
« Certes, vous êtes malade ;
« Femme qui ne dit plus rien
« Ne se porte pas très-bien.
« Allons, plus de promenade,
« Restez au lit ; dès demain
« Nous aurons le médecin ;
« Il faudra bien qu'il nous trouve
« Un remède à vos douleurs.
« — Hélas! au mal que j'éprouve, »
Répond Zoé tout en pleurs,
« Il ne pourra rien comprendre,
« Car ma souffrance est au cœur.
« — Taisez-vous ; notre docteur
« Vous dira ce qu'il faut prendre. »

Le médecin attendu
Chez la nièce s'est rendu ;
Et pour première harangue,
Il lui fait tirer la langue,
Qu'il regarde fort longtemps.
Etudier la nature
Sur fillette en son printemps
D'une charmante figure,
Qu'on doit bien apprendre ainsi!...
Près de malade jolie

J'ai bien souvent eu l'envie
D'être médecin aussi.
Quand le nôtre a pu s'instruire,
Il dit : « C'est le froid, le chaud. »
Puis ordonne du sirop,
Veut qu'on boive, qu'on transpire,
Déclarant qu'on toussera,
Et qu'ensuite on guérira.
Quand il est loin, chez la tante
Une garde se présente.
Son abord est engageant,
Elle paraît complaisante
Et demande peu d'argent.
De l'arrêter on s'empresse.
« Il faudra passer la nuit
« Et faire boire ma nièce
« Tous les quarts d'heure. — Il suffit;
« Auprès de mademoiselle
« Je ne m'endormirai pas ;
« J'aurai toujours l'œil sur elle.
« — Je vous retiens en ce cas. »

La garde au logis demeure,
Tout étant bien convenu;
Lorsque le soir est venu,
La tante, qui de bonne heure
Va toujours se mettre au lit,
Se retire à petit bruit.
Vous devinez, je le gage,
Ce qu'alors la garde fit :
Jetant bonnet et corsage,
Et tout son accoutrement,
Zoé revoit son amant,
Qui pour arriver près d'elle
A pris ce déguisement.
A l'ordonnance fidèle,
Il administre à sa belle

Un remède pour son mal ;
Mais une vieille couchette
Va déranger tout le bal
Par son allure indiscrète.
Comment donc faire cesser
Un bruit qui peut à la vieille
Mettre la puce à l'oreille?
Tout bas notre amant conseille
A sa belle de tousser.
Zoé comprend à merveille,
Elle tousse avec succès ;
Son rhume a plus d'un accès.
Mais la tante se réveille.
« Oh! dit-elle, qu'est-ce là?
« Quoi, Zoé tousse déjà !
« A peine si je la quitte.
« — C'est l'effet de son sirop. »
Répond la garde aussitôt.
« — Oh! comme il opère vite !
« Tousse, tousse, ma petite,
« Et cela te guérira.
« — Oui, je l'éprouve déjà ;
« Je vous assure, ma tante,
« Que je me sens beaucoup mieux ;
» Ce sirop est précieux,
« J'en suis vraiment fort contente.
« — Allons, c'est bien ; en ce cas,
« Tousse, ne te gêne pas. »

Avec plaisir on profite
De cette permission,
Et pour tousser la petite
Prend moins de précaution.
Le jour vient, le rhume cesse,
On n'en a pas un accès ;
Mais avec la nuit, la nièce
Tousse plus fort que jamais.

Une semaine se passe.
« Quand cela doit-il finir? »
Dit la vieille, qui se lasse
De ne pouvoir plus dormir.
« Comme ce rhume est tenace!
« Le jour, par quel talisman
« N'en ressens-tu point d'atteintes?
« Et la nuit ce sont des quintes
« A me crever le tympan.
« — De cesser, » répond la garde,
« Il est possible qu'il tarde,
« C'est un catarrhe, je croi.
« — Un catarrhe... Ah! sur ma foi,
« Ce serait une folie
« Si je vous gardais, ma mie.
« Un catarrhe... on verra bien!
« Mais je n'ai pas le moyen
« De payer toute ma vie
« Des gardes pour la soigner;
« Je saurai bien lui donner
« Ce que prescrit l'ordonnance;
« Prenez l'argent que voici;
« Adieu donc; votre présence
« N'est plus nécessaire ici. »
A cela que peut-on dire?
Rien; il fallut obéir.
Notre garde se retire
En poussant un gros soupir.

La nuit, auprès de sa nièce
La tante prétend veiller.
« Oh! vous pouvez sommeiller, »
Dit la belle avec tristesse.
« — Cependant, si tu toussais?
« — Je ne le puis désormais!
« — Tu te crois déjà bien forte!
« Mais ton rhume est-il mûri?

« — Il faut bien qu'il soit guéri,
« Vous l'avez mis à la porte. »

LE PAYSAN AMBITIEUX

Dans une riante campagne
Qu'une rivière avoisinait,
Sur le penchant d'une montagne
Qu'un joli bois environnait,
On voyait s'élever maisonnette charmante,
Recevant du ciel la chaleur bienfaisante,
Et dont un grand clos dépendait.
Cette maison, Thomas la possédait.
Là, sans effort et presque sans culture,
Un terrain nourricier, aimé de la nature,
Au villageois donnait de quoi faire son pain,
Des légumes, des fruits; aux treilles du jardin
Pendait un excellent raisin,
Dont le jus le faisait chanter sous la feuillée,
Et, dans l'hiver, animait la veillée
En mettant tout le monde en train.
Pour lui tenir fidèle compagnie,
Il possédait ménagère jolie,
Des marmots qui le cajolaient
Et, presque tous, lui ressemblaient.
Que fallait-il de plus pour passer douce vie?
Thomas pourtant ne se croit pas heureux;
Il est triste, rêveur, ne peut tenir en place;
Il parait mécontent, au ciel lève les yeux;
De son bonheur tranquille il s'ennuie, il se lasse.
Le pauvre homme est ambitieux;
Il voudrait habiter la ville,
Faire fortune, avoir une maison,
Des valets, des chevaux, un carrosse, un grand ton!...
Tout cela lui semble facile :
Son gros cousin, ancien barbier,

D'un grand seigneur est bien devenu cuisinier !
  Et, depuis qu'un jour au village
  Ce cousin a porté ses pas,
Son nez rouge, son ventre, et son large visage,
  Ont troublé l'esprit de Thomas.
Les jeux de ses enfants ont cessé de lui plaire,
  Il néglige sa ménagère ;
   Le plaisir a fui de son toit.
   En vain le pasteur de l'endroit,
  Qui de son mal connaît la cause,
Cherche à le ramener à d'autres sentiments
 En lui disant : « D'où naissent vos tourments ?
   « Vous manque-t-il donc quelque chose
   « De nécessaire à la félicité ?
« Vous êtes laboureur ; cet état honorable
« Vous attire l'estime et vous rend respectable ;
« Votre femme aux attraits joint aussi la bonté,
« Vos enfants sont charmants, chacun d'eux vous adore
   « Voyons, que vous faut-il encore ?
« Des richesses ?... Mais non, ce terrain vous suffit ;
   « Vous avez même de l'aisannce,
  « Et vous pouvez, grâces à son produit,
   « Aider, secourir l'indigence ;
« Ah ! mon pauvre Thomas, que voulez-vous de mieux ?
   « Trouveriez-vous en d'autres lieux
  « L'heureuse paix de ce séjour champêtre ?
« Ici vous êtes né, bornez votre désir
« A ne plus le quitter : il est doux de mourir
   « Sous le toit qui nous a vu naître. »

   Mais ces discours sont superflus :
  Depuis longtemps Thomas n'écoute plus
   Du pasteur le touchant langage ;
  Chaque soir c'est sous le feuillage
   D'un vieux chêne de son jardin
   Qu'il va rêver à sa folie,
   Et qu'il cherche par quel chemin

Il satisfera son envie
Et pourra changer son destin.

Un jour, que, selon sa coutume,
Dans ses rêves brillants Thomas est enfoncé,
Suivant l'ambition qui toujours le consume,
Vers la ville, d'un pas pressé,
Le voilà qui se rend. Il y connaît du monde;
Sa bourse est bien garnie, il avait amassé
Quelques écus; si le sort le seconde,
Cet argent, étant bien placé,
Va lui rapporter gros. De joie il perd la tête,
Il va donc devenir un monsieur, s'enrichir!
A la ville, en effet, ses amis lui font fête,
Et promettent de le servir.
Dans l'ivresse, Thomas oublie
Sa femme, ses jeunes enfants
Et sa maisonnette et ses champs.
Il fait de grand projets. Chacun lui certifie
Qu'il peut aller à tout par sa capacité.
Déjà bouffi de vanité,
Le villageois se croit capable
Jusqu'aux premiers emplois de parvenir.
Le pauvre sot! mais il est plus blâmable
Que tant de gens qui brûlent du désir
D'avoir un poste, éminent, honorable,
Sans s'être demandé s'ils pourront le remplir?

En espérance ainsi le temps se passe;
Mais Thomas voit la fin de ses écus.
La scène alors change de face :
On semble l'éviter, on ne lui répond plus,
Ou bien on rit de son langage,
De ses prétentions; chacun le montre aux doigts,
On se moque du villageois
Qui veut être un grand personnage
Thomas, honteux, cherche à se retourner,

Il se perd encore plus; il joue, il fait des dettes;
   On va le faire emprisonner...
Il fuit sans réparer les pertes qu'il a faites;
Il quitte ce Paris qu'il maudit dans son cœur!
Y laissant son repos, sa fortune et l'honneur.
   Pâle, défait, il revient au village;
Déjà de sa maison ses yeux cherchent le toit...
Il espère y trouver le calme après l'orage!...
Il s'avance... grand Dieu! c'était dans cet endroit...
   Du feu le terrible ravage
A détruit sa demeure et dévasté ses champs!...
Thomas court éperdu... sa femme... ses enfants...
Que sont-ils devenus!... il tremble... il craint d'apprendre
Quelque nouveau malheur. Dieu! que vient-il d'entendre!

   Sa femme est morte de chagrin,
   Et ses enfants dans la misère
   Demandent maintenant leur pain,
   Près des débris de sa chaumière.
   C'est là que leurs voix chaque jour,
   Au ciel adressent leur prière;
   Ils implorent Dieu pour leur père,
   Et lui demandent son retour.

Qui pourrait supposer une douleur pareille?...
Thomas jette un grand cri... Tous ses sens ont frémi...
Sa femme, ses enfants, sont assis sous la treille,

   A ses côtés... il les voit... il s'éveille...
Dans son jardin il s'était endormi,
Et, sans quitter le pied de son vieux chêne,
   Il avait fait son voyage à Paris :
      Se pourrait-il... ô mes amis!...
      Dit Thomas, qui respire à peine;
   C'était un songe... Ah! qu'il était affreux!...
   De vous revoir que je me trouve heureux!
Près de vous désormais je veux passer ma vie.

6.

Ah! plus d'ambition, plus de sotte manie!
Ce songe m'a guéri... mon cœur est soulagé!...

    Heureux qui de sa folie
    Par un rêve est corrigé!

LE VIEUX FOU

Le bon la Fontaine l'a dit :
« Ne forçons jamais notre esprit,
« Nous ne ferions rien avec grâce. »
Il en est ainsi des amours;
Le temps en a réglé le cours,
Il faut que tout soit à sa place,
  N'attendons pas l'âge des souvenirs
  Pour nous livrer à d'amoureux désirs.
    Cédons gaiement dans la jeunesse
    Au doux penchant de notre cœur;
    Mais gardons-nous, dans la vieillesse,
De vouloir inspirer une amoureuse ardeur.
    Dès que les rides du visage
    Viennent vous dire : Soyez sage,
    Il faut écouter leur avis.
    Tout l'attirail de la toilette,
    Ton sémillant, mise coquette,
D'un vieillard ne feront jamais un Adonis.
    Enfin n'imitons point cet homme
    Qui, ne voulant pas être vieux,
Crut trouver moyen de conserver ses feux.
    Ecoutez-moi bien, voici comme :
    Jusqu'à l'âge de soixante ans
    Il pensa devoir être sage;
    Alors à ses désirs naissants
  Il crut pouvoir se livrer davantage.
    Le vieux fou se disait tout bas :
    « Lorsqu'à dix-huit ans on commence,

« On en a près de trente à montrer sa vaillance ;
  « Je vais me trouver dans ce cas :
  « Je commence, et pour plaire aux belles,
  « J'ai près de trente ans devant moi.
  « Je prétends être adoré d'elles ;
  « Je le puis aisément, je croi,
  « A mes vœux elles vont se rendre,
  « J'ai ce qu'il faut pour les charmer :
  « Je suis novice, elles vont prendre
  « Un grand plaisir à me former. »

  Notre vieux fou dans le monde se lance,
    Il fait le gentil, l'enfantin,
Et, près de la beauté, singeant le chérubin,
D'un jeune adolescent affecte l'innocence.
    Mais pour prix de ses petits mots,
    De ses soupirs, de ses grimaces,
    Les femmes lui tournent le dos :
Le ridicule effarouche les grâces.
Voulant plaire, charmer, malgré ses soixante ans,
    Le vieillard fouille en sa cassette,
    Il y prend la seule recette
Que l'on puisse opposer aux outrages du temps.
  Avec son or il séduit une belle.
    « Tu n'as que vingt ans, » lui dit-elle,
  « Tu ne les parais pas, d'honneur !
« Je prétends te former, oui, je sens que je t'aime :
    « Pour moi quelle douceur extrême
  « D'avoir l'étrenne de ton cœur ! »
  A ce discours, qui le comblait d'ivresse,
    Le novice fit ce qu'il put
    Pour prouver sa verte jeunesse ;
Et qu'en arriva-t-il, de sa belle prouesse ?
Le lendemain notre vieux fou mourut.

  Il est des plaisirs pour chaque âge,
  Ne changeons point l'ordre du temps.

Que l'enfant goûte sans orage
Les illusions du printemps;
Laissons l'amour à la jeunesse,
Plus tard la raison doit venir;
Et, pour calmer notre vieillesse,
Contentons-nous du souvenir.

LE MARI

QUI JOUE DE LA FLUTE

Certain époux était grand amateur
De musique, et surtout de flûte.
Pour cet instrument, plein d'ardeur,
Dès le matin il exécute
Rondeau, sonate, adagio;
De ses voisins il blesse les oreilles;
Mais croyant faire des merveilles,
Il les régale de solo.
Notre musicien avait femme jolie,
Jeune, bien faite, et d'un noble maintien;
Mais jusques à l'excès poussant la pruderie,
De lui conter fleurette il n'était pas moyen.
D'un seul mot de galanterie
Madame se fâchait, et sa sévérité
Faisait fuir les galants qu'attirait sa beauté.
L'époux d'un tel tendron, sans craindre pour sa tête,
Sur les maris trompés peut lancer des rébus.
Mais de ces démons de vertus
On voit souvent l'humeur à la tempête !
Notre Lucrèce en est un exemple de plus :
Elle est emportée et colère;
Pour un mot se fâchant, son aigre caractère
Bannit la paix de sa maison;
Et chaque jour, changeant de valet, de servante,
Madame, dont le ton interdit, épouvante,
Se croit douce comme un mouton.

Son mari, d'humeur fort tranquille,
Est heureux quand il peut souffler quelque rondeau.
Mais un jour, voici du nouveau :
La flûte de madame échauffe encor la bile :
Elle ne peut souffrir cet instrument.
« Entendons-nous, dit l'époux, un moment ;
« Avec vous je prétends, ma chère,
« Faire un marché ; de grâce écoutez-moi :
« Vous vous mettez fort souvent en colère :
« J'aime la paix, je me fais une loi
« De ne point me mêler dans aucune dispute :
« Mais dès que vous crierez, je jouerai de la flûte.
« Cet instrument me sauvera
« L'ennui de toujours vous entendre ;
« Vous crierez tant qu'il vous plaira !
« Vous ne pourrez me le défendre. »

Madame accepte de bon cœur ;
En elle ayant beaucoup de confiance,
Elle se dit : « Par ma douceur
« Je saurai bien le forcer au silence. »
Au mari le marché plaisait ;
Il savait bien ce qu'il faisait.
A se taire un instant sa femme en vain se butte ;
Bientôt il peut prendre sa flûte.
Madame crie... En son appartement
L'époux va s'enfermer, et sur son instrument
Notre homme s'en donne à son aise,
Plus il entend crier et plus il souffle fort !
Pauvres voisins, que je plains votre sort !
Quand un moment cela s'apaise
L'instant d'après la flûte chante encor,
N'espérez pas que l'un des deux se taise.

Notre amateur, par ce moyen,
Sur la flûte commence à jouer assez bien,
Madame, cependant, que la musique ennuie,

De crier se corrige un peu.
L'époux craint pour sa mélodie
De ne plus avoir si beau jeu.
Mais un événement vient servir sa folie
Un jeune militaire, ardent, impétueux,
De notre belle est amoureux.
Son ton hautain, son air sévère,
Son regard fier et dédaigneux,
Rien ne peut éteindre ces feux ;
Et les obstacles, au contraire,
Ont plus de charmes à ses yeux.
Une conquête trop facile
Pour un galant a peu de prix.
De celle que l'on voit manquer au plus habile
Nous sommes toujours plus épris.

Notre amoureux, afin de s'introduire,
Se déguise en valet normand.
Chez madame il se fait conduire
Sachant que de valet on change à tout moment.
D'un air niais il se présente
En saluant bien gauchement ;
On vient de chasser la servante,
Et madame, à l'essai, consent à le garder.
C'est tout ce qu'il voulait ; il est près de sa belle,
Il faut en profiter, il faut tout hasarder.
Dès qu'il se voit seul avec elle,
Dans un boudoir touchant la chambre du mari,
Il se jette à ses pieds, il déclare sa flamme.
« O ciel ! ô trahison infâme !... »
Dit la dame en jetant un cri.
A peine il part, que l'époux prend sa flûte
En disant : « Nous avons un serviteur nouveau,
« Je vais jouer plus d'un morceau,
« J'entends déjà qu'on se dispute. »

En effet, madame criait,
Et des noms de monstre, de traître,

Elle appelait l'amant; mais celui-ci riait :
La flûte couvrait tout, il pouvait se permettre
Mille témérités. Avec son instrument
Le mari l'accompagne, il marque la mesure;
  Pour commencer il joue une ouverture,
Le bruit augmente... il presse encor le mouvement.
    Distinguant la voix de sa femme
    Qui de temps en temps crie encor,
    Sur sa flûte il joue à madame :
    « Tu triomphes, bel Alcindor. »
A son secours son épouse l'appelle.
« Bon, bon, » dit-il, « va, fais ton bacchanal,
  « Mais du diable si je m'en mêle!
  « Je vais te jouer un final. »
Les cris cessent enfin. Servi par la musique,
J'ignore si l'amant est devenu vainqueur,
Mais je vois que la dame est tendre, laconique,
  Et que l'époux est en sueur.
« Ouf! se dit-il, » il faut que je respire;
« Je crois que c'est fini. Que l'on a tort de dire :
« Souffler n'est pas jouer! dedans cet instrument
« Quand je souffle on devrait me faire compliment.
« Mais je n'entends plus rien, rendons-nous chez ma
Il entre, le galant avait quitté la dame.   [femme. »
« Eh bien! » dit le mari, « la belle occasion
  « Tu viens de me donner, ma chère!
  « Pendant ton accès de colère,
  « Je t'ai joué ma variation;
« Elle est en mi majeur... A ton valet, je gage,
« Tu donnais son congé? — Non, je le formerai;
« Et puisqu'il est entré, je crois qu'il est plus sage
  « De m'en servir, et je le garderai.
  « — Gardons-le, soit, il paraît un peu brute;
« Mais pour le dégourdir tu t'y prends comme il faut.
« Quant à moi, je prévois que, grâce à ce nigaud,
  « Je jouerai souvent de la flûte. »

LA PRÉFÉRENCE

De deux garçons une veuve était mère ;
Tous deux par la nature étaient avantagés,
En talents, en esprit, de même partagés,
 Également tous deux devaient lui plaire.
  Mais l'un était le favori ;
  Par une injuste préférence,
On délaissait Charlot, Alfred était chéri.
  Nous en avons l'expérience,
 Trop de parents se conduisent ainsi !
Leur cœur, faible avec l'un, pour l'autre est endurci :
Pourquoi donc voir l'un d'eux avec indifférence,
Et ne devons-nous pas, en leur donnant le jour,
  Leur donner aussi notre amour ?
  Ne les avons-nous mis sur terre
Que pour choisir celui qui nous paraît charmant ?
Il n'en est point de laid pour les yeux d'un bon père ;
Et qui donc essuiera les larmes d'un enfant,
  Si ce n'est la main de sa mère ?

  Bientôt arrive à nos deux fils
 Ce qui toujours suit cette préférence :
Entre eux d'abord égale ressemblance,
  Ils sont doux, vertueux, soumis.
  Mais bientôt celui qu'on préfère
  Prend un peu plus de liberté ;
 Impunément il fait sa volonté,
Se livre à tous ses goûts, suit son humeur légère,
Certain par son esprit, sa grâce, sa gaieté,
De se faire toujours pardonner par sa mère
Charlot (c'est l'autre fils) ne lui ressemble plus,
Il est triste, rêveur, il passe sa journée
Assis dans quelque coin ; ses traits sont abattus,
  Et sa langue semble enchaînée.

Jamais un regard, un seul mot
Ne s'adresse au pauvre Charlot!
Ce nom de fils, si doux quand sa mère le donne,
C'est pour son frère seul qu'il l'entend proférer.
Pauvre petit! et l'on s'étonne
De te voir si souvent pleurer!
Mais bientôt une maladie
De la maman met les jours en danger.
Alfred poursuit son train de vie
Sans paraître inquiet, sans même s'affliger;
A des valets recommandant sa mère,
Il n'approche plus de son lit.
Charlot fait alors le contraire :
A côté d'elle il s'établit;
Il ne la quitte plus; jour et nuit il la veille.
Trop heureux de pouvoir, pendant qu'elle sommeille,
Contempler ses traits à loisir;
Bonheur dont, depuis son enfance,
Charlot n'a pas osé jouir!
Car il tremblait en sa présence.
Grâce à ses soins, sa mère est beaucoup mieux;
Elle voit de Charlot la douceur, la constance,
Elle rougit de son injuste préférence,
Le bandeau tombe de ses yeux!...
Mais, contrainte encore au silence,
Elle voudrait... et ne peut exprimer
Son repentir et sa reconnaissance;
Cédant au sentiment qui vient de l'animer,
A Charlot elle tend sa main avec tendresse,
Balbutiant : « C'est toi, mon fils!... »
Par ce doux nom, cette caresse,
Le pauvre enfant est tout surpris;
Ce ne peut être à lui qu'elle s'adresse :
Son fils!... « Hélas! » répond-il aussitôt,
« Non, maman, ce n'est que Charlot... »
Ce mot valait une leçon sévère;
Il corrigea l'injuste mère.

L'amour de nos enfants de nos soins est le prix,
Mais pour l'un d'eux point d'aveugles faiblesses :
    Dans notre cœur qu'ils soient tous réunis;
    Peut-il encor se croire notre fils
Celui que nous avons privé de nos caresses?

LES DEUX AMIS

Jadis deux jeunes amis
Par serment s'étaient promis
De partager leur fortune,
De rendre chose commune
Ce qu'un fortuné destin
(Car nous avons tous le nôtre),
Quelque coup du sort enfin,
Pouvait à l'un comme à l'autre
Envoyer un beau matin.
Tout jeune ainsi l'on se lie,
Et de tenir son serment
On a la sincère envie;
En avançant dans la vie
On pense différemment;
L'âge arrive, l'on oublie
Les serments de l'amitié;
Et souvent de la promesse
Que l'on fit dans sa jeunesse
On sourit avec pitié.
Mais revenons à l'histoire
Que j'avais à vous conter;
Nos amis, j'aime à le croire,
Montreront plus de mémoire
Que ceux que j'allais citer.

L'un d'eux se met en voyage
Se fait marchand, muletier,
Soldat, acteur, gazetier.
Pauvre dans chaque métier,

Il supporte avec courage
Les mauvais coups du destin,
Et sans le sol un matin
S'en revient dans son village.
Dans son domaine agrandi
Son ami s'est arrondi;
Il a fait un héritage,
De plus un bon mariage
Avec un riche tendron;
Bref, il mène douce vie,
Car il a femme jolie,
Bon vin et belle maison.

« Pardieu, » dit le pauvre hère,
« J'ai fort bien fait d'arriver;
« Courons vite le trouver.
« Je ne crains plus la misère;
« Par lui j'aurai des emplois;
« Il se souviendra, j'espère,
« De nos serments d'autrefois. »
Puis, sans tarder davantage,
Il va chez le gros bourgeois
Dans son modeste équipage.
Vous croyez que celui-ci
Au nez lui ferme la porte?
Vous vous trompez; Dieu merci,
Ce n'est, ma foi, pas ainsi
Que mon riche se comporte.
Au pauvre il dit : « Tu n'as rien?
« Il faut donc que je t'en cède,
« Tu partageras mon bien
« Et tout ce que je possède.
« Va, je n'ai pas oublié
« Qu'à toi je me suis lié;
« Je dois tenir ma promesse,
« Mon cher, n'en sois pas surpris,
« Tout est commun entre amis. »

De le loger il s'empresse ;
Son hôte est choyé, fêté ;
Dans la maison on l'installe,
On l'habille, on le régale.
Bref, il peut en liberté
Disposer, commander même.
Ce riche est fort obligeant :
Placer ainsi son argent,
C'est mériter qu'on nous aime.
Mais voyez comme le sort
Quelquefois nous récompense ;
Puis étonnez-vous encor
Qu'on blâme la Providence.
Chaque matin notre époux
Va de bonne heure à la chasse ;
C'est pour lui plaisir si doux
Que jamais il ne s'en lasse.
On le voit, tel temps qu'il fasse,
S'en aller chercher les loups.
Or un jour à peine il quitte
Jeune femme et lit bien chaud,
Que d'une douleur subite
Il est atteint. Tout penaud,
Il est forcé de reprendre
Le chemin de la maison,
Où l'on est loin de l'attendre !
Car son ami, sans façon,
Avait déjà pris la place
Que, pour aller à la chasse,
Chaque matin il laissait ;
Et près de la jeune femme
Rempli d'ardeur et de flamme
En époux il agissait.

« Ah ! scélérat, monstre infâme ! »
Dit le chasseur furieux,
« Faut-il en croire mes yeux !

« De mes bienfaits, malheureux
« Voilà donc la récompense!
« Tu trahis ma confiance!
« Tu me... » — Pourquoi ce courroux
Dit l'autre avec indolence ;
« A qui diable en avez-vous ?
« Et qu'est-ce qui vous offense ?
« Rappelez à votre esprit
« Le serment que chacun fit :
« Entre nous même fortune,
« Et toute chose commune.
« Vous-même avez dit aussi,
« Quand je revins au village :
« Ce que je possède ici,
« Qu'avec toi je le partage;
« Mon bonheur sera parfait !...
« J'ai cru d'après ce langage,
« Que votre femme en était. »

LES DEUX FRÈRES

Dans une province de France,
Dont j'ignore le nom, mais le nom n'y fait rien,
Deux frères, possédant une modeste aisance,
Partagèrent un jour leur bien.
L'un se fit laboureur, et cultiva la terre;
Il prit femme, il eut des enfants
Qui, comme lui, labourèrent les champs.
Mais l'autre ne voulut rien faire.
Content de ce qu'il possédait,
Il ne désirait point en avoir davantage :
Le moindre travail l'obsédait.
Comme son frère il se mit en ménage,
Et sa famille s'augmenta;
Mais notre homme jamais ne s'en inquiéta.

Par principes, par caractère,
Sans peine, sans plaisir, sans jamais s'émouvoir,
Il contemplait les biens et les maux de la terre;
De le troubler rien n'avait le pouvoir.
Il appelait cela de la philosophie :
En est-ce?... par ma foi, je ne vous dirai pas!
On en a mis partout, si bien que l'on oublie
Celle dont il faudrait faire le plus de cas.

Or donc à notre philosophe
Le laboureur ne ressemblait en rien :
Il redoutait la moindre catastrophe;
Il aimait ses enfants, et tremblait pour son bien.
En vain notre esprit fort, se moquant de son frère,
Se donnait pour exemple, et cherchait tous les jours
A lui former le caractère :
Il y perdait son temps et ses discours.
Le naturel est comme une rivière
Dont on ne peut changer le cours.

Il est des maux pour le village
Comme il en est pour les cités.
Par une tempête, un orage,
Le laboureur voit ses champs dévastés :
Il gémit, se plaint, se lamente,
Son frère veut le sermonner;
Mais le villageois se contente
A son travail de s'obstiner.
Bientôt après, autres alarmes :
Pour la milice on prend son fils chéri;
Il faut s'en séparer... Le pauvre homme, attendri,
En l'embrassant verse des larmes.
Le philosophe en vain vient, d'un ton de docteur,
Dire : « Comme vous je suis père,
« J'aime fort mes enfants, mais qu'y voulez-vous faire
« A quoi leur sert votre douleur? »
A tout cela, le pauvre laboureur,

L'air surpris, regarde son frère,
Et pose sa main sur son cœur.

Mais le vent tourne, et la fortune
Qui, dit-on, fait comme le vent,
Au laboureur ne garde plus rancune,
Et tourne le dos au savant;
A sa maison éclate un incendie :
Sa fille se jette dans l'eau;
Une cruelle maladie
Conduit son fils aux portes du tombeau.
Mais, il faut lui rendre justice,
Sans murmurer ni répandre des pleurs,
Il supporte tous ces malheurs;
Et son frère accouru pour lui rendre service
Le trouve d'un sang-froid que rien ne peut troubler.
« Tu vois, » dit-il, « l'effet de ma philosophie :
« Admire donc ma sagesse infinie,
« Tout cela ne peut l'ébranler. »

Pour notre laboureur c'est bien une autre affaire;
Son fils revient, il a gagné la croix.
Avec quel charme le vieux père
Entend le jeune militaire
Lui raconter ses combats, ses exploits!
Cependant il se dit : « Retournons chez mon frère;
« Je suis heureux... mais peut-être que lui,
« Dans ce moment, perd son unique appui!... »

Heureusement la nature l'emporte :
Du philosophe elle sauve l'enfant,
Mais celui-ci, jamais ne s'échauffant,
N'en est pas plus ému. « Que le diable t'emporte! »
Dit notre laboureur, de son calme irrité,
« Ah! toute ta philosophie
« Consiste à n'avoir point de sensibilité!
« Ne crois pas que je l'envie;

« Va, des maux de l'humanité
« J'aime mieux redouter les chances
« Que de fermer mon cœur aux plaisirs les plus doux.
« Lorsque viendront les chagrins, les souffrances,
« Lorsque du sort j'éprouverai les coups,
« En respectant la main qui les fit naître,
« A ton sang-froid bien loin de m'élever,
« Je me plaindrai, je gémirai peut-être;
« Mais celui qui nous donna l'être,
« Alors qu'il nous punit, devons-nous le braver!
« Ah! qu'il me donnera de douces récompenses
« Lorsque ma femme, mes enfants
« M'entoureront de leurs bras caressants?
« J'éprouverai des jouissances
« Que ton cœur ne saurait sentir!
« Ne crois pas que jamais ton exemple m'entraîne;
« Non. J'aime mieux garder des larmes pour la peine
« Que d'en manquer pour le plaisir. »

L'ARDOISE

Certain époux dans le monde disait
Être en amour un luron, un vrai diable;
Près de sa belle amant infatigable
    Que jamais danse ne lassait.
Quand il parlait ainsi, sa femme se taisait,
Mais, laissant échapper un sourire ironique,
    A son époux elle tournait le dos,
        Et ses yeux, son air sardonique
        Semblaient démentir ses propos.
        Un jour que plus qu'à l'ordinaire
        Notre mari s'était vanté
    De ses exploits dans l'amoureuse guerre :

    Osez-vous bien ainsi fausser la vérité! »
        Lui dit sa femme avec colère

Aussitôt qu'ils sont seuls tous deux ;
« De faire le vaillant n'êtes-vous pas honteux !
   « A peine si dans la semaine
   « Vous m'adressez un petit mot !...
 « Si court encor ! qu'il ne vaut pas la peine
 « D'être compté ; puis monsieur va tout haut
« Faire le conquérant ; chaque femme, je gage,
   « Le croit un Hercule, un Tircis !
« On me fait compliment de mon heureux partage.
   « Ma foi, monsieur, je vous en avertis,
   « Agissez mieux, dites-m'en davantage,
« Ou vos propos par moi seront tous démentis.
   « — Vraiment, le reproche est unique ! »
Répond l'époux sans se déconcerter ;
« Vous vous plaignez de moi... quelle mouche vous
   « Allons, m'amour, vous voulez plaisanter.   [pique?
   « Quand je vous conte ma tendresse,
   « Si vous dormez, est-ce ma faute à moi ?
      « Et voilà sans doute pourquoi
   « Vous oubliez ce que je vous adresse.
« — Oh ! que nenni, mon cher ! je ne dors pas la nuit
   « Quand vous voulez me conter une histoire.
« — Mais vous dormez après, et perdez la mémoire
   « De tout ce que nous avons dit.
   « — Non, non, monsieur, jamais femme n'oublie
      « Semblable conversation ;
« Nous n'avons sur cela nulle distraction.
   « Vous ne pourrez au gré de votre envie
      « Me faire croire en ce moment
   Que le bien me vient en dormant.
      « — Or çà, dès cette nuit, madame,
      « Je veux, pour vous prouver ma flamme,
« Vous adresser les plus tendres discours.
   « — Charmant projet, mais à la ruse
      « N'essayez point d'avoir recours.
« — Pour que ni l'un ni l'autre ne s'abuse,
   « Ecoutez donc ma proposition,

7.

« Et faites bien attention :
« Sur une ardoise, avec... du blanc d'Espagne,
« Tout ce que, cette nuit, je vous adresserai,
« A l'instant je le marquerai.
« Cela vous convient-il, mon aimable compagne?
« — Oui, mais avec un changement :
« C'est moi qui marquerai, mon cher, car autrement
« Vous pourriez me tricher encore.
« — Soit; j'y consens. J'espère, après cela,
« Que si le compte est beau, le monde le saura;
« Et de faire le matamore
« Madame me pardonnera?
« — Avec six baisers, je vous jure
« Que je vous tiens de bonne foi :
« Eh! mon ami, personne plus que moi
« N'a le désir de perdre la gageure. »
La nuit vient; on se met au lit.
Notre dame a placé sur la table de nuit
L'ardoise sur laquelle elle aura soin d'inscrire
Ce que son mari va lui dire.
Le blanc qui doit servir à son dessein
Est caché sous le traversin.
Bref, on a soufflé la chandelle;
L'obscurité, que craignent les jaloux,
Et qui sert les amants, ranime les époux.
Notre mari glisse à sa belle
Un mot bien tendre, qu'aussitôt
L'épouse note avec la craie
En faisant, à tâtons, sur l'ardoise une raie.
Le temps se passe; mais un mot
Pour gagner ne saurait suffire;
Le pari n'est pas oublié.
De l'oreille de sa moitié
Le mari se rapproche... Hélas! le pauvre sire
Ne trouve plus rien à lui dire.
Il s'épuise longtemps en efforts superflus...
La parole ne lui vient plus.

   Sans se tourmenter davantage,
    Il se retourne et fait dodo;
  Mais sa moitié veut noter cet outrage :
  Prenant l'ardoise, elle pose un zéro;
Puis elle attend le jour avec impatience.
Dans le monde elle veut que ce fait soit connu.
    Brûlant de tirer vengeance
    De l'affront qu'elle a reçu.
  Notre mari fait déjà le railleur.
   Puis, rappelant le pari de la veille :
« Eh bien », dit-il, « m'amour, pourquoi cet air boudeur ?
« Il me semble pourtant que la nuit fut charmante.
   « — Je vous conseille de parler !...
   « Le voilà donc cet homme qui se vante !
« — Un instant, nous avons des comptes à régler.
   « Or, avant de me chercher noise,
   « Madame, passez-moi l'ardoise.
« Vous seule avez marqué, vous ne le nierez pas ?
« — Oui, certes, j'ai marqué. — Voyons donc en ce cas. »
Notre homme s'en saisit... Jugez de sa surprise :
En marquant à tâtons, sa femme, par méprise,
   Après la raie a placé le zéro.
    « Peste ! le joli numéro ! »
S'écrie alors l'époux charmé de l'aventure.
   « Vous ne vous plaindrez plus, je crois;
    « Pourtant j'étais loin, je le jure,
« De penser que j'avais causé jusqu'à dix fois. »

L'AVEUGLE ET SON FILS

  Après avoir servi sa patrie,
Un soldat cultivait son modeste manoir,
Regrettant chaque jour une épouse chérie
Dont il n'avait qu'un fils, son trésor, son espoir;
Retrouvant près de lui cette image si chère,
Dans ses traits enfantins il se plaisait à voir

Renaître les traits de sa mère.
Un jour, un accident affreux
A ce pauvre soldat fait perdre la lumière.
Que deviendra le malheureux ?
Qui prendra soin de sa chaumière ?
Son fils n'a que cinq ans, il ne saurait encor
Travailler pour aider son père !
Par suite de son triste sort,
L'infortuné tombe dans la misère.
Plus de ressources sur la terre :
Il faudra mendier son pain !...
Mais son enfant le tiendra par la main :
Cette pensée élève son courage ;
Elle adoucira son destin.
Il n'est point de cruel chagrin
Que la main d'un fils ne soulage.
Pauvre petit, veille sur ce trésor !
Combien ta tâche est imposante !
De ton âge n'ayant que la joie innocente,
Dans le malheur tu ris encor.
Ne plus te séparer de cette main si chère
N'est pour toi qu'un plaisir nouveau !
Le lierre en grandissant s'appuie après l'ormeau,
Et l'enfant s'attache à son père.
Chaque jour, au pied d'un rocher,
Près d'une limpide fontaine,
L'aveugle et son fils vont chercher
Des cœurs sensibles à la peine.
Instruit par le malheur, bien loin de se hâter,
L'enfant règle ses pas sur les pas de son père ;
Il lui serre la main s'il rencontre une pierre,
C'est lui dire de s'arrêter.
Lorsque, assis sans danger, l'infortuné le presse
D'aller jouer plus loin et d'être sans effroi :
« Non », dit l'enfant avec tendresse ;
« Je suis bien mieux auprès de toi. »
Le temps s'écoule ; une légère aumône

Suffit pendant un jour pour leur avoir du pain :
 Le pauvre pour le lendemain
 A son Créateur s'abandonne.

 L'enfant grandit, il a huit ans.
 Près de son père, admirant la nature,
 Il passe ainsi tous ses instants,
Écoutant les oiseaux qui chantent le printemps
 Et l'eau du ruisseau qui murmure.
 Mais l'aveugle en secret gémit :
L'avenir de son fils fait naître ses alarmes ;
 Sur son sort il verse des larmes :
« Pauvre enfant », se dit-il, « mon malheur te bannit
« Du monde, où tu pourrais rencontrer la fortune :
 « Près de moi, sans ressource aucune!
 « Devant chacun t'humiliant!
 « Ne connaissant que notre humble cabane,
 « Pour me guider je te condamne
 « A rester toujours mendiant! »
Du vieux soldat alors une larme brûlante
Attestait la douleur. L'enfant, voyant cela,
 Lui disait d'une voix tremblante :
 « Pourquoi pleures-tu? Je suis là. »

 Un jour, qu'au ciel adressant sa prière,
L'aveugle l'invoquait en faveur de son fils,
 « Je prétends finir tes soucis »,
Lui dit des environs un gros propriétaire
Qui l'avait écouté. « Cet enfant est gentil,
 « J'ai quelquefois entendu son babil ;
 « Donne-le-moi. Par mes soins, je te jure,
« Qu'il ira loin. Je veux en tenter l'aventure.
 « Je le mettrai dans une pension ;
 « Je lui ferai donner de l'éducation,
« Et s'il se conduit bien, de mes dons s'il profite,
 « Je puis le faire entrer commis
 « Dans une maison de Paris.

« Cela te convient-il ? Allons, réponds-moi vite.
« Sans cet enfant de même on te soulagera.
« Tu n'y vois pas, un chien te conduira. »
Un chien pour remplacer son enfant!... Ah! j'espère
    Que cet homme n'était point père.
    L'aveugle hésite... En lui donnant son fils,
        Il perdra bien plus que la vie!
        Mais tout bas une voix lui crie :
« Songe au sort de l'enfant... » Il n'est plus indécis :
« Emmenez-le, dit-il; oui, je me sacrifie.
« Cher enfant! je te perds, mais c'est pour ton bonheur
    « J'expirerai de ma douleur,
« Mais ta jeunesse, au moins, ne sera pas flétrie
    « Par l'indigence et le malheur. »

« — C'est bien, dit le richard : tes peines sont cruelles.
« Mais ton fils quelque jour pourra les adoucir.
« D'ailleurs tu sais mon nom; quand je pourrai venir
    « Je t'en donnerai des nouvelles.
« Allons, mon cher petit, ensemble il faut marcher..
« Viens donc... » Mais celui-ci, loin d'agir de la sorte,
    A son père veut s'attacher.
Notre homme alors le saisit et l'emporte.
    L'enfant remplit l'air de ses cris,
    A son secours il appelle son père;
Il tend vers lui ses bras et dans ses traits chéris
Son regard cherche encore un appui tutélaire...
Son père infortuné ne voit point sa douleur,
    Mais il entend sa voix si chère,
Ses accents déchirants pénètrent dans son cœur.
    La voix s'éteint... L'aveugle tremble... espère...
L'écho dans le lointain répète encor : Mon père!
    Mais l'enfant n'a plus répondu!...
« Ah! » dit le malheureux en tombant sur la pierre,
    « C'en est donc fait, j'ai tout perdu! »

Rien désormais ne peut adoucir la misère
    Du pauvre aveugle à souffrir condamné;

   Et maintenant, infortuné,
   Qui te guidera sur la terre?...
Il est près du rocher où des accents chéris
 De son cœur fermaient la blessure,
Il s'assied sur la pierre où l'enfant s'est assis;
Il entend à ses pieds le ruisseau qui murmure,
 Et trop souvent pressé par la nature,
Il avance la main pour rencontrer son fils.

 Un jour, cédant au désir qui l'entraîne,
Il arrive en tremblant, après bien des périls,
  Jusqu'à la porte du domaine
De l'homme auquel il confia son fils;
  Il s'informe, se fait connaître,
Demande son enfant... Mais, discours superflus!
  La maison a changé de maître,
On ne sait ce qu'il veut, on ne l'écoute plus.
L'aveugle, désolé, retourne sur sa pierre;
  C'est là, c'est auprès du rocher,
Qu'il attend que son fils revienne le chercher,
  Ou qu'il veut finir sa carrière.

Revenons à l'enfant : à la distraction
Le chagrin doit céder dans un âge aussi tendre.
  Placé dans une pension,
  Il se montre avide d'apprendre;
  Il fait de rapides progrès;
 Son bienfaiteur est fier de ses succès.
Et quand l'enfant s'informe de son père,
Dont il garde toujours un profond souvenir,
Le riche ne dit mot, il attend, il diffère;
Il a semé pour lui, seul il veut recueillir;
Mais la mort un beau jour lui fait plier bagage!...
Le jeune homme a seize ans, de l'esprit, du courage,
  Mais sans argent, sans protecteur,
Que fera-t-il, jeté dans un monde trompeur?
Il ne balance pas : avec joie il s'engage :

Le métier des armes lui plaît.
Des souvenirs confus lui disent que son père
Dans sa jeunesse a fait la guerre;
A l'imiter il trouve de l'attrait.
Au plus fort des périls où sa valeur l'entraîne,
Il va chercher la gloire et brave le trépas;
Par sa valeur dans les combats,
A vingt ans il est capitaine,
Et décoré du signe de l'honneur.

La guerre est terminée, on va dans sa patrie
Retrouver des parents, une amante chérie;
Notre jeune héros n'aura point ce bonheur :
Triste, pensif, il voyage en silence.
Las!... il ne connaît point le lieu de sa naissance,
Et de son pauvre père il ignore le sort!
Vainement il s'informe, il ne peut rien apprendre.
Il voudrait l'embrasser, ou du moins, s'il est mort,
Il voudrait pleurer sur sa cendre.
Quand il rencontre en son chemin
Un homme privé de la vue,
Il court... l'interroge soudain.
Ce n'est pas encore lui... Son âme se resserre;
Au malheureux il donne des secours,
Puis à l'enfant recommande toujours
De ne jamais quitter son père.

Un général dans son château
Fait venir notre capitaine.
Là, tout est brillant, tout est beau;
Là, cédant en secret au penchant qui l'entraîne.
De la fille du général
Il devient amoureux, et la jeune personne
En secret aussi s'abandonne
Au plaisir de l'aimer, n'y voyant aucun mal.
Mais, sans famille, sans richesse,
L'amant n'espère point former un tel lien,

  Et du général la noblesse
  Doit mettre obstacle à cet hymen.
 Hors du château promenant sa tristesse,
Dans un lieu solitaire il se plait à rêver.
  Le cœur occupé de sa chaîne,
  Un jour, le jeune capitaine
Regarde autour de lui, surpris de se trouver
  Dans un endroit qu'il croit connaître;
  Déjà son cœur vient d'éprouver
Une sensation dont il n'est pas le maître.
Avec avidité ses regards vont chercher
  Des souvenirs... En tremblant il s'avance...
 Il reconnait ce chemin, ce rocher;
  Tout lui rappelle son enfance.
  Il s'arrête... Quel est ce bruit?...
  C'est un ruisseau dont l'onde pure
Traverse ce sentier... Tout bas son cœur lui dit
Qu'il a dans son enfance entendu ce murmure...
  Il n'ose avancer... Il frémit...
  Ah! si le ciel exauçait sa prière!
 Dieu! que voit-il!... Plus loin, sur une pierre,
Un vieillard vénérable, un aveugle est assis.
Il court en s'écriant : « Ah! répondez, de grâce!
  « Que faites-vous à cette place?
  « — Depuis douze ans j'attends mon fils...
« — Votre fils! le voilà... Dans ses bras il vous serre.
« — Que dites-vous?... Quoi! j'aurais ce bonheur!...
  « — Pour vous en assurer, mon père,
  « Mettez votre main sur mon cœur. »

  Du pauvre aveugle on devine l'ivresse :
C'est son enfant chéri que dans ses bras il presse...
Et son fils reprenant l'emploi qu'il a quitté,
Jusqu'au château soutient sa marche chancelante;
  Puis au père de son amante
  Il le présente avec fierté,
En lui disant : « Voilà mes titres de noblesse,

« Mon père est toute ma richesse. »
Tant de vertus, d'amour filial
　　Attendrissent le général ;
Au jeune capitaine il accorde sa fille.
Tranquille désormais, au sein de sa famille,
　　L'aveugle est doublement heureux.
　　A son fils tout rit, tout prospère :
　　L'enfant qui fut le guide de son père
　　　Doit être béni par les dieux.

LA JUPE ENCHANTÉE

On m'a conté que jadis en Sicile,
Près de Palerme, ou près de Cosenza,
Je ne saurais dire au juste la ville,
Un vieux seigneur de Satan acheta
Jupe superbe et de vertu magique.
Quand à sa femme un époux la mettait,
De se l'ôter en vain elle tentait ;
Le mari seul, par un mot diabolique,
Pouvait l'ôter et la remettre encor.
Ce n'est pas tout! écoutez le plus fort :
Quand une femme, ayant cela sur elle,
A son époux devenait infidèle,
Dès qu'à ses yeux paraissait son amant,
La jupe alors parlait fort clairement :
C'étaient des feux, un tourment, un malaise,
Et des transports et des démangeaisons !...
Fallait sauter, danser, quitter sa chaise,
Se remuer enfin de cent façons.
Et notez bien que sur femme jolie
Dès que la jupe avec force agissait,
Soit par le charme, ou par sympathie,
Comme elle, alors, l'amant se trémoussait.
Point de faiblesse et de secrètes flammes
Dont un mari ne fût par elle au fait.

Triste jupon, convenez-en, mesdames,
Et qui pour vous aurait eu peu d'attrait.
Quoi ! nos jaloux d'une femme gentille
Sauraient ainsi la moindre peccadille !
Ah ! c'est affreux ! un pareil talisman,
Certes ! ne dut venir que de Satan.
Et puis, avoir une femme charmante
Et lui laisser constamment un jupon !
A tout cela je ne vois rien de bon.
Je ne crains pas que le diable me tente :
Je lui dirais : Gardez tous vos présents ;
Je ne veux pas savoir si ma maîtresse
Auprès d'un autre a connu la tendresse.
Quand, m'entourant de ses bras caressants,
Dans ses beaux yeux je puise mon ivresse,
Lorsque sa bouche appelle le baiser,
Et que sa main dans la mienne est placée,
Ne croyez pas que j'aille m'amuser
A contrôler sa secrète pensée.
Bien mal venu, quand je tiens le bonheur,
Qui me dirait : Tu ne tiens qu'une erreur !
Non, je le tiens, ce n'est point un mensonge,
Et dans ses bras cent fois je l'ai goûté !
Amour passé, pour moi ce n'est qu'un songe ;
Amour présent, c'est la réalité.

Mais revenons : le seigneur de Sicile
Ne pensait pas là-dessus comme moi.
Richardini (c'est son nom), imbécile,
Laid, vieux, goutteux et d'humeur difficile,
Voulait qu'on fût pour lui de bonne foi,
Qu'on l'adorât, qu'on lui restât fidèle ;
Mettant toujours en avant son honneur.
Pauvre petit, qui croyait qu'une belle
Pour lui devait éprouver de l'ardeur !

Richardini, craignant fort d'être dupe,

Sans marchander ayant payé la jupe,
Quoique Satan l'eût mise à prix de roi !
Dès qu'il la tint il se dit : « Prenons femme,
« Je ne crains plus qu'on se moque de moi,
« Je connaîtrai les secrets de la dame. »
Le pauvre sot !... c'était plutôt le cas
D'être prudent et de n'en prendre pas.
Richardini se met donc en ménage ;
Sans trop gémir avec lui on s'engage :
Car des valets, des bijoux, un château,
Pour un moment rendent un mari beau.
La jeune Iseult, vive, leste, étourdie,
Reçoit d'abord et sa main et son nom ;
Et, le matin du jour qu'on la marie,
Le vieux jaloux lui passe le jupon.
En lui disant : « Ne l'ôtez pas, ma chère,
« Ce talisman conserve la beauté. »
Avec ces mots aux femmes on fait faire
Tout ce qu'on veut. Toujours désir de plaire
Par elles fut avant tout consulté.

Pendant un an, Iseult paraît fort sage,
Et le mari bénissait son destin,
Quand de sa femme arriva son cousin
Qui revenait de faire un long voyage.
Le cousin fut logé dans le château.
Il avait l'air doux, modeste, timide...
Fiez-vous y !... Que le monde est perfide !
Le lendemain l'aimable jouvenceau
N'est pas plutôt auprès de sa cousine,
Que le jupon les brûle, les lutine ;
On n'y tient plus ; avec son pastoureau
Madame danse et fait mainte folie.
Voyant cela, le barbon, en furie,
Se dit : « J'en tiens, je n'en saurais douter,
« C'est le cousin qui m'en a fait porter !
« Avertissons mon ami le corsaire

« Qu'il peut mener ma femme au Grand Seigneur.»
Notre mari termine ainsi l'affaire,
Livrant sa femme à ce Turc pourvoyeur
Des principaux sérails de Sa Hautesse.
Ah! s'il fallait, pour pareille faiblesse,
Du grand sultan meubler ainsi la cour!
Si chaque époux jouait ce malin tour
A sa moitié sur l'article étourdie,
Il nous faudrait bientôt, pour la Turquie,
Célérifère allant trois fois pas jour.
Après six mois d'ennuis et de veuvage ;
Richardini se dit : Choisissons mieux ;
Pour une, il ne faut pas perdre courage ;
Iseult était trop vive, trop volage ;
Puis, j'aurai soin de bannir de ces lieux
Tous ces cousins, la perte des familles,
Vrais débaucheurs de femmes et de filles.
Pour ne pas être attrapé, cette fois,
Notre jaloux d'une Agnès a fait choix.
Elle a seize ans, elle est douce, ingénue,
Parle fort peu, baisse toujours la vue;
C'est un mouton, qui devant son mari,
Se tient bien droite, et n'ose dire oui.
Sans résister elle passe la jupe,
En rougissant promet d'en prendre soin.
L'époux se dit : « Je ne serai point dupe,
« Et celle-ci n'en avait pas besoin!
« N'importe, il faut toujours de la prudence;
« La jupe, au moins, couvrira l'innocence.
« Heureux jupon ! garantis ces contours,
« Trésors secrets formés par les amours! »
Pendant six mois tout se passe à merveille ;
Après ce temps, je le dis à regret,
Soit que d'Agnès l'innocence sommeille,
La jupe fait encore son effet.
Un beau matin notre belle entre en danse
Avec un jeune et gentil troubadour,

Qui lui faisait chanter tendre romance,
Et sur un luth soupirait son amour.
Pour une Agnès la petite s'en donne !
Notre ingénue au plaisir s'abandonne ;
Quoique tenant toujours ses yeux baissés,
Sa danse est vive, et de ses balancés
Les mouvements sont très-bien cadencés.
Son troubadour avec ardeur l'imite ;
C'est vainement qu'on veut les arrêter.
Richardini, que cette danse irrite,
Court au corsaire, et, sans se lamenter,
Au Grand Seigneur fait présent de sa femme.
Et de deux ; moi je crois qu'après cela
Notre barbon devait s'en tenir là.
Non pas vraiment !... Il jure dans son âme
Qu'il en prendra jusqu'à ce que le sort
Lui fasse avoir une femme fidèle,
Il lui faudra chercher longtemps encor !

Dans son manoir une épouse nouvelle
Paraît bientôt. Elle a trente-six ans ;
Son air est fier, ses regards imposants ;
D'un mot gai sa vertu s'effarouche ;
Il ne faut pas près d'elle plaisanter ;
C'est une prude, on ne peut se vanter
De voir jamais le rire sur sa bouche.
« Pour cette fois sur l'honneur de ma couche
« Je crois enfin que je pourrai compter, »
Dit l'épouseur en passant à la dame
La jupe que le diable lui vendit.
Mais ce n'est pas sans peine qu'à sa femme
Il peut la mettre, il faut tout son crédit
Pour opérer cette cérémonie
Qui de madame alarme la pudeur.
« Ce jupon-là garantit votre honneur,
« Gardez-le bien, » lui dit-il, « belle amie.
« — Que je le garde ! eh ! qui donc oserait

« Me le ravir ? Une telle insolence
« Coûterait cher à qui la tenterait !
« — Fort bien, ma foi ! « se dit l'époux ; je pense
« Que mon honneur n'ira plus à vau-l'eau.»

Huit jours après ce dernier mariage
Richardini partant pour un voyage,
Quitte sa femme et la laisse au château,
Lui promettant de faire diligence.
Son mariage est encor trop nouveau
Pour redouter les effets de l'absence.
Au bout d'un mois notre homme est de retour.
Qu'avec plaisir il revoit le séjour
De sa moitié toujours chaste et sévère !
Dans son ivresse, il ordonne un festin ;
Puis au banquet il conduit par la main
Cette beauté, de son honneur si fière.
Mais, c'est le diable !... à son aspect soudain
Notre époux voit sauter son médecin ;
Puis un laquais garçon de bonne mine,
Puis l'intendant, jusqu'au chef de cuisine,
En la voyant ne peuvent y tenir.
Ce sont des sauts, des bonds, des cabrioles,
Jamais on a vu des danses plus folles ;
Tout est en l'air, c'est à n'en plus finir.
« Ah ! scélérate, ah ! trahison infâme ! »
Dit le mari courant après sa femme,
Qu'il veut en vain empêcher de sauter.
« La voilà donc cette prude sévère !
« Avec mes gens elle m'en fait porter ! »

Il peut parler, on ne l'écoute guère !...
Et c'est encor notre ami le corsaire
Qui des époux termine les débats.
La prude fait voile pour la Turquie,
Bientôt après d'une autre elle est suivie
Et puis encore, on ne s'arrête pas.

A chaque instant on voit femme jolie
Qui du sultan va grossir les États.
Le Grand Seigneur bénit cette folie,
Qui fait payer les femmes bien moins cher ;
Et le corsaire y gagne aussi sa vie :
Grâce au jupon il est toujours en mer.
Mais cependant, une telle conduite
Fit redouter l'hymen du vieux seigneur.
Quand il offrait et sa main et son cœur,
Sans l'écouter femme prenait la fuite ;
De l'épouser on n'était plus d'humeur,
On le craignait autant que Barbe-Bleue ;
Il inspirait aux filles la terreur ;
Toutes, enfin, le fuyaient d'une lieue.
Sans la trouver il cherche maintenant
Jeune beauté pour prendre en mariage,
Quand, dans ses bois, un jour se promenant,
Il aperçoit fillette du village,
Au pied mignon, à l'œil vif, au teint frais.
Richardini contemple ses attraits,
Puis, de la main, il fait signe à la belle,
Qui vient à lui sans se faire prier.
« Qui donc es-tu ? — Monseigneur, » répond-elle,
« Je suis l'enfant de votre jardinier,
« Rien que Jeannette ; enfin votre servante.
« — Rien que cela !... Mais elle est ravissante ?...
« Tiens, ma Jeannette, il faut nous marier.
« — Nous marier !... Ah ! monseigneur plaisante !
« — Non pas, vraiment. En serais-tu contente ?
« — Ma fine, oui ; ça me fera plaisir ;
« Dans un château l'on doit se divertir.
« — L'aimable enfant !... d'honneur elle m'enchante !
« A son aspect je me sens rajeunir. »

Le vieux seigneur emmène sa trouvaille ;
Avec Jeannette il forme un doux lien.
Dans son château, le jour de son hymen,

On chante, on rit, on boit, on fait ripaille ;
Puis notre époux prend Jeannette en secret,
Et vous devinez bien ce qu'il lui met...
C'est le jupon. La petite avec grâce
Se tient debout pendant qu'il le lui passe,
Le trouve beau, bien ample, bien bouffant.
Or, vous saurez que cette aimable enfant,
Sous son air simple et la grande cornette,
Cache la ruse et l'esprit d'un démon :
Depuis longtemps la petite Jeannette,
Du vieux jaloux habitant la maison
Sans qu'il la vît, l'épiait en cachette ;
Rien n'échappant à l'œil d'une fillette,
Elle aperçut les effets du jupon.
Jeannette alors se dit : » Vengeons mon sexe
« Qu'on vend aux Turcs, et que le diable vexe. »
D'après cela, bien loin de redouter
La main du vieux, et la jupe fatale,
L'aimable enfant grille de la porter ;
Elle a son plan, et, sans se tourmenter,
Jeannette attend l'union conjugale,
En se disant : « L'or est un talisman
« Qui vaut, au moins, tous les dons de Satan ;
« Dans le château qu'une fois je m'installe,
« Avec de l'or, je gage réussir.»

Après l'hymen, sur son simple désir,
Richardini, sans hésiter, lui laisse
Et ses trésors, et le soin de sa caisse.
Qu'on soit fidèle est pour lui le grand point,
De tout le reste il ne s'occupe point.
Que fait Jeannette? Aussitôt elle ordonne
A ses valets, à ses gens du château,
Puis aux bergers, aux hommes du hameau,
Bref, à tous ceux qui verront sa personne,
De ne jamais l'approcher qu'en dansant,
En sautillant, gambadant et valsant.

Pour de l'argent il n'est rien qu'on ne fasse;
Puis, celui-ci gaiement se gagnera.
Le lendemain, dès que madame passe,
Aucun valet ne peut tenir en place,
Et c'est à qui le plus haut sautera.
Jeannette aussi danse par-ci, par-là.
Sur quoi l'époux, en se frottant la vue,
Dit : « Ils sont fous, ou bien j'ai la berlue;
« Je ne l'ai pas quittée un seul moment
« Depuis hier que l'hymen nous engage,
« Je suis donc bien certain qu'elle fut sage ;
« Et mes valets sont tous en mouvement !...
« Ah! c'est trop fort, et je commence à croire
« Que le jupon a perdu la mémoire.»

Prenant alors sa femme sous le bras :
« Je veux, » dit-il, « que l'on vous rende hommage;
« Venez, mon cœur. » Mais ne voilà-t-il pas
Que sa moitié fait danser le village ;
Sur son chemin, tout le monde est en l'air,
Bergers, fermiers, c'est une frénésie ;
Jeannette enfin partage leur folie,
Et fait sauter jusques au magister

Ah ! pour le coup, plus d'injustes alarmes,
Et le mari lui-même rit aux larmes
En regardant danser tout le hameau;
Puis il s'écrie : « Ah! que j'étais nigaud
« Et je croyais à la vertu magique
« De ce jupon ; ô maudit talisman!
« Mais je comprends la ruse diabolique;
« C'est moi qui suis la dupe de Satan!
« Pauvres tendrons, maintenant en Turquie,
« Je le vois bien, c'est fort innocemment
« Qu'auprès de vous on dansait constamment !
« Mais oublions, s'il se peut, ma folie.
« Et toi, jupon, qui m'as coûté si cher,

« Va-t'en au diable et retourne en enfer. »
Après ces mots, voulant venger ses femmes,
Il prend la jupe et vous la livre aux flammes.
Or vous jugez, en la voyant roussir,
Si Jeanneton éprouve du plaisir !
Ne portant plus cette jupe perfide,
De son époux elle combla les vœux.
Voyant par elle, et la prenant pour guide,
Avec Jeannette il vécut fort heureux ;
En promettant chaque jour à sa femme
De ne plus rien acheter du démon,
Il retrouva la douce paix de l'âme
Et le bonheur revint dans sa maison.
Après cela, sur ce que fit Jeannette,
Je ne dis mot, je le laisse à penser...
Ne craignant plus la parure indiscrète,
Elle pouvait à son aise danser ;
Mais elle sut sauver les apparences,
C'est un devoir : avec son favori
Il ne faut pas, bravant les convenances
Se mettre en danse au nez de son mari.

LA NATURE

Un jeune Anglais revenait d'Amérique,
   Rapportant sur son bâtiment
   Une cargaison magnifique
Il s'occupait déjà du placement ;
Au moment d'arriver, une horrible tempête
   Fait naufrager le vaisseau près du port;
Tout va périr... pour éviter la mort,
   Notre Anglais ne perd pas la tête :
Il saisit une planche avec ses bras nerveux,
Et se laisse flotter sur la mer orageuse,
   Bientôt une vague écumeuse
Le pousse sur la rive où tendent tous ses vœux ;

Mais c'est sur les côtes de France
Que notre Anglais vient d'aborder.
Il n'a plus rien ; trop fier pour demander,
Assez tristement il s'avance...
Dans un endroit désert, sur le haut d'un rocher,
Il aperçoit un ermitage.
« Allons, « dit-il, » je vais tâcher
« De trouver dans ce lieu sauvage
« Pour quelque temps un abri protecteur. »
Pour gravir le rocher retrouvant son courage,
Il arrive bientôt. Mais l'ancien possesseur
De cette modeste retraite
Venait de descendre au tombeau.
L'Anglais entre, il voit tout, l'endroit n'est pas fort beau
Les murs sont en rocher ; un humide caveau
Sert de chambre à coucher. Des racines, de l'eau
Composaient les repas de l'humble anachorète.
Dans ce triste réduit, loin d'accuser le sort,
Notre Anglais, se montant la tête
Et d'un beau sentiment éprouvant le transport,
S'écrie : « Ah! c'est ici que, paisible, tranquille,
« On doit couler des jours heureux ;
« Oui, la paix est dans cet asile,
« Loin du monde, du bruit, loin des ambitieux,
« Et de ces faux plaisirs qui troublent notre vie ;
« C'est ici, je le sens, qu'il faut vivre et mourir ;
« Oui, tout à la nature, à l'abri de l'envie,
« De ses nombreux bienfaits ici je vais jouir. »

De cet Anglais le zèle était-il véritable,
Je l'ignore ; mais, en tout cas,
Il vient très à propos, et c'est fort raisonnable
De mépriser ce qu'on n'a pas.

Il s'établit dans l'ermitage,
Se vêtit fort légèrement ;
Marchant pieds nus, couché très-durement.

La barbe longue, l'air d'un sage,
Fait ses adieux au rosbif, aux biftecks,
Et de racines, de fruits secs
Se nourrit dans ce lieu sauvage.
Un jour qu'assis sur le rocher,
Il contemple à loisir l'orage qui s'apprête,
Un homme accourt. Il vient chercher
Dans sa demeure une retraite.
Jetant les yeux sur notre anachorète :
« O ciel ! » dit-il ! « est-ce bien toi ?
« Édouard, mon ami !... — Mais c'est Alfred, je crois.
« — On te croyait noyé ! cher ami, ton naufrage
« T'aura jeté sur ce rocher sauvage :
« Que fais-tu donc ici ? — Mon cher, je suis heureux,
« Et jouis, en homme sage,
« Des biens que la nature étale sous mes yeux.
« —Comment? dans ce désert !—Tiens, vois cette colline,
« La mer... cette forêt... est-il rien de plus beau ?
« — Mais il est plus doux, j'imagine,
« D'admirer tout cela du balcon d'un château.
« Et ce costume ? — Ah ! c'est celui de l'homme
« Qui sait braver et le froid et le chaud.
« Que me faut-il de plus ? Quand il mangea la pomme,
« Notre père commun n'avait point de manteau.
« — C'est fort bien ; cependant, pour marcher sur des
[pierres]
« Tu n'as pas de souliers. — Eh ! qu'en ai-je besoin ?
« Bien plus facilement j'évite les ornières !
« La nature, mon cher, pour courir eut le soin
« De nous donner des pieds, et non pas des chaussures
« Je marche sans souliers et crains peu les blessures.
« — Allons, j'en conviens, c'est fort beau ;
« Mais j'aurais besoin de manger un morceau.
« — Assieds-toi... mange, bois. — C'est là ton ordinaire?
« Il est plus que frugal, et tu fais maigre chère ;
« Ce breuvage, ma foi, n'a rien de restaurant.
« — Pour me désaltérer je puise cette eau claire

8.

« Dans ce ruisseau... Quel cristal transparent !...
« Ces racines, ces fruits, présents de la nature,
« Suffisent pour nourrir une âme simple et pure.
 « O mon ami, fais comme moi,
 « Reste en ces lieux, pour goûter à ton aise
 « De tous ces biens nouveaux pour toi...
« — Non pas, vraiment ! bien loin que ce séjour me plaise
 « Je vais partir ; je te fais compliment,
 « Je t'admire, je te le jure :
 « Adieu, sois tout à la nature,
 « Moi, j'aime mieux vivre autrement. »

Son ami l'a quitté. Pendant plus d'une année
 Notre Anglais reste dans son trou.
Mais un de ses cousins, revenant du Pérou,
Meurt sans avoir formé les nœuds de l'hyménée.
 De tous ses biens au reclus il fait don.
Grâce à son jeune ami, qui connaît sa retraite,
On trouve l'héritier dans son humble maison.
En apprenant son sort, le sage perd la tête :
 Jetant au loin son sale vêtement
  Et son déjeuner de rhubarbe,
  Se chaussant, se faisant la barbe,
En moins d'une heure il a quitté son logement.
Avec son messager, il passe en Angleterre ;
 De tous ses biens il prend possession,
 Puis, dans le luxe et la profusion,
  Faisant grand train et bonne chère,
Cédant à ses penchants, suivant tous ses désirs,
 Plus que jamais il se livre aux plaisirs.
Dans un banquet, buvant, faisant tapage,
 Un jour son ami le revoit.
 Souriant, dès qu'il l'aperçoit :
 « Te voilà, » lui dit-il, « mon sage !
« Eh quoi ! sur ton rocher tu n'es pas endormi ?
 « Et la nature ? — Ah ! mon ami !...
« Qu'elle est belle ! mais c'est quand on a fait naufrage. »

EDMOND

Un jour, dans un riant parterre,
Se promenait Edmond avec son précepteur.
Edmond n'a que huit ans, c'est l'âge du bonheur,
Où l'on ne songe, en cueillant une fleur,
Qu'au doux plaisir de l'offrir à sa mère.
C'est pour cela qu'Edmond fait un bouquet.
Déjà, dans son humeur volage,
Courant du lilas à l'œillet,
Partout il moissonne, il ravage.
Le bouquet devient gros... il glane en liberté ;
Mais l'enfance est ambitieuse,
Ce n'est que par la quantité
Qu'on parvient à la rendre heureuse.
Dans le haut d'un épais bosquet
Edmond aperçoit une rose :
Elle manquait à son bouquet.
Il faut grimper, c'est peu de chose,
Et la rose n'en plaît que mieux !
Edmond la saisit, il la cueille...
Mais des pleurs coulent de ses yeux...
Près de son précepteur il revient tout honteux,
La main ensanglantée... arrachant feuille à feuille
Cette fleur qui l'avait charmé.
« Qu'avez-vous donc ? » dit le maître alarmé.
« Quoi ! faut-il pour quelques piqûres,
« Effeuiller, accabler d'injures
« La rose... la reine des fleurs ?
« — Ça...la reine des fleurs ?... Ah ! vous riez, je pense,
« Elle pique, et déjà j'aime moins ses couleurs.
« — L'objet dont aisément on a la jouissance
« N'est pas, Edmond, celui qui donne le bonheur.
« Vous connaîtrez plus tard que ce précepte est sage ;
« Vous grandirez, et vous direz, je gage :
« Il avait bien raison, mon précepteur. »

Le temps passe, d'autres soins viennent;
Edmond est fort bien fait, il a bonne façon,
　　Et toutes les dames conviennent
　　Que c'est un fort joli garçon.
　　Il est riche, sa table est bonne,
　　Il est aimable, généreux,
Et, comme dans le monde on s'attache aux heureux,
　　Chacun s'attache à sa personne.
　　Partout il est chéri, fêté,
　　A ses moindres vœux on s'empresse :
Les dames ont pour lui presque autant de tendresse
　　Qu'il a de générosité.
　　Mais au sein de la volupté,
　　Dans les fêtes, dans la mollesse,
　　Edmond voit que le bonheur cesse
　　Dès que vient la satiété.
　　Tout bas il soupire, il s'ennuie,
　　Il n'ose encore en convenir;
　　Mais il sent bien que dans la vie
Tous les jours du plaisir, ce n'est plus du plaisir.
Si, du moins, à ses vœux on mettait des obstacles...
　　Mais, pour contenter son désir,
　　On ferait plutôt des miracles !
　« Ah ! » dit Edmond lassé de son bonheur.
　« Il avait bien raison, mon précepteur.
　« La rose sans épine aurait bien moins de charmes !...
　« Chez toutes ces beautés qui m'ont rendu les armes,
　　« J'aurais bien voulu rencontrer
　　« Ce qui jadis a fait couler mes larmes !
　　« Hélas ! je n'ai qu'à me montrer !...
　« Tout cède... tout sourit... grâce à ma fortune !...
　　« Je n'ai plus rien à désirer.
　　« Et sur mes pas une foule importune
　　« Vole au-devant de mes moindres souhaits.
　　« Que je suis malheureux !... Que faire ?
　　« Qu'est-ce donc qui pourrait me plaire ?
　　« Eh ! mais, dans mes jardins anglais,

« J'aperçois des buissons de roses...
« Ah ! courons bien vite en cueillir !...
« A me piquer je sens que j'aurai du plaisir. »
   Edmond court... Il faut peu de choses
   Pour ranimer un faible esprit !...
   Près du rosier Edmond sourit ;
   Il s'arrête, contemple, admire.
   « Ah ! qu'on a bien raison de dire
   « Que voilà la reine des fleurs ! »
Puis, éprouvant presque une jouissance,
   Vers le buisson sa main s'avance...
   Mais ses valets, autres flatteurs,
  Craignant pour lui de légères douleurs,
   S'il voulait cueillir une rose,
Et voulant lui montrer leur zèle en toute chose,
   Ont désarmé les belles fleurs.
   Edmond, dont la main se hasarde,
   En cueille plusieurs... Il regarde,
   Et ses yeux se mouillent de pleurs.
   C'est en vain qu'il les examine !
   Hélas ! elles sont sans épine !
   Il les rejette avec fureur,
   En disant : « Quelle différence !
« J'aimais bien mieux celles de mon enfance...
« Ah ! qu'il avait raison, mon précepteur ! »

L'ÉCARTÉ

   Quelle nouvelle folie !
   Quelle invention jolie,
   Que ce jeu de l'écarté !
   C'est une mode constante,
   Une rage, en vérité.
   Je vois la nièce et la tante,
   Je vois l'oncle et le neveu
   Jouer ensemble à ce jeu.

Là, ce jeune fou se vante
De passer jusqu'à vingt fois ;
Ici, l'on se mord les doigts :
C'est quelque commis, je pense,
Qui perd dans une séance
Ses appointements d'un mois.
Cette dame, qu'on admire,
En perdant ne fait que rire,
Et jouerait, dans son ardeur,
Jusques à son cachemire
Sans montrer la moindre humeur.
Ah ! je vois à son sourire
Que ce milord obligeant
Lui fournira de l'argent.
Partout ce jeu se faufile.
Et du Faubourg Saint-Germain
Jusques au quartier d'Antin,
Je le vois courir la ville,
Sans s'arrêter en chemin.
Le Marais, jadis si sage,
Cette fois cède à l'usage :
Qui ne jouerait pas, je crois,
Se ferait montrer aux doigts.
Sur ce tapis rien ne manque :
J'y vois des billets de banque.
Ici, méditant ses coups,
Ce rentier risque deux sous.
Au bal, ce n'est plus la danse
Qui remplit tous nos instants ;
Les hommes passent leur temps
A courir après la chance,
A chercher le bon côté ;
Tandis que les jeunes filles
Maudissent leur écarté.
Mesdames, en vérité,
On vous trouve fort gentilles ;
Mais, auprès de vous, peut-on

Faire le coup du lion ?
C'est là le bonheur suprême,
C'est le seul plaisir qu'on aime
Jadis on vous adorait,
Près de vous on soupirait ;
Aujourd'hui pareille affaire
Ne nous intéresse guère ;
Nous aimons bien mieux ma foi !
Avoir la vole et le roi.

Certaine femme jolie,
Épouse d'un gros marchand,
Avait aussi du penchant
Pour la nouvelle folie.
L'écarté lui plaisait fort.
Son époux rêvant sans cesse
A son commerce, à sa caisse,
Rarement faisait l'effort
De jouer avec sa femme ;
Mais il laissait à madame
Une entière liberté
D'agir à sa fantaisie.
Du cher homme le génie
N'était pas le beau côté.
Il ne portait pas sa vue
Plus loin que son nez, au plus
(Notez qu'il était camus) ;
Mais, c'est chose reconnue,
Pour faire de bons maris,
Les myopes ont le prix.

Or, sa femme était jolie,
Je crois que je vous l'ai dit,
Une bouche bien garnie,
Des yeux pétillants d'esprit,
Des appas à formes rondes,
Bien placés, bien soutenus ;

De superbes boucles blondes,
Un beau teint, trente ans au plus.
Certes, voilà de quoi plaire.
Si gentille ménagère
Doit pouvoir se satisfaire
Quand elle à la volonté
De jouer à l'écarté.
Jamais figure drôlette,
Pied mignon, jambe bien faite
De joueur ne manquera
Quand ce désir lui prendra.
Certain voisin, homme aimable,
Bien pris, galant, de bon ton,
Va souvent dans la maison.
A l'écarté, c'est un diable,
Le jouant fort bien, dit-on,
S'échauffant, piquant sur quatre;
Passant dix à douze fois,
Comme un autre en passe trois.
Une femme aime à se battre
Avec un pareil joueur ;
C'est un plaisir, un honneur
De lui gagner la partie.
Le voisin, rempli d'ardeur,
Chez la marchande jolie
Tous les jours vient s'établir.
Pour jouer tout à loisir.
Dans la chambre de madame
Se tient l'aimable combat ;
Et là, sans bruit, sans éclat,
Pendant que, loin de sa femme,
L'époux devant son bureau
Pose zéro sur zéro,
Et que son esprit s'exerce
Sur les chances du commerce,
Les autres, de leur côté,
S'exercent à l'écarté.

Mais, voyez la médisance !
Dans le voisinage on rit ;
On juge sur l'apparence ;
Et Dieu sait tout ce qu'on dit !
Sur le voisin, la voisine,
Sur la partie à huis clos,
Sur le mari, sur sa mine,
Bref, mille insolents propos !
Nos joueurs, s'il faut le dire,
De cela s'occupent peu,
Et n'en font pas moins leur jeu,
Pour l'époux, le pauvre sire
N'a jamais été jaloux ;
Mais un ami du ménage,
Vieux garçon du voisinage,
Vrai furet de rendez-vous,
Voulant tout voir, tout connaître
Épiant tout ce qu'on fait,
Ecoutant à sa fenêtre,
Caché derrière un volet ;
Courant de chez l'un chez l'autre,
Sans but, sans nécessités,
Disant des méchancetés
En faisant le bon apôtre,
Chez le marchand, un beau soir,
Entre, se met au comptoir,
En disant : « Je viens vous voir.
« — C'est très-bien, j'en suis fort aise.
« — Toujours au travail ? — Ma foi !
« Il n'est que ça qui me plaise,
« C'est mon élément à moi.
« — Et votre femme ? — Elle joue
« Là-haut avec le voisin.
« Quoi ! toujours ?... — Ils sont en train
« Depuis deux heures. — J'avoue
« Que vous m'étonnez. — Pourquoi ?
« — Laisser ainsi votre femme

« Avec un galant!... Pour moi,
« Ce n'est pas que je vous blâme;
« Mais le monde jase aussi!
« Il n'approuve pas ceci :
« Sur ces jeux fréquents on glose,
« Je vous le dis, entre nous,
« Si j'en crois ce qu'on suppose...
« Mon cher, prenez garde à vous.
« — Pardieu ! vous me faites rire
« Avec tous vos demi-mots,
« Votre monde et vos propos!
« Allez, quoi qu'on puisse dire,
« Ma femme est une vertu;
« Aimant le jeu, c'est connu ;
« Mais s'occuper d'amourette !...
« Peste! on s'adresserait bien
« D'aller lui conter fleurette!
« On n'arriverait à rien.
« Tout à l'heure, ayant affaire
« Auprès d'eux, j'ai pu les voir
« Jouant comme à l'ordinaire :
« C'est leur bonheur chaque soir.
« Aux cartes ma femme excelle,
« Et le voisin, auprès d'elle,
« Mon cher, n'y voit que du feu.
« Une fois qu'elle entre au jeu
« Elle est diablement tenace!
« Elle vous tourne les rois!
« Et peut, sans quitter la place,
« Passer, au moins, douze fois.
« Mais, tenez, sans plus attendre,
« Près d'eux montez sans façon,
« Vous prendrez une leçon,
« — Volontiers, je vais m'y rendre, »
Répond notre vieux garçon,
Enchanté d'aller s'instruire
De ce que l'on fait en haut.

Chez madame, sans mot dire,
Il se dirige aussitôt ;
Ne se donnant point l'allure
Et le pas lourd d'un mari,
Qui fait craquer sa chaussure,
Tousse, crache, chante, jure,
Pour chasser le favori ;
Ce qui, du reste, est fort sage
Et prouve un homme prudent ;
Notre furet de ménage
N'avance qu'en maraudant ;
Son pied léger porte à peine ;
Vrai troubleur de rendez-vous,
En retenant son haleine,
Il ne va qu'à pas de loups.
Tout en allant de la sorte,
Il se trouve doucement
Auprès de l'appartement,
Dont on a fermé la porte,
Pourquoi ? vous devinez bien :
L'époux a fait sa visite,
Dès lors on ne craint plus rien,
Et de cela l'on profite
Pour renouer l'entretien,
Où, sans crainte, sans alarmes,
On trouve de nouveaux charmes,
Quand au départ de l'époux
On a poussé les verrous.

Notre furet, qui sans doute
S'attendait à tout cela,
Auprès de la porte écoute.
Il saisit, par-ci, par-là,
Certains mots qui lui font croire
Que le jeu s'anime fort.
Ce n'est pas assez encor,
Et notre homme met sa gloire

A s'assurer par ses yeux
De ce qu'on fait en ces lieux.
Par le trou de la serrure
Dans l'appartement on voit;
C'est une ressource sûre :
Il s'y braque; il aperçoit
La forme de la partie
Que l'on y joue à l'écart.
Aussitôt le vieux renard
Revient d'un air goguenard
Vers l'époux qui multiplie,
Ecrit, compte, et cætera,
Et qui lui dit : « Vous voilà?
« Dans la chambre je parie
« Qu'ils sont encore à jouer?
« — C'est vrai, je dois l'avouer,
« Mon cher ami, votre femme
« Est très-forte à l'écarté.
« A ce jeu pas une dame
« N'a plus de dextérité.
« — A-t-elle toujours la veine?
« — Oui, mais elle vous la mène!...
« Son joueur, sans se lasser,
« Paraît vouloir la pousser,
« Car, aussitôt la partie
« Qui venait d'être finie,
« Je l'ai vu recommencer. »

LE RAT

« Morgué! comment faut-il donc faire? »
Disait Mathurin le fermier
A sa gentille ménagère,
Femme accorte et très-peu sévère
Avec son voisin le meunier.
« J'ons pourtant mis dans le grenier

« Notre plus grande souricière,
« Et je n'attrape pas ce rat
« Qui fait cheux nous tant de dégât.
« Nos deux garçons, Gros-Jean et Pierre,
« L'ont vu passer sous les fagots :
« Mais ils disent qu'il est si gros
« Que ça fait peur! Je crains, ma chère,
« Que le coquin ne puisse pas
« Entrer dans notre souricière.
« Si je n'avais pas peur des rats,
« Je me mettrais en embuscade ;
« Mais en voir un me rend malade,
« Surtout s'il est en liberté.
« —Ecoute, » répond la commère :
« Bien plus que toi, sans vanité,
« Mon cher, j'ai de la fermeté ;
« Un rat ne m'effarouche guère!
« Je prétends guetter cette nuit
« L'objet de ta terreur extrême ;
« Je veux m'assurer par moi-même
« S'il est aussi gros qu'on le dit.
« Dans le grenier, dessus la paille,
« Je l'attendrai. — Quoi! tout de bon!
« Tu ne crains pas ce rat?... — Eh! non!...
« — Mais prends quelqu'un de la maison
« Avec toi. — Le jour on travaille ;
« La nuit nos gens doivent dormir.
« Sois tranquille; pour le saisir
« Avec moi je ne veux personne ;
« Ce rat ne me mordera pas.
« — Va comme il est dit, en ce cas;
« Morgué, tu fais une luronne! »

La nuit vient, et, quand Mathurin
Dans son lit est allé s'étendre,
La fermière prend le chemin
Du grenier, où vient de se rendre,

En secret, le meunier voisin,
Sans doute pour l'aider à prendre
Ce rat qui met tout en rumeur,
Et dont notre époux a si peur!...
Le pauvre homme serait-il dupe?
Assis sur la paille tous deux,
Est-ce bien du rat qu'on s'occupe?...
Soit!... Pendant qu'ils sont en ces lieux,
Mathurin, seul, sur sa couchette,
Cherche le repos qui le fuit.
Le rat lui trotte dans la tête,
Il croit l'entendre sous son lit.
Tremblant, il se lève sans bruit,
Et se dit : « Voyons si ma femme
« A pris quelque chose là-bas. »
Vers le grenier à petits pas
Il se dirige. Mais la dame
A fermé la porte avec soin.
L'époux frappe de loin à loin,
Sans trop se presser, car il pense
Que sa femme a pu s'endormir.
— « Eh! qui donc peut ainsi venir? »
Dit la fermière sans ouvrir,
Et du ton de l'impatience.
« — C'est moi, ma femme. A-t-il paru?...
« — Comment, c'est toi! Que viens-tu faire?
« — Le rat?... — Mais veux-tu bien te taire!
« Tu l'effarouches... — L'as-tu vu?
« Eh oui, sans doute, il est superbe!
« Peste, il ne se nourrit pas d'herbe,
« Il est de taille, celui-là!...
« — Mais enfin dans ta souricière
« Espères-tu qu'il entrera?
« — Sans doute, il est entré déjà;
« Mais le coquin ne reste guère!
« Va-t'en, je suis à le guetter...
« Je crois que je l'entends gratter...

« Sauve-toi! » Sans ouvrir la bouche,
Mathurin regagne sa couche,
En un instant il est en bas,
Car il croit le rat sur ses pas.
Tant bien que mal la nuit se passe;
Mais sitôt que le jour renait,
Vers le grenier, avec audace,
Il se rend. Sa femme en venait.
« Ah çà! mais, ai-je la berlue? »
Dit notre homme en la contemplant;
« Qui donc t'a si bien mise au blanc?
« T'en voilà joliment pourvue,
« Et par derrière et par devant!
« Serais-tu tombée en rêvant?
« C'est par ma foi de la farine!
« — Eh! sans doute, c'en est, nigaud;
« Pour prendre des rats, pauvre sot,
« On s'en couvre, quand on est fine.
« Mais tu ne comprends jamais rien.
« — Je suis un oison, j'en convien.
« Mais, montre-moi ta souricière;
« Ah! quel plaisir je vais avoir!...
« Le coquin est en ton pouvoir!
« — Tiens, regarde, » dit la fermière
En faisant voir à Mathurin
Un rat petit, maigre et vilain.
« — Comment! voilà toute ta prise!...
« C'était bien la peine, ma foi,
« De s'exposer au vent, au froid,
« Pour une telle marchandise!
« Il est plus petit qu'un pierrot;
« Tu n'as pas pris le gros, ma chère.
« — C'est ta faute après tout, grand sot, »
Répond en riant la commère,
« Il ne faut pas, pendant la nuit,
« Venir avec de la lumière
« Me troubler et faire du bruit.

« De le saisir j'ai la manière ;
« Mais ne reviens plus te montrer !
« S'il t'entend, dans la souricière
« Il n'osera pas pénétrer. »

LE VIEUX CHÊNE

A l'ombre d'un épais feuillage,
Sous un chêne majestueux,
Laure, en s'éloignant du village,
Va rêver à son amoureux.

Le chêne qui protége Laure
Est révéré par les amants,
Et quoique vieux il peut encore
Recevoir les plus doux serments.

Laure a seize ans, elle est charmante;
Son cœur est tendre et sans détour,
Et dans ses yeux son âme aimante
Se peint pure comme un beau jour.

Armand lui jure ardeur extrême.
Chacun lui dit: C'est un trompeur.
Mais à seize ans, celui qu'on aime
Ne fera que notre bonheur.

Sous le vieux chêne où la prudence
Devrait l'empêcher de venir,
Laure a perdu son innocence,
Armand a trouvé le plaisir.

Chaque soir l'amour les ramène
Près de ce témoin de leurs feux.
A ne point quitter le vieux chêne
Laure bornerait tous ses vœux.

Bientôt Armand se fait attendre.
Ces moments lui semblent moins doux.
Il est moins empressé... moins tendre...
Bientôt... il manque au rendez-vous.

Laure, seule, est sous le vieux chêne ;
Ce confident de son bonheur
Devient le témoin de sa peine,
De ses larmes, de sa douleur.

Passant souvent la nuit entière
Sous l'arbre qu'ils avaient choisi,
Laure, sans fermer la paupière,
Se dit : « Je dois l'attendre ici. »

Dans la vallée, où son œil plonge,
Elle croit l'entendre... le voir...
Le jour renaît... c'était un songe !
Chaque instant trompe son espoir.

Ses veilles, sa peine cruelle
Ont flétri son teint, sa beauté,
Et pourtant Laure est encore belle
D'amour et de fidélité...

Un jour enfin, près du vieux chêne,
Le volage Armand a passé ;
Laure dit : « l'amour le ramène. »
Vers lui son cœur s'est élancé.

« Ah ! je t'attendais, » lui dit Laure,
« Longtemps mes vœux furent déçus !
« Pourquoi fuir celle qui t'adore ?
« — C'est que... je ne vous aime plus. »

A ces mots, quittant la pauvrette,
L'ingrat disparaît à ses yeux,

9.

Et Laure immobile, muette,
Semble fixée aux mêmes lieux.

Le jour a fini sa carrière,
La pluie a grossi le torrent,
La foudre gronde, à sa chaumière
Le villageois craintif se rend.

Sous le chêne la triste Laure
Reste dans ce fatal moment,
Car elle croit entendre encore
Les derniers mots de son amant.

« O Dieu ! » dit-elle, « vois ma peine;
« Ici j'ai connu le bonheur.
« Ah ! fais-moi mourir sous ce chêne
« Où j'ai cru posséder son cœur. »

Du vieux chêne la tête altière
Au tonnerre vient d'échapper...
Il tombe... Laure est en poussière...
Est-ce elle qu'il devait frapper ?

Sous le chêne Laure repose ;
Là, tant d'attraits furent déçus ;
Sur la pierre on voit une rose
Et ces mots : *Il ne l'aimait plus.*

Jeunes amants, que ce feuillage
Par vous soit toujours respecté.
On l'a nommé dans le village
L'arbre de la fidélité.

Vain espoir !... Toujours d'âge en âge
L'inconstance l'emportera,
Et l'on fera sous son ombrage,
D'autres serments... qu'on trahira.

LE MARI SENTINELLE

Le sot mal que la jalousie !
Pauvres maris, tâchez donc d'en guérir.
C'est un transport, c'est une frénésie,
Qui n'est bonne souvent qu'à nous faire haïr.
Je vous propose ce dilemme,
A vous qui regrettez verrous et cadenas :
Ou l'on vous trompe, ou l'on vous aime.
(Aimer veut dire ici qu'on ne vous trahit pas).
Si votre épouse est fidèle,
Vous vous tourmentez à tort ;
Si l'on vous trompe, en vain vous ferez sentinelle
Vous ne pourrez éviter votre sort.

C'est aux habitants de l'Espagne
Que je m'adresse, à ce peuple galant,
Auquel l'amour, dans ce climat brûlant,
Fait souvent battre la campagne.
Je sais que les maris français
Près de leurs femmes sont plus sages ;
C'est le pays des bons ménages,
La jalousie a chez nous peu d'accès.
Nous nous fions à la foi de nos belles,
Nous n'avons pas à nous en repentir !
Car presque autant que nous ces dames sont fidèles
Je suis forcé d'en convenir ;
Et l'on ne verrait pas près d'elles
Des maris faire sentinelles
Comme celui que je vais vous offrir.

C'était dans l'Andalousie
Que vivait don Ribéra.
Il avait femme jolie,
Maison, ferme, métairie,
Moi, je crois qu'avec cela

On peut gaiement passer la vie;
Mais, d'une sombre jalousie
Notre pauvre époux est atteint.
Toujours triste, inquiet, contraint,
Le voyez-vous près de sa femme?
L'air soupçonneux, les yeux hagards...
Il veut lire au fond de son âme!
Convenons-en, de tels regards
N'inspirent point une bien douce flamme;
Et, pour plaire à sa femme, au lieu d'être jaloux,
Il vaudrait mieux lui faire les yeux doux.

Inès aime les fleurettes,
Les soupirs, les petits mots;
Jolis riens, dont, à propos,
On se sert en amourettes.
Car il faut de l'amour, par des soins assidus,
Entretenir la flamme éblouissante;
La laissez-vous devenir languissante,
Bientôt elle ne brûle plus.
Mais Ribéra par sa folie
A déjà trouvé le moyen
De perdre le cœur de sa mie.
Il la suit, l'obsède, l'ennuie,
L'accuse à tort, et fait si bien
Que, de dépit, la jeune femme
Sent naître dans le fond de l'âme
Désir ardent de se venger.
Pauvre mari, je te vois en danger!
Et ce n'est plus à tort que le front te démange!
Car nous savons comment une femme se venge

L'époux, craignant la trahison,
A renvoyé sa servante fidèle;
Lui seul, avec sa femme, habite sa maison;
Et, tous les soirs, il met en sentinelle,
A la porte de son jardin,

Un formidable mannequin,
Bien vêtu, bien armé, qui, se trouvant dans l'ombre,
Ne peut manquer, dès qu'il fait sombre,
D'effrayer les galants qui voudraient se montrer.
　Malgré ses soins, en secret pour sa femme
　　Un beau jeune homme est tout de flamme.
　　Il soupire, il fait soupirer :
Car, en dépit du mal que Ribéra se donne,
　　Inès a vu notre galant ;
　Il est gentil, bien fait de sa personne ;
　　Son regard est tendre et brûlant ;
Tandis que son mari... Dieu! quelle différence!...
Tout cela pour l'amant fait pencher la balance.
Mais comment se parler? l'époux est toujours là.
　　　L'amant a gagné la servante
　　　Chassée à tort par Ribéra.
Quand c'est pour se venger, femme est bientôt savante;
Elle fait parvenir à la belle un billet,
Dans lequel on l'engage à se rendre au bosquet,
　　　Pendant que son mari sommeille.
　Mais un jaloux a toujours l'œil au guet :
　　　Soir et matin Ribéra veille ;
L'amoureux, désolé, caché dans le jardin,
　Voit, chaque nuit, fuir l'espoir qui le berce ;
　　　Si bien qu'en sa fureur il perce
　　　Et coupe en deux le mannequin
　　　Qui semble narguer sa tendresse.
　　　En descendant le lendemain,
A visiter partout don Ribéra s'empresse...
　　　Quel spectacle frappe ses yeux !...
　　　On a tué sa sentinelle :
Preuve que des galants sont venus en ces lieux.
« Ah, morbleu ! » se dit-il, « je vous la garde belle.
　　« Beaux troubadours, coureurs de nuit !
« Mon soldat, dès ce soir, va se mettre en défense ;
　　« Ne disons rien, ne faisons point de bruit,
　　　« Je punirai leur insolence. »

Au gré de ses désirs, la nuit arrive enfin ;
　　Notre jaloux quitte sa belle,
　　Et, sous l'habit du mannequin,
Armé jusques aux dents, se met en sentinelle.
　　Inès, par un chemin secret,
　　Se rend aussitôt au bosquet ;
　　A l'amant elle apprend la ruse.
La servante, à l'instant, se couvre d'un manteau,
　　Sur ses yeux enfonce un chapeau ;
Et, pendant qu'au bosquet notre couple s'amuse,
　　Devant le mari va rôder,
　　Sans trop l'approcher, et pour cause.
　　Ribéra, tenant bouche close,
Attend, l'épée en main, qu'on ose l'aborder.

Au point du jour, Inès va regagner sa couche ;
L'amant quitte, à regret, le bosquet tant chéri ;
　　Et la servante, fine mouche,
　　Disparaît aux yeux du mari.
« Ah! ah! » dit Ribéra trompé dans son attente,
« C'est dommage qu'il n'ait point osé me toucher,
« Mais, peut-être demain il voudra s'approcher.
　　« Nous y serons, il faut qu'il sente
« La force de mon bras. Je passerai plutôt
　　« Vingt nuits de suite, s'il le faut ;
　　« Mais j'accomplirai ma vengeance. »
Notre jaloux alors rentre dans sa maison.
　　Sa femme l'attend en silence.
　　« Eh bien ! » dit-il, « j'avais raison
　　« D'aller me mettre en sentinelle ;
« Un homme a, cette nuit, rôdé près de ces lieux,
　　« Et, certes, c'est pour vous, la belle ;
　« Mais je saurai récompenser son zèle.
　« — Ah! » dit Inès en baissant ses beaux yeux,
　　« Du sentiment qui vous anime
　　« Je suis loin de vous faire un crime ;
« Surveillez ce galant, vous me ferez plaisir ;

« Au moins vous serez sûr que je vous suis fidèle.
    « Et désormais mon seul désir
« Est que, toutes les nuits, vous fassiez sentinelle. »

LA FEMME AUTEUR

Deux frères, riches commerçants,
  Pensaient à se mettre en ménage :
Chacun voulait une compagne sage,
  Douce, jolie et de bon sens ;
  Chacun, enfin, c'est l'ordinaire,
  S'en créait une à sa manière.
  Dans une maison de Paris,
Où, sous les yeux des mamans et des tantes,
  Plusieurs demoiselles charmantes,
En jouant au nain jaune, attendaient des maris,
  Nos deux frères un jour sont pris.
  Chacun a trouvé sa chimère,
Un ange de beauté, de vertus et de goût ;
  Enfin celle qui sait lui plaire,
  Car ce mot-là renferme tout.
  Tous deux bientôt en confidence
Se disent leurs secrets, les nœuds qu'ils vont former,
  En demandant à l'autre ce qu'il pense
  De celle qui l'a su charmer.
« Ma foi, » dit le cadet, « je parle avec franchise :
« Mais celle qui te plait ne m'aurait pas séduit ;
  « Elle est fort bien, j'en conviens ; mais sa mise
« N'annonce pas de goût, et, dans ce qu'elle dit,
« Je n'ai pas, entre nous, trouvé beaucoup d'esprit.
« Ah ! quelle différence auprès de mon Elise !
« Ses mots sont recherchés, et de traits délicats
    « Sa conversation fourmille.
  « De sa beauté, je ne te parle pas...
« En grâces, en esprit, en talents elle brille...

« — J'en conviens, » dit l'aîné, « c'est une belle fille;
« Mais de tout son esprit, moi, je fais peu de cas.
« Certes, je ne veux pas dans ma femme une bête ;
« Mais on peut, sans briller, s'assurer ma conquête.
« Celle que j'ai choisie a bien moins de jargon ;
  « Elle est sensible, douce, sage ;
  « Elle saura conduire sa maison,
« Et n'est point étrangère aux détails du ménage ;
« Voilà ce qui me plaît. Tiens, nous sommes marchands,
« Tâchons sur notre état de régler nos penchants.
  « Ma femme aura le soin de la dépense ;
  « Qu'elle ait de l'ordre, et j'aurai du crédit.
    « Mais on a moins de confiance
    « Dans celle qui fait de l'esprit.
    « — Allons, tu veux rire, mon frère,
    « L'esprit n'a jamais rien gâté.
    « Ma future, sans vanité,
    « Fait des romans comme Voltaire,
    « C'est un prodige, en vérité !
    « Celle dont la plume éloquente
    « Peint les sentiments les plus doux
    « Doit avoir une âme brûlante
    « Pour ses enfants et son époux. »
  Après avoir, suivant l'usage,
  Ri de ce que l'autre disait,
Chacun suivit son goût et se mit en ménage
    Avec celle qui lui plaisait.

Pendant les premiers temps, chacun se félicite.
Notre cadet, surtout, se trouve fort heureux ;
Pour sa femme brûlant toujours des mêmes feux,
  A chaque instant il la prône, il la cite.
Chez son frère, souvent, accourant tout joyeux :
  « Tiens, » lui dit-il, « lis cela tout de suite,
« C'est de ma femme... Hier elle a fait un sonnet !...
« Et la tienne ?... — La mienne, elle a fait un bonnet
« Pour l'enfant que bientôt, j'espère, elle me donne.

« — Mais avant peu, je crois, je serai père aussi.
« Ma femme des enfants s'occupe, Dieu merci !
 « Il faut voir comme elle raisonne !
« Sur l'éducation elle fait un traité,
« Elle y mêle des vers et de la métaphore.
« — La mienne veut nourrir ; elle ne pense encore
 « Qu'à prendre soin de sa santé. »

 Nos deux maris deviennent pères.
 Cette fièvre qu'on nomme amour
 Après l'hymen ne dure guères,
Ou ses accès sont moins fréquents de jour en jour.
Mais, tandis que l'aîné fait toujours bon ménage,
 Chez le cadet gronde l'orage :
 A rimailler, à composer,
 Son épouse passe sa vie.
De ce train le mari commence à se lasser.
Quand il veut déjeuner, on fait une élégie,
 Qu'il faut avant tout terminer ;
 Le soin d'une tendre romance
De deux heures souvent recule le dîner,
 Et, pour rêver à quelque stance,
Madame, chaque soir, s'en va se promener.
 Sa maison semble lui déplaire.
Les valets y font tout ; l'argent est délaissé ;
Sans qu'on sache comment, l'argent est dépensé ;
 Quand l'époux veut parler affaire,
On lui lit le premier chapitre d'un roman,
Ou d'une comédie on lui conte le plan.
Le mari désolé s'en va trouver son frère
 En s'écriant : « Tu me l'avais bien dit !
« Pour un simple bourgeois ma femme a trop d'esprit.
« Mon commerce est perdu !... Parle, que faut-il faire ?
 « — Il faut montrer du caractère.
 « Chez toi, dis-tu, tout est à l'abandon ;
 « Viens, conduis-moi dans ta maison,
 « C'est là que je prétends t'instruire. »

On arrive chez le cadet :
Madame était dehors; droit à son cabinet
Le frère aîné se fait conduire.
Là, prenant complainte et sonnet,
Idylle, madrigaux, roman, stance, élégie,
De tout cela ne faisant qu'un paquet
Notre homme y met le feu... Le pauvre époux s'écrie :
« Que va dire ma femme en voyant tout cela ?
« — Qu'importe ce qu'elle dira,
« Si nous guérissons sa manie !
« Je reviendrai demain, de ce grand coup d'éclat
« Voir quel sera le résultat. »
Le lendemain, en effet, chez son frère
Il se rend de bonne heure : il le voit tout joyeux
Qui dans ses bras et l'embrasse et le serre
En disant : « Grâce à toi, je vais donc être heureux !
« — Quoi ! » dit l'autre, « déjà ton épouse est guérie
« De son goût pour la poésie ?
« — Ah ! bien mieux que cela, mon cher, elle est partie.
« — Comment, ta femme ? — Elle a quitté ces lieux.
« D'abord ses transports furieux
« Ont failli me coûter la vie !
« Puis elle s'est calmée, et cette nuit enfin.
« Me laissant pour adieu cet écrit de sa main,
« Elle est passée en Angleterre,
« Où, tout à son aise, elle espère
« Suivre désormais son penchant,
« Et, dans cette terre classique
« Des démons et du romantique,
« Oublier qu'elle fut l'épouse d'un marchand.
« Qu'elle suive son goût, qu'elle fasse à sa tête !
« Femme qui laisse époux, enfant,
« Mérite peu qu'on la regrette.
« De tes avis j'aurais dû faire cas :
« Non, une femme auteur ne me convenait pas,
« Et tout différemment j'élèverai ma fille.
« J'estime les beaux-arts, mais enfin je conçois

« Que ce qu'il faut d'abord à nous autres bourgeois
« C'est une mère de famille. »

LA PETITE BRODEUSE

Caroline, jeune brodeuse,
Habitait un petit réduit,
Où de son travail le produit
Suffisait pour la rendre heureuse.
Comme elle sortait du berceau
Les protecteurs de son enfance
Étaient descendus au tombeau,
Ne lui laissant que l'innocence
Pour bien, pour unique trésor ;
Ajoutez-y taille bien fine,
Tendre regard, voix argentine
Et puis d'autres appas encor,
Que l'on voyait croître avec l'âge.
Comme moi vous direz, je gage,
Ah! pauvre enfant, ce trésor-là
A bien des gens va faire envie!...
Dès que l'on voit fille jolie,
C'est à qui le lui volera.
Mais, dans sa petite chambrette,
Caroline, riant, chantant,
Ne s'occupe point d'amourette,
Et s'endort en se promettant
De ne jamais prêter l'oreille
Aux tendres propos d'un amant.
On croit tenir un tel serment ;
Mais tôt ou tard le cœur s'éveille
Aux charmes d'un doux sentiment.
Ne jurez pas chose impossible ;
Aimable enfant, moins de fierté,
Ce n'est pas pour être insensible
Que l'on vous donna la beauté.

Dans la maison où Caroline
Habite tout près du grenier,
Un jeune homme de bonne mine
Vient de se loger au premier.
Il a vingt ans, de la tournure,
De l'esprit, mais peu de talents,
Une aimable et douce figure,
Un grand ton, des dehors brillants.
Sa fortune est considérable,
Mais il sait la mener grand train...
C'est le jeu, les chevaux, la table!
Ne songeant point au lendemain;
Gustave passe ainsi sa vie,
Courant de plaisir en plaisir,
Et n'ayant jamais eu l'envie
Ni le projet de réfléchir.
Il n'est point pour lui de cruelles
Les amours volent sur ses pas...
Trouve-t-il des femmes fidèles?
Je ne vous l'affirmerai pas.
L'amour sincère, la constance
Grâce au ciel, ne s'achètent point;
Et plus d'un richard, sur ce point,
Sera toujours dans l'indigence.
Il pense qu'avec son argent,
A ses désirs rien ne s'oppose !...
Mais l'amour est la seule chose
Qui se double en se partageant.
Ce Dieu, d'une humeur singulière,
Que l'on ne fixera jamais,
Souvent préfère une chaumière
Aux lambris dorés d'un palais.

En allant porter son ouvrage
En descendant son escalier,
Caroline, sur son passage,
Voit notre élégant du premier,

Qui, d'abord, sans y prendre garde,
Passe près du joli minois ;
Puis le lendemain la regarde,
Puis veut causer une autre fois.
Découvrant chaque jour en elle
Des grâces, des charmes de plus,
Gustave, dans ses sens émus,
Éprouve une flamme nouvelle,
Qui doit durer au moins... huit jours !
Mais qu'il croit alors éternelle !
Le plus inconstant dit toujours :
« Cette fois je serai fidèle. »
Épris d'un nouveau sentiment,
On jure d'aimer pour la vie !
Et, pour une autre, l'on oublie
Que l'on a fait pareil serment.
D'ailleurs une simple brodeuse
Doit s'estimer par trop heureuse !
De fixer un si beau monsieur !
C'est ce qu'il se dit, j'imagine.
Prends garde, pauvre Caroline,
N'écoute pas ce séducteur.
Mais d'où vient donc qu'en ta chambrette
Tu n'as plus ta joyeuse humeur ?
Tu parais rêveuse, inquiète,
Tu ne sais plus ce que tu fais ;
Quittant l'ouvrage de la veille
Tu veux chanter... et tu te tais ;
A la porte, prêtant l'oreille,
Vingt fois tu quittes ton métier ;
Puis, jusqu'au bas de l'escalier
Tu descends pour la moindre chose.
En disant : « Si jamais il ose
« Me reparler de son amour,
« Je saurai lui dire à mon tour
« Que tous ses propos seront cause
« Que je quitterai ce séjour. »

Prends bien garde, pauvre petite
Ah ! si tu pensais tout cela,
Tu ne descendrais pas si vite
Quand passe ce beau monsieur-là.

Des vains projets de la fillette
On devine ce qui s'ensuit :
Bientôt jusque dans sa chambrette
Notre jeune homme la poursuit ;
D'abord on lui ferme la porte...
Puis, on l'écoute un seul moment...
Et puis l'amour enfin l'emporte,
Et l'on se fie à son serment.
On est crédule quand on aime.
Gustave est tendre, plein d'ardeur,
Et pour cueillir si belle fleur
Il monte avec joie au sixième.
Au grand monde donnant le jour,
Il suit le même train de vie ;
Jouant, faisant mainte folie,
Et gardant la nuit pour l'amour.
Il trouve près de Caroline
Beauté, fraîcheur, taille bien fine,
Sentiment vrai, cœur sans détour.
Et pourtant, ingrats que nous sommes !
Tout cela ne nous suffit pas...
L'inconstance a donc des appas
Qui doivent subjuguer les hommes !
Souvent un minois chiffonné
Nous fait quitter femme jolie ;
Et pour un cœur cent fois donné,
Nous trahissons fidèle amie.
Déjà Gustave, au bout d'un mois,
Dans son amour n'est plus le même :
Quand il faut monter au sixième,
Monsieur y regarde à deux fois ;
Tandis que la pauvre petite,

L'oreille au guet... le cou tendu...
Écoute... et pour le voir plus vite,
Déjà vingt fois a descendu.
Mais ailleurs trouvant d'autres charmes,
Près d'elle il cesse de venir!...

Pauvre enfant! que de jours de larmes
Paîront quelques nuits de plaisir!
Sans se permettre un seul murmure,
Caroline souffre en secret.
Son cœur fier cache sa blessure ;
Et, si l'ingrat la rencontrait,
Loin de lui laisser voir ses larmes,
Elle le fuirait : en amour,
Femme qui se plaint chaque jour
Perd chaque jour de nouveaux charmes.
Mais quand vient l'heure où chacun dort,
En silence, dans la nuit sombre,
Quittant son obscur corridor,
Caroline descend, dans l'ombre,
Jusqu'à la porte de celui
Qui jadis accourait près d'elle
Brûlant d'amour... Ce temps a fui!
Mais elle adore l'infidèle.
S'asseyant devant le séjour
Où l'ingrat sans elle repose,
Elle rêve à ses nuits d'amour ;
Dit : « Il est là... » C'est quelque chose
D'être auprès de l'objet aimé ;
Quoique privé de sa présence,
Le cœur, en secret ranimé,
Sent moins vivement sa souffrance :
Quand, pour adoucir son ennui,
Elle dit : « Je suis près de lui, »
C'est encore une jouissance.
Dans le tourbillon des plaisirs,
Volant de conquête en conquête,

Satisfaisant tous ses désirs,
Suivant toujours sa folle tête,
Gustave tombe en peu de temps
De l'opulence dans la gêne.
Cherchant à se tirer de peine,
Il joue, et des coups éclatants
Achèvent bientôt sa ruine.
Il n'a plus rien, et des huissiers,
Des recors et des créanciers
La troupe chez lui s'achemine.
Gustave court chez ses amis,
Chez ses élégantes maîtresses;
Mais il a perdu ses richesses :
Chez aucun d'eux il n'est admis.
De Caroline à l'instant même
Le souvenir s'offre à ses yeux;
C'est lorsque l'on n'est pas heureux
Qu'on pense à celle qui nous aime.
Dans le bonheur on est ingrat,
Cela n'est pas à notre gloire!
Mais le malheur qui nous abat
Nous rend toute notre mémoire.

Gustave remonte au grenier.
Il entre, et dit à la petite :
« Je n'ai plus d'asile au premier;
« J'ai tout perdu, chacun m'évite...
« Je ne sais ou porter mes pas... »
Caroline court dans ses bras;
Cédant au plaisir qu'elle éprouve :
« Ah! » dit-elle, « je te retrouve,
« Je ne t'adorai que pour toi!...
« Cher ami, reste près de moi!
« Pour embellir ton existence
« Je travaillerai nuit et jour!...
« Va, l'on ne sent pas l'indigence
« Quand le cœur est brûlant d'amour. »

Touché de sa vive tendresse,
Gustave la tient sur son cœur;
De son amant une caresse
Lui rend la vie et le bonheur.
Désormais il vivra près d'elle :
Plus de chagrin, plus de soupirs !
Redoublant d'ardeur et de zèle
Pour contenter tous ses désirs,
Souvent, la nuit, quand il sommeille,
Caroline travaille et veille ;
Si, par la fatigue, un moment
De ses mains tombe son ouvrage...
Elle regarde son amant,
Et retrouve tout son courage.

Le temps passe ; mais, en secret,
Gustave soupire... il s'ennuie;
Et ce nouveau genre de vie
Déjà l'attriste et lui déplaît.
Il regrette son opulence
Et tous les plaisirs de l'aisance;
En y songeant, son cœur s'émeut.
N'est pas philosophe qui veut.
L'amour de sa jeune maîtresse
N'est pas assez pour son bonheur.
Il veut lui cacher sa tristesse,
Mais elle sait lire en son cœur.
Elle devine sa souffrance,
Et se dit : « Il n'est point heureux !
« Hélas ! mon amour, ma constance,
« Ne suffisent pas à ses vœux. »

Gustave reçoit un message,
On lui propose un mariage
Qui peut l'enrichir tout à coup.
Une jolie et riche veuve
Trouve le jeune homme à son goût.

Pauvre Gustave ! quelle épreuve !
Il cache avec soin cet écrit,
Mais soir et matin il le lit.
Pourra-t-il quitter Caroline,
Qu'il fut trop heureux de trouver ?...
La pauvre enfant, qui se chagrine
De le voir souvent rêver,
Désire en pénétrer la cause.
Une nuit, pendant qu'il repose,
Le billet vient frapper ses yeux ;
Lisant le projet qu'il renferme :
« Ah ! » dit-elle, « qu'il soit heureux !
« A ses ennuis mettons un terme,
« Il craint de déchirer mon cœur...
« Il faut que je me sacrifie...
« J'en mourrai, mais pour son bonheur
« Ne dois-je pas donner ma vie ?... »

Dissimulant tout son chagrin,
Elle attend le jour en silence,
Brûlant déjà d'impatience
D'accomplir son secret dessein.
Le jour vient : elle sort soudain.
Depuis une heure elle est absente
Quand un Savoyard se présente
Porteur d'une lettre, qu'il dit
Devoir remettre à Caroline.
De ses mains arrachant l'écrit,
Gustave, en tremblant, l'examine,
Puis, renvoyant le messager,
Il cède au désir qui le presse ;
Il lit... De sa jeune maîtresse
Un autre amant ose exiger
Un rendez-vous... « Femme infidèle !
« Quand je craignais de l'affliger,
« C'est moi qui suis trahi par elle !... »
Dit Gustave. Dans ce moment

Caroline, d'un air timide,
Revient auprès de son amant.
Des noms de fausse, de perfide,
Gustave l'accable aussitôt;
Elle ne répond pas un mot
Et cherche à lui cacher ses larmes.
« Adieu, » dit-il; » à vos attraits
« Qu'un autre amant rende les armes,
« Moi, je vous quitte pour jamais! »

Pour vivre au sein de l'opulence
Gustave a formé d'autres nœuds.
Caroline le sait heureux,
Elle supporte sa souffrance.
Mais ses larmes et sa pâleur
Trahissent sa peine cruelle;
Un souvenir perce son cœur :
Hélas!... il la croit infidèle.

Déjà deux ans sont écoulés.
Gustave vit dans la mollesse,
Et pourtant ses jours sont mêlés
Et de regrets et de tristesse.
Pour sa femme il n'a point d'amour;
Elle est jalouse, querelleuse.
Près d'elle, son cœur, chaque jour,
Songe à la petite brodeuse.
Lorsqu'il devient veuf à son tour.
Maître d'une grande fortune
Et de Caroline occupé,
Il répète : « Elle m'a trompé! »
Et ce souvenir l'importune.
Un jour, il trouve en son chemin
Le petit porteur de la lettre
Qui cause encor tout son chagrin.
Pour de l'or il lui fait promettre
De lui dire la vérité;

L'enfant, avec sa naïveté,
Répond que l'écrit cacheté
Venait d'une femme jolie
Qui pleurait en le lui donnant.
« Se pourrait-il! O mon amie!
« Je devine tout maintenant... »
Et Gustave, dans son ivresse,
D'amour, de plaisir rayonnant,
Court, vole aux pieds de sa maîtresse
En s'écriant : « Pardonne-moi
« D'avoir pu te croire infidèle!...
« — J'ai dû vous rendre votre foi,
« Soyez heureux, » lui répond-elle;
« A souffrir mon cœur se résout...
« — La mort vient de briser ma chaîne
« Pour jamais l'amour me ramène
« Près de celle à qui je dois tout ! »

On doit penser, à ce langage,
Si Caroline s'opposa;
L'amour forma leur mariage,
Et près d'eux ce dieu se fixa.
Alors la petite brodeuse
Recouvra fraîcheur et beauté;
Chacun en la voyant heureuse
Dit : « Elle l'a bien mérité! »

LE LIVRE DU DESTIN

De Jupiter, un jour, pour célébrer la fête,
   Les dieux vont donner un festin.
Dans l'Olympe déjà tout s'agite : on apprête
Un repas somptueux en l'honneur de Jupin :
   Chaque mets doit être divin.
   On lui ménage des surprises;

Chacun prétend offrir un plat de sa façon :
Pour les soufflés au riz Vulcain est en renom,
On sait que Jupiter aime les friandises ;
Pomone doit fournir un dessert assorti,
    Thémis prépare des charlottes,
    Apollon tourne le rôti.
Bacchus porte le vin et Junon les compotes ;
    L'Amour promet d'avoir des fruits ;
    Esculape fait des coulis ;
Neptune offre un saumon ; Hébé, mieux que personne,
    Prétend faire des pets-de-nonne.
    Au vieux Plutus il faut des cornichons,
    Priape aura des écrevisses ;
Erato doit offrir un potage aux croûtons ;
    Vénus se charge des épices ;
    Mercure, enfin, plus gourmand que gourmet,
Descend chercher des homards chez Chevet.
Bref, tout est pour le mieux, rien ne manque au banquet.
Jupiter, très-sensible à cette politesse,
    Se montre de fort belle humeur ;
    Au repas chacun fait honneur :
On mange, on rit, on boit, on nargue la tristesse,
  Puis, au dessert, on chante son couplet.
    Apollon accorde sa lyre,
Il improvise, et la fête l'inspire ;
Euterpe l'accompagne avec son flageolet.
    Tout en chantant on fait mainte folie ;
    On trinque avec le jus divin ;
    Et si souvent on sable l'ambroisie,
Que l'on va de travers à la fin du festin.
    Mars et Vénus quittent la table,
    Ils s'éclipsent sans être vus.
Auprès de Ganymède Uranus fait l'aimable ;
    Minerve parle, on ne l'écoute plus.
    Bacchus est tombé sous sa chaise ;
    Priape et Junon sont d'accord ;
Thémis n'y voit plus clair ; Flore est mal à son aise ;

10.

Momus chante, Vulcain s'endort.
A ses voisins Esculape s'accroche ;
Mercure, quoiqu'il soit en train,
Par habitude, en quittant le festin,
A mis son couvert dans sa poche.
« Oh ! oh ! » dit Jupiter, « je ferai bien, je crois,
 « De passer un moment chez moi.
 « Tout ce bruit me porte à la tête...
« C'est égal, on m'a fait une superbe fête !
« Les mets étaient exquis... D'où vient que pour marcher
 « Tout me tourne... Allons nous coucher...
« Étourdi que je suis, je laissais sur ma chaise
« Mon livre des destins, que je veux consulter
« Pour savoir si demain je dois bien me porter...
 « Et s'il faut que le vent s'apaise.
 « Je vais le mettre sous mon bras...
« De crainte d'accident, n'allons qu'au petit pas... »
Jupiter prend le livre et se remet en route ;
 Mais il tâtonne... il n'y voit goutte,
Et ne s'aperçoit pas, au milieu du chemin,
 De la perte qu'il vient de faire :
 Car le grand livre du destin,
En glissant de son bras, est tombé sur la terre.
Tandis que chez les dieux on ne se doute guère
 Du malheur qui vient d'arriver,
 Devinez qui vient de trouver
Ce livre redoutable où l'avenir, d'avance,
A tracé des mortels la chétive existence ?
De féroces bandits, voleurs de grands chemins,
Ramassent dans un bois le livre des destins,
 Attirés par sa couverture
 Qui brille du plus vif éclat.
 Le capitaine dit : « Vivat !
 « C'est quelque plat d'or, je le jure,
« Que l'on aura laissé tomber d'une voiture. »
 Mais quel est leur étonnement,
 Quand, regardant plus attentivement,

Ils ne découvrent qu'un grand livre !
Le capitaine l'ouvre et s'écrie aussitôt :
« Ventrebleu ! nous avons trouvé là le gros lot !
　« Ce livre nous apprend comment nous devons vivre,
　　« Il contient notre sort. » Les voleurs, sur ce mot,
　　　Courent auprès du capitaine.
Tout homme est curieux de savoir son destin,
Espérant n'y trouver que du plaisir sans peine.
« Un instant, » dit le chef, « il faut dans ce bouquin
　« Qu'auparavant je cherche mes articles.
　　« Qui de vous me prête des besicles ?
« Je lis si rarement que je n'y vois plus clair.
« — Tenez, » dit un voleur, « je n'aurai, capitaine,
　« Que ce lorgnon volé d'hier,
　« Et seulement à cause de la chaîne.
« — Donne-moi ton lorgnon... Il me va tout de go :
　« C'est justement mon numéro. »

　　Le brigand feuillète, examine ;
　　Il trouve enfin l'arrêt rendu,
　　Et lit : *Pour prix d'un nouveau crime,*
　　Dans huit jours tu seras pendu.
　　« La peste soit de l'ordonnance ! »
　　Dit le bandit avec fureur.
　　Après le chef, chaque voleur
　　De son destin veut prendre connaissance.
　　Mais bientôt tous en ont regret :
C'est toujours l'échafaud que le sort leur promet.
　Chacun s'écrie : « Au diable la trouvaille !
　　« Ce livre-là ne contient rien qui vaille !
　　　« Il dégoûterait du métier !
　　　« Il faut le vendre à l'usurier. »
Deux brigands aussitôt se rendent à la ville,
　Où, pour avoir un accès plus facile,
En tous temps les voleurs, gens de précautions,
　Avec les usuriers ont des relations.
Chez l'un d'eux nos voleurs vont offrir le grand livre.

L'usurier dit : « Je n'en veux pas ;
« De l'esprit je fais peu de cas.
« — Ce livre vous apprend comment vous devez vivre.
« — Parbleu ! je le sais bien, c'est avec de l'argent.
« On ne vend plus ni livre ni brochure.
« — Mais payez-nous au moins la couverture...
« Vous n'auriez pas cela sans un besoin urgent !
« — La couverture soit. — Voyez, c'est magnifique !
« — Oui, mais je lui crois peu de valeur numérique ;
« Cela me fait l'effet d'un moiré métallique... »
Après avoir longtemps marchandé le destin,
L'usurier des voleurs l'a pour fort peu de chose.
 Dès qu'ils sont éloignés, soudain
A feuilleter dedans notre homme se dispose,
 En se disant : « J'ai fait un marché d'or !
 « Ce livre est vraiment un trésor !...
« Connaître l'avenir !... c'est l'art de la cabale,
 « C'est la pierre philosophale !
 « Heureux secret ! Voyons d'abord
 « Ce que me réserve le sort. »
Et l'usurier, cédant à l'humaine faiblesse,
 Sur le livre cherche son nom :
Il parcourt à la hâte... il dévore... il se presse...
 Et trouve enfin : *Tu mourras en prison.*
« En prison ! non, morbleu ! que le diable t'emporte ! »
 Dit l'usurier, que la frayeur transporte.
 « Ce livre-là ne contient rien de bon ;
« Je gage qu'il est faux. Tâchons de le revendre,
« En disant, cependant, qu'il ne trompe jamais.
« Le seigneur, mon voisin, pourra, je crois, le prendre.
 « Pourvu que je fasse mes frais,   [coûte,
« C'est tout ce que je veux. C'est vingt francs qu'il me
« Pour mille en le donnant je me montre obligeant,
 « Et je rentre dans mon argent. »
 Sur ce, le juif se met en route.
Sous sa vieille pelisse il cache le destin,
 Et, certes, personne, en chemin,

Ne devine que son sort passe.
Près du seigneur il est admis.

« Monseigneur, excusez, de grâce, »
Dit l'usurier, « si je me suis permis
« De venir devant vous; mais j'ai là quelque chose
« De précieux; vous êtes amateur,
« J'ai cru devoir l'offrir à Votre Honneur.
« C'est du rare, du beau, c'est dans le grandiose!
« — Voyons, drôle, coquin, montre-moi cet objet.
« C'est quelque vieille friperie.
« — Ah! monseigneur, vous allez, je parie,
« Être enchanté; vous saurez le secre'
« De l'univers... C'est vraiment impayable.
« C'est la chose unique, introuvable,
« Qu'un hasard seul fait tomber dans mes mains;
« Enfin, le livre des destins.
« — Je crois que ce fripon veut rire...
« — Non, monseigneur, voyez, son seul aspect
« Nous éblouit, nous frappe de respect.
« — Et là-dedans tu dis que l'on peut lire
« Ce qui doit arriver? — Pas un fait n'est omis!
« — Et combien en veux-tu? — Mille francs; je vous jure
« Que c'est là ce que j'ai payé la couverture;
« Car, pour le reste, c'est sans prix. »

Le marché se conclut. L'usurier se retire
En se frottant les mains. « Parbleu, » dit le seigneur,
« Je vais me marier, c'est le cas de m'instruire;
« D'avance de mon sort savourons la douceur.
« Ma future m'adore; elle est jolie, aimable;
« Je suis riche, bien fait, d'un physique agréable,
« Et l'avenir ne doit m'annoncer que bonheur. »
Dans le grand livre il cherche avec courage,
D'y trouver le bonheur étant bien convaincu.
Il lit enfin : *Après six mois de mariage*
   Ta femme te fera cocu.

« Oracle impertinent! » dit-il avec colère,
Jetant d'un coup de pied le livre loin de lui;
« Qu'on coure après ce juif; il faut dès aujourd'hui
« Que cent coups de bâton deviennent son salaire;
   « Et vous, laquais, allez soudain
« Me mettre dans le feu ce livre du destin. »
   Les valets emportent le livre;
   Mais l'un d'eux, en le regardant,
   Dit : « Notre maître nous le livre;
« Au lieu de le brûler, on peut en le vendant
   « En tirer encor quelque chose. »
Un charlatan passait : le laquais lui propose
   De l'acheter; lui cédant le destin
   Pour une bouteille de vin.
   Le charlatan, charmé de son emplette,
Se dit : Tous ces gens-là ne sont que des nigauds;
   « Quant à moi, ma fortune est faite. »

Avec une trompette attirant les badauds,
   Notre homme annonce à la foule étonnée
Qu'il prédit l'avenir; que par son art divin
   On peut du soir au lendemain
   Être au fait de sa destinée.
   Chacun court chez le charlatan.
   Bientôt, grâce à son talisman,
   Il fait une fortune immense.
Il dit la vérité, ne se trompe jamais;
Par sa voix du destin on entend les arrêts.
Mais qu'en arrive-t-il? D'une telle science
On s'étonne, on s'effraye; on dit : C'est un sorcier.
Un homme qui sait tout est un suppôt du diable.
   Ce n'est donc plus qu'un misérable
   Qu'il faut punir de son métier.
   Le charlatan, dans de vives alarmes,
Se sauve, en emportant le destin sous son bras.
   Mais le destin est lourd, et sur ses pas
Notre homme croit toujours entendre les gendarmes.

Chez un vieillard, dans le fond d'un hameau,
Il se décide à laisser le gros livre.
 « Sans lui, dit-il, j'ai de quoi vivre;
« Tenez, bonhomme, acceptez ce cadeau
 « C'est le destin que je vous laisse,
 « C'est un livre fort précieux !
 « Mais je vais loin; le temps me presse,
« Et le garder me semble dangereux. »

Le charlatan est loin. Pendant que sur la terre
 S'est passé cet événement,
Retournons chez les dieux. Tout est en mouvement
 Auprès du maître du tonnerre :
Le lendemain du jour où l'on a riboté,
 Jupiter cherche son grand livre.
 « Morbleu ! dit-il, je l'avais emporté;
« Il ne se trouve plus : comment allons-nous vivre ?
« Du diable si je sais quelle marche il faut suivre !
 « Allons, Mercure, eh ! vite, holà !
« Il me faut mon destin ; il m'est fort nécessaire.
 « Tu vas te rendre sur la terre,
 « Il aura roulé jusque-là.
 « Pour le ravoir, montre ton savoir-faire,
 « Promets beaucoup ; ensuite nous verrons
« Si sur le livre il est écrit que nous tiendrons. »
 Mercure part; il court le monde.
 Après avoir cherché de toute part,
 Dans une retraite profonde
Il trouve le destin chez un pauvre vieillard.

 « Rendez-moi ce livre, mon père, »
 Dit Mercure au bon solitaire,
 Qui reposait sur un banc étendu.
« Il appartient aux dieux; et, s'il vous est connu,
« Vous savez que du sort il contient le langage.
 « — Ah ! dit en souriant le sage,
 « Prenez-le, je ne l'ai pas lu !...

« — Quoi, vraiment... pas même une page?
« — Si dans ce livre je lisais,
« M'auriez-vous vu dormir en paix?
« — Que voulez-vous que je vous donne
« En échange de sa valeur?
« — Rien.— Quoi! rien?...— Non, c'est de bon cœur
« Seigneur, que je vous l'abandonne.
« Avoir le don de l'avenir,
« Pour les mortels serait un art funeste!
« Jouissons du présent; gardons le souvenir
« Qui nous rappelle un moment de plaisir;
« Fermons les yeux sur tout le reste!
« Voilà, je crois, le moyen d'être heureux.
« — Vous êtes sage. — Je suis vieux,
« Et ce livre à mes yeux ne vaut pas une obole!
« Avec votre destin, retournez vers les cieux. »

Le vieillard se rendort, et Mercure s'envole.

FIN DES CONTES

LA BULLE DE SAVON
CHANSONS

CHANSON-PRÉFACE

Air du vaudeville de l'Intrigue à la hussarde.

De gais enfants du vaudeville,
Dont les refrains sont répandus,
Ont jadis lancé par la ville
Ballons d'essai, ballons perdus ;
Pour moi, ce serait trop de chose
D'avoir à gonfler un ballon,
Et ce n'est qu'en tremblant que j'ose
Souffler ma bulle de savon.

Cette bulle dans un concile
Ne fut pas un droit discuté,
La morale en est très-facile,
Elle a pour dogme la gaieté ;
Jadis quelques bulles sur terre
Ont mis de la division,
Mais on n'allume point la guerre
Avec des bulles de savon.

Ma chère bulle, je t'en prie,
Dirige-toi du bon côté :
Reprends une nouvelle vie
Dans le souffle de la beauté ;

Mais dans les airs où je te lance,
Si tu ne fuis pas l'aquilon,
C'en est fait de ton existence !
Adieu, ma bulle de savon !

JE N'EN SUIS PLUS

A MON PREMIER AMOUR

Air : J'entends au loin l'archet de la Folie.

O toi qui fus ma première maitresse,
Chère Suzon, que je te trouvais bien !
Il m'en souvient, je t'admirais sans cesse ;
A mon avis il ne te manquait rien.
J'ai vu, depuis, beaucoup de belles femmes !
Mais maintenant, en leur faisant la cour,
Je vois fort bien ce qui manque à ces dames...
Je n'en suis plus à mon premier amour (*bis.*)

Pourtant Suzon était un peu petite ;
Moi je disais : « Elle en sautera mieux. »
Son nez était fait en pied de marmite ;
Je le trouvais malin comme ses yeux.
D'une maitresse, à présent, je détaille
Les traits, les pieds, jusqu'au moindre contour ;
Je vois bien vite un défaut dans sa taille...
Je n'en suis plus à mon premier amour.

Suzon sortait avec une cornette,
Jupe de toile, et fichu de Madras,
Ceinture en cuir complétait sa toilette,
Et j'étais fier de lui donner le bras.
Si, maintenant, celle que je promène
N'est pas coiffée et mise au goût du jour,
Je suis maussade, et lui parle à peine...
Je n'en suis plus à mon premier amour.

Chez un traiteur modeste et solitaire
J'allais souvent dîner avec Suzon ;
On nous servait un frugal ordinaire ;
J'étais près d'elle, et tout me semblait bon ;
Avec ma belle, aujourd'hui, quand je dîne,
Je veux bons vins et bons mets tour à tour ;
Un plat manqué me fait faire la mine :
Je n'en suis plus à mon premier amour.

Près de Suzon on me voyait encore
De ma tendresse empressé de causer,
Six fois par jour lui dire je t'adore,
Et puis toujours prêt à recommencer ;
Mais, à présent, pour peindre mon délire,
J'ai beau vouloir faire le troubadour,
Après deux mots je n'ai plus rien à dire !
Je n'en suis plus à mon premier amour.

LA GLOIRE ET LA FORTUNE

OU

LE RÊVE D'UN PAUVRE DIABLE

Air de la Boulangère.

Une nuit, le diable m'offrit
  La gloire et la fortune,
Me disant : « Le sort te sourit,
  « Choisis, mais n'en prends qu'une. »
La gloire était fort de mon goût,
  Mais j'aimais la fortune
    Beaucoup,
  Oui, j'aimais la fortune.

Je dis au diable : Éclaire-moi :
  « La gloire est moins commune ;
« Mais je voudrais, de bonne foi,
  « Un bonheur sans lacune. »

Le diable alors me dit tout haut :
    « Choisis donc la fortune,
        « Nigaud
    « Choisis donc la fortune

« Mais je voudrais être cité
    « De Rome à Pampelune,
« Par tous nos poëtes chanté,
    « Et plutôt deux fois qu'une. »
Le diable alors me répondit :
    « On trouve à la fortune
        « L'esprit,
    « Choisis donc la fortune. »

Je dis au diable : « J'aime encor
    « Et la blonde et la brune;
« La gloire vaut-elle bien l'or
    « Pour séduire chacune? »
« Non, me répondit le démon,
    « Prends plutôt la fortune,
        « Fripon,
    « Prends plutôt la fortune. »

« Mais, repris-je, j'avais pour but
    « La scène ou la tribune :
« Puis, j'arrivais à l'Institut
    « Sans clameur importune.
« Eh bien ! répond Lucifer,
    « Prends toujours la fortune,
        « Mon cher,
    « Prends toujours la fortune. »

En m'écriant : « Je te choisis,
    « Séduisante fortune, »
Je m'éveillai, mais ne vis
    Qu'un fort beau clair de lune;
Et j'attendrai longtemps, je crois,

La gloire et la fortune
  Chez moi,
La gloire et la fortune.

ENCORE UN MOMENT

Air à faire.

« Quittons-nous, mon ami, » dit la tendre Lisette,
« C'est demain qu'à l'autel je reçois ton serment;
« — Oui, mais avant demain, chère Lise, en cachette,
« Ne pouvons-nous causer tous deux dans ta chambrette?
  « Reste encore un moment. »

Le grand jour est venu : Lise, encor plus jolie,
A l'autel a reçu la main de son amant;
Le soir, il veut du bal emmener son amie;
Mais Lise, qui rougit, lui dit : « Je t'en supplie,
  « Reste encore un moment. »

Dans les bras de l'hymen bientôt l'amour sommeille;
Le mari, le matin, s'échappe promptement.
Vraiment Lise, alors, qui soupire et s'éveille,
Cherche à le retenir, et lui dit à l'oreille :
  « Reste encore un moment. »

LA FOSSETTE

Air : Ma tante Urlurette.

De la belle qui nous plaît
Nous célébrons chaque trait :
Je chante de ma brunette
    La fossette   *(bis)*
  Que j'aime en Lisette.

Que de dames de grand ton
Voudraient avoir au menton

Cette marque si bien faite
    En fossette,
  Comme ma Lisette !

Ce petit trou séduisant
Lui donne un air agaçant;
On lorgne de la coquette
    La fossette,
  Charme de Lisette.

Chaque femme a des cheveux,
Un nez, des dents et des yeux ;
Mais je vois mainte fillette
    Sans fossette
  Comme ma Lisette.

On peut farder ses appas,
Grossir ses jambes, ses bras,
Mais on ne peut faire emplette
    De fossette,
  Comme ma Lisette.

Auprès d'un minois joli,
Je serai toujours poli,
Mais qui me met en goguette?
    La fossette
  Que j'aime en Lisette.

Quel est ce charmant endroit
Où l'on peut mettre le doigt,
Et faire un nid d'amourette?
    La fossette
  Que j'aime en Lisette.

Devant un si joli trou,
Moi, je fléchis le genou,
Prêt à baiser en cachette

La fossette
Que j'aime en Lisette.

O ma belle, si tu veux
Que je sois toujours heureux,
A d'autres jamais ne prête
Ta fossette,
Ma chère Lisette !

SUR LA MORT DU PEINTRE DAVID

Air : T'en souviens-tu ? disait un capitaine

Du Nord ici quel bruit vient se répandre?
Vaine douleur! ô regrets superflus!
Dans le tombeau David vient de descendre;
Un grand artiste, un grand peintre n'est plus.
Mais j'aperçois au temple de mémoire
La Renommée, inscrivant ses succès,
Tracer ces mots, que répète la gloire :
« Ton nom, David, ne périra jamais. »

Toi, qui créas *Brutus*, les *Thermopyles*,
Dont pour modèle on prendra les tableaux,
Vois, ici-bas, tes élèves dociles
Vers le vrai beau diriger leurs pinceaux :
Entends leurs voix, ils couronnent ta tête,
C'est de lauriers et non pas de cyprès,
Car chacun d'eux en te pleurant répète :
« Ton nom, David, ne périra jamais. »

Si dans l'exil tu finis ta carrière,
Si l'étranger fut plus heureux que nous,
A ta patrie, en fermant ta paupière,
Ton cœur donnait un dernier rendez-vous.
Ah! ne crains pas qu'un jour elle t'oublie!
Par le talent tu fus toujours Français;

L'artiste meurt, mais non pas son génie.
« Ton nom, David, ne périra jamais. »

LA PROMENADE A ANE

Chansonnette historique qui fera voir aux demoiselles les dangers
que court l'innocence en allant au galop.

Air : Quand Vénus sortit de l'onde.

C'est au bois de Romainville
Qu'un séducteur trop habile,
Par une grande chaleur,
Devint maître de mon cœur.
Il se peut qu'on me condamne ;
J'en conviens de bonne foi,
Je voulus avoir un âne,
Auguste vint avec moi. (*bis.*)

Nous vîmes dans la campagne
Un baudet et sa compagne.
Sur l'ânesse mon amant
S'enfourcha très-lestement ;
Puis Auguste, avec malice,
M'offrit le gros *asinus* ;
Moi, j'étais simple et novice,
Et je me campai dessus.

Auguste avec sa bourrique,
Qu'il pousse, fouette et pique,
Caracole autour de moi
Sans montrer aucun effroi ;
Tout en trottant, il me glisse
Un aveu tendre et charmant !...
Ah Dieu ! comme l'exercice
Nous prépare au sentiment !

Je tire de gauche à droite,
Mais dans une route étroite

Mon âne va se fourrer,
Il veut toujours se cabrer.
Je vais être la plus forte ;
L'ânesse vient à crier.
Zeste, mon âne m'emporte
Auprès de mon cavalier.

Dans cette course rapide,
Ma main a lâché la bride ;
En sautant sur mon baudet,
Le vent m'ôte mon bonnet ;
Vainement je me rajuste,
Je glisse sur le gazon...
Et je tombe près d'Auguste,
La tête sous mon jupon.

Sans songer à ma monture,
Profitant de l'aventure,
Mon amant, à mes côtés,
Veut prendre... des libertés ;
Il m'embrasse, je me damne !
Il me conte ses amours,
Je crie : « Arrêtez donc l'âne ! »
Mais le traître va toujours.

Quand je retrouvai ma tête,
Devant moi je vis ma bête ;
Mais mon âne était changé :
Il paraissait corrigé ;
Pour revenir, moins timide,
Je voulus monter dessus,
Et je lui lâchai la bride...
Mais il ne se cabra plus.

LES DEUX VOYAGEURS

Air : A voyager passant sa vie, *ou* Air nouveau de M. H. Berton

Dans la carrière de la vie
Jetés tous deux par le destin,
L'amitié de l'amour suivie
Se trouvent un jour en chemin.
Vers le plaisir chacun voyage,
Se donnant parole au retour.
Car de l'amitié c'est l'usage
D'aller moins vite que l'amour.

En folâtrant l'amour avance,
Il aime à voyager sans frein ;
L'amitié marche avec prudence,
Et sonde d'abord le terrain ;
Fuyant toute route nouvelle,
Lorsque l'autre prend un détour,
L'amitié jamais ne chancelle,
Souvent le pied glisse à l'amour.

Sur sa route le dieu de Gnide
Fait parfois répandre des pleurs :
Suivant le penchant qui le guide,
Il cueille les plus belles fleurs ;
Au gré de son humeur bizarre,
A chacun il fait quelque tour ;
Mais l'amitié vient, et répare
Les fautes que commet l'amour.

Le premier, le volage arrive
Au but, objet de son désir ;
L'amitié, toujours plus tardive,
Ne vient qu'après chez le plaisir.
Elle y cherche le téméraire,
Mais il n'était resté qu'un jour :

Le plaisir avait eu beau faire,
Il n'avait pu fixer l'amour.

DEPUIS QUE JE NE TE VOIS PLUS

Air du vaudeville de Psyché, *ou* Air nouveau de M. Voizel

C'en est donc fait, ma Virginie,
Pour jamais tu veux me quitter ;
Ce qui m'étonne, mon amie,
C'est de souvent te regretter.
Quand tu me prouvais ta tendresse,
Tes soins étaient fort mal reçus ;
Mais je voudrais te voir sans cesse...
Depuis que je ne te vois plus.

Chaque jour, avec indolence,
Auprès de toi je me trouvais ;
Mes yeux avec indifférence
Voyaient tes grâces, tes attraits ;
Aujourd'hui je leur rends les armes ;
Mes sens d'y penser sont émus!...
Et je vois en toi mille charmes...
Depuis que je ne te vois plus.

Lorsque nous causions, il me semble
Que je te trouvais peu d'esprit ;
Et nous passions une heure ensemble
Parfois sans nous être rien dit :
A présent, combien je soupire
Après tous ces moments perdus!...
J'ai mille choses à te dire...
Depuis que je ne te vois plus.

Souvent tu me disais : « Je t'aime! »
Et cela me touchait fort peu ;

Mon cœur, je te l'avouerai même,
Répondait mal à cet aveu.
Maintenant quel feu me dévore !
Tous ces désirs sont revenus !...
Enfin je sens que je t'adore...
Depuis que je ne te vois plus.

L'HOMME SANS SOUCIS

Air du vaudeville de l'Actrice.

Le hasard, de mon existence
A presque toujours fait les frais :
Le hasard me donna naissance,
Et même d'assez jolis traits ;
D'une heureuse philosophie
Ayant aussi ma bonne part,
Pour passer plus gaiement ma vie,
Moi, je compte sur le hasard,

Le hasard donne la fortune,
Quelquefois même les grandeurs ;
Chassant toute crainte importune,
Moi, j'attends en paix ses faveurs ;
Souvent le talent, le mérite,
Obtiennent à peine un regard.
Si les sots parviennent plus vite,
C'est que l'on doit tout au hasard.

Qu'un homme vante près des dames
Son respect, sa fidélité ;
Qu'un autre maudisse des femmes
Les ruses, la légèreté ;
Moi, je ne fais près d'une belle
Ni le Caton, ni le cafard ;
Pour en trouver une fidèle,
J'en aime plusieurs au hasard.

Si j'épouse femme gentille,
Au hasard je la choisirai ;
Pour être père de famille,
Au hasard je m'en remettrai
Je sais bien que de ma carrière
Le terme viendra tôt ou tard !
Mais jusqu'à la fin on espère
Quand on s'abandonne au hasard.

LE DROIT DU CHATELAIN DE BÉTHIZY

CHANSONNETTE HISTORIQUE

Air du Ballet des Pierrots.

Dans le bon vieux temps, maint usage
Attestait les droits du seigneur ;
Droits de cuissage et de jambage
Étaient alors fort en vigueur.
Parmi ces usages très-drôles,
Écoutez un peu celui-ci
Que j'ai trouvé sur les contrôles
Du châtelain de Béthizy.

Lorsque passait dans son domaine
De ces filles au doux minois
Que le plaisir souvent entraîne,
Qui de l'amour suivent les lois,
Il fallait qu'alors la petite
Allât, sans marquer nul souci,
Payer quatre deniers, bien vite,
Au châtelain de Béthizy.

Quatre deniers ! allez-vous dire,
Ce n'est là qu'un droit fort petit.
Pour moi, je trouve que le sire
Devait en tirer grand profit ;

Songez donc que toute amourette
Etant par là taxée aussi,
On enflait souvent la cassette
Du châtelain de Béthizy.

De crainte que par quelques belles
L'usage ne fût oublié,
Le seigneur guettait toutes celles
Qui n'avaient pas encor payé.
Surveillant chaque tête-à-tête,
Que de choses il vit ainsi!...
Il n'était vraiment pas si bête,
Le châtelain de Béthizy!

Chez nous si l'on voyait les filles
Pour un faux pas payer encor,
Nos Françaises sont si gentilles,
Qu'elles grossiraient le trésor;
Pour moi, content de mon salaire,
Je serais riche, Dieu merci!
Si, dans Paris, je pouvais faire
Le châtelain de Béthizy.

UN BAISER DE MON FILS

Air : Muse des bois.

Lorsque j'étais au printemps de ma vie,
Et que l'amour remplissait seul mon cœur,
Tendres faveurs d'une femme jolie
Étaient pour moi le suprême bonheur.
Ah! j'ignorais qu'il fût dans la nature
Un sentiment plus parfait, plus exquis;
Mais j'ai connu l'ivresse la plus pure
En recevant un baiser de mon fils.

Encor dans l'âge et d'aimer et de plaire,
Déjà mon fils m'occupe constamment,

Et, je le sens, le bonheur d'être père
Est bien plus doux que celui d'être amant.
On est parfois trompé par ses maîtresses,
Soi-même on manque à ce qu'on a promis ;
Mais nul soupçon ne se mêle aux caresses
En recevant un baiser de son fils.

Vous que je vois au sein de l'opulence
Pour des grandeurs vous agiter encor,
Malgré votre or, malgré votre puissance,
Je ne saurais envier votre sort.
Vrais courtisans, chaque jour on vous trouve
De vains honneurs, de titres plus épris !
Connaissez-vous le bonheur qu'on éprouve.
En recevant un baiser de son fils ?

En vieillissant nous ne sentons plus naître
Ce feu brûlant que l'on appelle amour ;
Ce feu plus doux, qu'un fils nous fait connaître,
Dans notre cœur s'augmente chaque jour ;
Les cheveux blancs, s'ils éloignent les belles,
Rendent pour nous nos enfants plus soumis ;
Et songe-t-on que le temps a des ailes
En recevant un baiser de son fils ?

Jouets du sort, par un revers funeste
En un instant il détruit nos projets ;
Qu'il m'ôte tout, mais que mon fils me reste,
Sans murmurer j'attendrai ses décrets ;
Tranquille alors à mon heure dernière,
Je me dirai : Près de lui je finis,
Heureux encor de fermer ma paupière
En recevant un baiser de mon fils !

LE CHEVALIER ERRANT

Air connu de M. Mengat.

Dans un vieux château de l'Andalousie,
Au temps où l'amour se montrait constant,
Où beauté, valeur et galanterie
Guidaient au combat un fidèle amant,
Un preux chevalier un soir se présente
Visière levée et la lance en main ;
Il vient demander si sa douce amante
N'est pas, par hasard, chez le châtelain.

« Noble chevalier, quelle est votre amie ? »
Demande à son tour le vieux châtelain.
« — Ah ! des fleurs d'amour c'est la plus jolie !
« Elle a teint de rose et peau de satin ;
« Elle a de beaux yeux, dont le doux langage
« Porte en notre cœur plaisir et tourments !
« Elle a tout enfin, elle est belle et sage.
« — Pauvre chevalier chercherez longtemps.

« — Depuis qu'ai perdu cette noble dame,
« N'ai plus de repos, n'ai plus de plaisirs !
« En chaque pays, guidé par ma flamme,
« Vais cherchant l'objet de mes désirs.
« Des Gaules j'ai vu les plaines fleuries,
« Du nord parcouru le climat lointain !
« J'ai trouvé partout des femmes jolies ;
« Mais fidèle amie, hélas ! cherche en vain.

« Guidez de mes pas la marche incertaine,
« Verrai-je en tous lieux mes désirs déçus ?
« — Mon fils, votre sort, hélas ! me fait peine,
« Ce que vous cherchez ne se trouve plus.
« Poursuivez pourtant votre long voyage,

« Et, si rencontrez un pareil trésor,
« Ne le perdez plus ; adieu, bon courage. »
L'amant repartit, mais il cherche encor.

ELLE ÉTAIT SI JOLIE !

AIR : Elle avait tout pour plaire.

J'ai perdu le cœur de Zélie,
D'un autre elle écoute les vœux ;
En rompant le nœud qui nous lie,
Je brûle encor des mêmes feux...
    Elle était si jolie !

Par ses travers même embellie,
Elle unissait pour nous charmer
L'esprit, la grâce à la folie ;
Pouvait-on la voir sans l'aimer ?
    Elle était si jolie !

Quand son abandon m'humilie,
Quand elle trahit nos amours,
Je sens qu'il faut que je l'oublie,
Et pourtant j'y pense toujours...
    Elle était si jolie !

Mais trouve-t-on femme accomplie ?
Une autre me trompera mieux !
Autant valait garder Zélie,
L'adorer et fermer les yeux...
    Elle était si jolie !

PROFESSION DE FOI

D'UN AMATEUR DU BEAU SEXE

AIR : J'ons un curé patriote.

J'entends dire à mainte dame
Que le cœur ne fait qu'un choix,

Que d'une sincère flamme
Il ne brûle qu'une fois ;
Par de beaux yeux enjôlé,
Mon cœur a souvent brûlé,
    Et toujours,
    Oui, toujours,
Comme à mes premiers amours,
Tout comme à mes premiers amours.

Brûle-t-on d'amour extrême,
On croit qu'il n'a point d'égal ;
Mais toutes les fois qu'on aime,
On n'en aime pas plus mal.
J'ai cent fois changé d'objet,
Et chaque fois qu'on me plaît,
    C'est toujours,
    Oui, toujours,
Comme à mes premiers amours,
Tout comme à mes premiers amours.

Doux charme, bonheur suprême
Que me fit goûter Jenny,
Mon cœur t'éprouva de même
Dès que je connus Fanny ;
Quand je vis Eléonor,
Je te ressentis encor,
    Et toujours,
    Oui, toujours,
Comme à mes premiers amours,
Tout comme à mes premiers amours.

On dit qu'on aime sans cesse
L'objet de ses premiers feux ;
Moi, ma dernière maîtresse
Me semble toujours la mieux.
Tant que d'un autre tendron
Je n'ai pas vu l'œil fripon,

C'est toujours,
Oui, toujours,
Comme à mes premiers amours,
Tout comme à mes premiers amours

De Chloé, charmante blonde,
J'aimais les jolis cheveux,
De Zoé la mine ronde,
De Rose l'air langoureux ;
Je leur ai fait le serment
De les aimer tendrement,
Et toujours,
Oui, toujours,
Comme à mes premiers amours,
Tout comme à mes premiers amours.

Pourquoi n'aimer qu'une belle,
Puisqu'elles ont mille appas?
Au bordeaux est-on fidèle
Dans un excellent repas?
Beaune, chambertin, pomard,
Tous nous semblent du nectar?
C'est toujours,
Oui, toujours,
Comme à nos premiers amours,
Tout comme à nos premiers amours

C'est un banquet que la vie :
Amis, pour qu'il soit joyeux,
Il faut que l'on y convie
Jeunes femmes et vins vieux.
Mais ayons de quoi choisir,
Cela fait que le plaisir
Est toujours,
Oui, toujours,
Comme à nos premiers amours,
Tout comme à nos premiers amours.

LES DÉSIRS

D'UN AMANT... D'AUTREFOIS

Air à faire.

Viens, ô mon Isaure,
Viens près du torrent,
Qu'à peine colore
Un soleil mourant.
Une onde légère
Mouille ces roseaux.
Tu trembles, ma chère,
Au bruit de ces eaux;
Cet endroit est sombre;
Mais qu'importe l'ombre?
Pour parler d'amour
Cherche-t-on le jour?

Viens, ô mon Isaure,
Viens sous ce rocher,
Où nul être encore
N'a su nous chercher;
De ce lieu sauvage
Tu crains la fraîcheur;
Reste davantage
Tout contre mon cœur.
Cet endroit est sombre;
Mais qu'importe l'ombre
Pour parler d'amour
Cherche-t-on le jour?

Viens, ô mon Isaure,
Viens dans la forêt,
Tout le monde ignore
Ce sentier secret.
Cette herbe fleurie

Par ton pied mignon
Doit être flétrie;
Viens sur ce gazon;
Cet endroit est sombre;
Mais qu'importe l'ombre?
Pour parler d'amour
Cherche-t-on le jour?

O ma chère Isaure!
Désirs superflus;
Ce cœur qui t'adore
Voudrait encor plus
Une grotte obscure
Où tu m'aimerais,
Un lit de verdure
Où tu dormirais;
Et toute la vie
Pouvoir, mon amie,
Te parler d'amour
La nuit et le jour.

CADET-BUTEUX AU JARDIN TURC

POT-POURRI

Air de Préville et Taconnet.

Avec Manon, par une belle soirée,
Je nous disons : « Il faut prendre le frais:
« J'trouv'rons partout du café d'chicorée,
    « Dirigeons-nous vers le Marais. (bis.)
« Au jardin Turc, lui dis-je, il faut nous rendre;
« Mets l' casaquin, v'là l'habit que j'ai risqué,
« Pour entrer là, c'est qu' faut être musqué !
« J' nous régal' rons : on dit qu'on peut y prendre
« Ben des objets, dont l' prix n'est pas marqué.»

Air: M. de Catinat.

Alors, bras d'sus, bras d'sous, je prenons notre élan,
Et j' tombons à la port' du jardin du Sultan;

L'vétéran dit qu' Nanon a z'un fichu d' couleur ;
Là-d'sus, moi, je m'avance, et j' lui chante en majeur

AIR : Une robe légère.

« Fichu, mon p'tit homme,
« Suffit à ma Nanon,
« Et pour avoir la pomme,
« Je dis qu'elle a l' pompon !
« A l'Opéra-Comique,
« Tu n'as donc pas été ?
« Apprends que le physique
« Embellit la beauté.

AIR : du Galoubet.

« Nous somm's dedans, (bis.)
« Ma fine, ce n'est pas sans peine,
« Il a fallu montrer les dents ;
« Reprenons un peu notre haleine,
« Nanon est heureus' comme une reine !...

AIR : Dans le s gardes françaises.

« Nous somm's dedans.» (bis.
J' voyons une terrasse
Où sont des gens bien mis,
J' voyons du mond' qui passe,
J'en voyais qu'est assis ;
Puis des cadets Eustaches
D' nous pousser trouv' moyen,
En criant : « Gar' les taches ! »
Quand ils ne portent rien.

AIR : Ce mouchoir, belle Raymonde.

Mais, ma Nanon, qu'aime l'ombre,
Dans un p' tit ch'min guid' mes pas ;
Là, j' voyons, quoiqu'il fass' sombre,
Plus d'un couple s' parler bas ;
Nanon s'arrête, j' la gronde,

Et j' lui dis, d'vant chaqu' bosquet :
« Ne dérangeons pas le monde,
« Laissons chacun comme il est. »

AIR : de l'Écu de six francs.

Nanon, qui fait tout c' qu'ell' voit faire,
S'écrie aussitôt : « J' veux m'asseoir. »
Je lui dis : « Voilà notre affaire,
« Entrons dans ce bosquet tout noir. » *(bis.)*
Là, sur ce qui lui fait envie
J' dis à Nanon de réfléchir.
Ell' me répond : « Pour nous rafraîchir
« Prenons du punch à l'eau-de-vie. »

AIR : Encore un quart'ron, Claudine.

Le punch flamb'; moi, j'espère
Prendre un baiser, morbleu !
Et j' dis à la p'tit' mère,
Qui me résiste un peu :
  « On n'y voit qu' du feu,
   « Ma chère,
« On n'y voit qu' du feu. »

AIR : de la Petite sœur.

A côté d' nous, dans chaqu' bosquet,
Quoiqu'il ne brillât nulle flamme,
J'aperçûmes, grâce au quinquet,
Un monsieur brûler pour un' dame ;
Ils causaient de leurs sentiments,
Ça les altérait, je suppose
Car ces messieurs, à tous moments,
Prétendaient prendre quelque chose *(bis.)*

AIR : Signora Povera (du Concert à la Cour).

Mais, à droite, on disait, à not' oreille :
    « Voulez-vous
  « M'accorder un rendez-vous ? »

« — Ah ! ah ! ah ! ah ?... ah ! ah ! ah ! ah !
« — Je n'éprouvai jamais ardeur pareille !
« Acceptez une glace, une groseille...
« — Ah ! ah ! ah ! ah !... ah ! ah ! ah ! ah ! »

Même air.

V'là qu'à gauche', l'homme dit à la bourgeoise .
  « Voulez-vous
  « Des cach'mir's et des bijoux ?
« — Ah ! ah ! ah ! ah !... ah ! ah ! ah ! ah !
« — Vous vous taisez... goûtez ma bavaroise...
« Le joli bras !... Prenez une frambroise...
 « — Ah ! ah ! ah ! ah !... ah ! ah ! ah ! ah !»

Air : Faut-il qu'un homme soit, etc.

A droite, la femme répond :
« Voyez comme je suis émue !
« Avec vous si je suis venue,
« C'est que mon mari, dans le fond,
« Mérite bien un tel affront.
« Depuis un an il me délaisse ;
« Monsieur prétend que son docteur
« Lui défend la moindre tendresse...
« Faut-il qu'un homme soit menteur !...» (*bis.*)

Air : Daignez m'épargner, etc.

A gauche, le monsieur disait :
« Ma chère, je ne veux rien taire ;
« Je suis marié, c'est un fait,
« Mais ma femme ne saurait plaire ;
« Elle a quarante ans bien sonnés ;
« Ce n'est pas que je la déteste !
« Mais elle a les traits bourgeonnés,
« Les cheveux roux, les yeux tournés...
« Daignez m'épargner le reste. »

Air : Vite, vite, prenez le patron.

 « Faut, mon fils,
 « Des époux assortis, »

M' dit Nanon
En croquant l' macaron.
« J' t'aim', mais!
« Si tu m' trompais
« Jamais,
« Je t'estropierai,
« Je te tuerai
« Vrai.
« — Nanon, un baiser!
« — Veux-tu m' laisser!
« Voilà les garçons
« Qui rôdent dans les environs.
« — Un baiser, j' te dis!
« C' n'est pas permis...
« Est-il libertin!
« Est-il taquin!
« Dieu! queu lutin!
« — J' l'aurai bien...
« — Tu n'auras rien,
« Vaurien.»
V' la-t-il pas
Qu'alors en jouant des bras,
Patatras!
J' fais rouler à quatre' pas
De d'sus la tabl' sur l' sol
L' bol!

Air des Trembleurs

Nanon crie, elle est fâchée ;
Ell' dit que je l'ai tachée ;
Ell' s'était endimanchée
Pour venir au boulevard ;
Effrayés de ce tapage,
Des couples du voisinage
Sortent de dessous l'ombrage
Pour soupirer autre part.

AIR : Ciel ! l'univers, etc

Mais qu'est-ce donc? on se chante une gamme,
Près du quinquet les amants s' trouvant tous;
 A gauche on dit : « C'est ma femme ! »
 A droite : « C'est mon époux !
  « Perfide ? — Infâme !
  « Crains mon courroux !
 « — Sont-ils bêt's ! » dit Nanon.
  « Eh ! pourquoi donc
  « Prendre ce ton !
   « I's d'vraient soudain
   « S' donner la main. »

Air du Mirliton.

« Qu' faisiez-vous ici, madame? »
Dit le mari furibond.
« Monsieur, » lui répond sa femme,
« J'apprenais de ce beau blond
 « L'air du mirliton,
 « Mirliton, mirlitaine.
« L'air du mirliton, ton, ton. »

AIR : Mes chers enfants, unissez-vous.

« Mais vous, monsieur, dans c' bosquet-là,
« Avec mamzell' qu'alliez-vous faire ?
« Vous me refusez l' nécessaire !
« Et vous fait's ici des *extra* !
« — Madam' ! mam'zelle est un' vestale,
« Qu' son pèr' me laiss' prom'ner les soirs,
« Pour que j' l'instruis' sur les devoirs
 « De la piété filiale. »

AIR : Oh! oh! oh! oh! ah! ah! ah! ah

Durant l' colloque précédent,
 Le blond et la d'moiselle
Jugèrent qu'il était prudent
De n' pas s' mêler d' la qu'relle;

Laissant les autres s' tirer d' là,
Zeste, chacun d eux s'en alla,
  Fila.
Oh! oh! oh! oh! ah! ah! ah! ah!
Les époux restèr'nt comm' baba.

Air du Fleuve de la vie.

Par les chers objets de leur flamme
S' voyant alors abandonnés,
Monsieur prend le bras de madame,
Ils ont tous les deux un pied d' nez.
En songeant au nœud qui les lie.
Ils dis'nt qu' c'est divertissant
De descendre, en se haïssant,
  Le fleuve de la vie !

Air : J'ons un curé patriote.

Nanon, qu'est toute fripée,
M' dit : « Sortons d'ici, Cadet,
« J'aime ben mieux la Râpée,
« On y voit ce qu'on y fait.
« Quand tu me promèneras,
« Quand tu me régaleras,
  « C'est fichu !
  « C'est là qu' tu
« C'est là que tu m'emmèneras,
« Oui, c'est là que tu m'emmèneras. »

Air de la Croisée.

J' partons, et d'un air gracieux
A mon bras Nanon se balance :
Mais de c' que j'ons vu dans ces lieux
Je tirons cette conséquence :
Epoux d'un minois agaçant,
Redoutez-y les infortunes!
Car au jardin Turc, le Croissant
  N'est pas là pour des prunes.

MA LISETTE QUITTONS-NOUS

Air : Depuis longtemps j'aimais Adèle, *ou* air de M. Étienne Voizel

Quittons-nous, mon aimable Lise,
Ton cœur ne peut se corriger,
Crois-moi, tu te seras méprise
En jurant de ne plus changer.
Ta bouche, toujours avec grâce,
Dit que j'ai tort d'être jaloux ;
Mais pour moi tes yeux sont de glace !...
   Tiens, ma Lisette, quittons-nous.

Lorsque dans un tendre délire
Tu jurais de m'aimer toujours,
Ton âme ne pouvait suffire
A tes transports, à nos amours.
Ta main, alors, cherchait la mienne :
La presser te semblait bien doux !
Maintenant je cherche la tienne...
Tiens, ma Lisette, quittons-nous.

Jadis le temps passait bien vite !
Cependant nous n'étions que deux ;
Mais ta chambre, quoique petite,
Suffisait pour nous rendre heureux.
Maintenant, tu regardes l'heure
Au lieu de pousser les verrous !...
L'ennui pénètre en ta demeure...
Tiens, ma Lisette, quittons-nous.

Mais ne crains pas que je te blâme,
On n'est point maître de son cœur ;
Demain, peut-être, une autre femme
Doit m'inspirer une autre ardeur ;
Alors tes charmes, que j'adore,

Dans mon cœur s'effaceraient tous;
Ah! pendant que je t'aime encore,
Tiens, ma Lisette, quittons-nous.

PLUS ON EST D'AMIS, PLUS ON BOIT

Chanson de table, faite pour une réunion d'artistes.

Air : Francs buveurs que Bacchus inspire

Loin de nous chassant l'humeur noire,
Tous, gais artistes, bons vivants,
Aimant à chanter, rire et boire,
Nous nous rassemblons tous les ans.
A nous un ami s'incorpore,
Avec plaisir on le reçoit;
Nous en trinquerons mieux encore;
Plus on est d'amis (*bis*), plus on boit.

Le plaisir fuit la solitude,
Pour le trouver, vive un banquet!
Où, se délassant de l'étude,
On chante gaiement son couplet.
A trinquer un ami m'engage,
J'en vois deux, mon plaisir s'accroît;
J'en vois dix, je bois davantage,
Plus on est d'amis (*bis*), plus on boit.

La vigne date du déluge;
Noé, patriarche divin,
Quand vint la fin de ce grabuge,
Dit : « Assez d'eau, songeons au vin. »
C'est grâce à lui qu'on se rassemble.
A notre amour il a bien droit;
Vivons en paix, choquons ensemble :
Plus on est d'amis (*bis*), plus on boit.

Que l'on se boxe en Angleterre,
Qu'à Rome on aille faire un vœu,

Qu'en Chine on se fasse la guerre,
Nous nous en soucions fort peu.
Pour s'égayer, le Français chante ;
Ici, messieurs, pour tout exploit,
Au lieu d'un coup, buvons-en trente :
Plus on est d'amis (*bis*), plus on boit.

Que chacun boive à sa maitresse,
Et même il serait bien, je crois,
De boire aussi, par politesse,
A nos maitresses d'autrefois ;
Par ce moyen, jusqu'à l'aurore
Nous resterons en cet endroit
Et demain nous dirons encore :
Plus on est d'amis (*bis*), plus on boit.

ÉLOGE DES CHEVEUX ROUX

Air du Ballet des Pierrots.

Nous voyons chacun dans ce monde
Avoir ses penchants favoris ;
L'un adore une femme blonde,
Des brunes un autre est épris ;
Les cheveux châtains ont fait naître
Tendres soupirs, aveux bien doux ;
Moi, je vous surprendrai peut-être,
Mais je suis pour les cheveux roux.

En se promenant dans la ville,
A chaque pas on voit marcher.
Des blondes, des brunes par mille !
Les rousses, il faut les chercher.
Suivez-vous gentille brunette,
Vingt jeunes gens font comme vous ;
Mais on voit plus souvent seulette
La jeune fille aux cheveux roux.

Tarquin adorait de Lucrèce
L'air noble, le nez aquilin;
Catulle aimait de sa maîtresse
Le joli bras et l'air malin;
Ce fut pour les beaux yeux d'un pâtre
Qu'Hélène trompa son époux;
Mais Antoine de Cléopâtre
Aimait surtout les cheveux roux.

S'il faut en croire un vieil adage,
Les yeux sont le miroir du cœur;
Les cheveux prouvent davantage,
Et je juge sur leur couleur :
La blonde est souvent nonchalante,
La brune se met en courroux;
Mais l'âme doit être brûlante
Lorsque l'on a les cheveux roux.

LA PEUREUSE
Air du beau ciel de l'Occitanie.

Nous habitons une chaumière
Sur la colline, au bord de l'eau;
Là, seule auprès de ma grand'mère,
Dans le jour tout me semble beau;
Mais dès que la nuit devient sombre,
La paix s'éloigne de mon cœur;
Je tremble en regardant mon ombre,
Et de tout je sens que j'ai peur.

Du chêne dont j'aime l'ombrage
Quand le soleil est trop ardent,
Le soir je fuis l'aspect sauvage;
Il me semble voir un géant.
Sous le bosquet, où, dès l'aurore,
Chanter, jouer, fait mon bonheur,
Quand il fait nuit je tremble encore,
Et de tout je sens que j'ai peur.

Le matin je cours la campagne
Sans redouter aucun danger ;
Mais le soir la frayeur me gagne
Rien que pour aller au verger.
Le vent qui souffle le feuillage,
Au loin les pas du laboureur,
Jusqu'à la cloche du village,
Ah ! de tout je sens que j'ai peur.

Le matin sur l'herbe fleurie
Avec Colin, j'aime à causer,
Souvent même, quand il m'en prie,
Je lui permets de m'embrasser ;
Mais le soir, pour faire l'aimable,
Chez nous s'il frappe avec douceur,
Je dis : « N'ouvrons pas, c'est le diable! »
Car de tout je sens que j'ai peur.

Ah ! comme je suis malheureuse
Quand vient l'heure de se coucher !
Jusqu'à mon lit, toute honteuse,
Je vais en m'écoutant marcher ;
Si j'entends le moindre murmure,
Tout habillée, avec terreur,
Je me mets sous ma couverture,
Et là toute la nuit j'ai peur.

LE RETOUR

Air d'Aristippe.

Je te revois, mais tu n'es plus la même ;
Entre nous deux que s'est-il donc passé?
Auprès de moi, ta froideur est extrême,
Tes yeux distraits, ton air embarrassé,
Pour oublier les ennuis de l'absence,
A te revoir quand j'ai su parvenir,

Si tu n'as plus que de l'indifférence...
Devais-tu donc me laisser revenir!

Quoique éloigné, je te voyais sans cesse;
Ton souvenir me suivait en tous lieux;
Je te rêvais me prouvant ta tendresse,
Me répétant le plus doux des aveux:
Je te voyais versant encore des larmes
Quand il fallut loin de toi me bannir!...
L'illusion du moins avait des charmes...
Devais-tu donc me laisser revenir!

Tu n'aimes plus... Mais quel trouble t'agite?
Ton front rougit, j'entends trembler ta voix;
Plus oppressé déjà ton sein palpite,
Et ton regard devient comme autrefois.
Mais, ô douleur!... un autre amour t'enchaîne...
Ce doux regard, je n'ai pu l'obtenir!
Ah! pour me faire éprouver tant de peine,
Devais-tu donc me laisser revenir!

LA BIENFAISANCE

ou

HONNI SOIT QUI MAL Y PENSE

Air : Pensez à moi.

Faites le bien,
C'est ce que je dis à la ronde.   (bis).
Contre le destin chacun gronde;
Moi, d'être heureux j'ai le moyen.
Imitez-moi, jeunesse aimable:
Pour trouver le temps supportable,
    Faites le bien.   (4 fois).

    Faites le bien,
Vous qui, malgré votre richesse,

Rongés par l'ennui, la paresse,
Goûtez tout sans jouir de rien ;
Si vous voulez qu'on vous honore,
Vous pouvez être heureux encore,
    Faites le bien.

    Faites le bien,
Femmes dont l'époux est volage,
De son trésor faites usage,
Puisqu'il n'en reste pas gardien ;
Si l'inconstant vous abandonne,
Pour chasser l'ennui qu'il vous donne,
    Faites le bien.

    « Faisons le bien, »
Me disait certaine dévote,
Encore jolie et point bigote,
Dont j'obtenais un entretien ;
« Dieu ! que c'est beau la bienfaisance !
« Ah ! monsieur, quelle jouissance !
    « Faisons le bien. »

    « Faisons le bien, »
Répète cette douairière ;
Elle se marie à Gros-Pierre,
Et dit en lui passant son bien :
« Soyez riche, c'est mon envie,
« Mais avec moi toute la vie
    « Faites le bien. »

    Faites le bien,
Vous qui fûtes jadis grisette ;
Vous portez béret, plume, aigrette,
Vous avez un luxe indien !
Mais du temps de votre indigence,
Si vous conservez souvenance,
    Faites le bien.

« Faisons le bien, »
Dira toute femme sensible ;
Au malheur elle est accessible,
Dût-elle obliger un vaurien.
En France, en Prusse, en Italie,
Que répète femme jolie ?
« Faisons le bien. »

Faites le bien,
Jeunes gens, voilà ma morale,
Évitez le bruit, le scandale,
Au pauvre servez de soutien,
A la beauté voulez-vous plaire,
Soyez galants, sachez vous taire,
Faites le bien.

LA MARGUERITE

Air de M. Voizel.

Gentille jouvencelle
Compte à peine seize ans ;
Déjà son cœur recèle
D'amour chagrins naissants.
Sur son sein, qui palpite,
Est une marguerite,
Cette fleur, qui dit tout,
Répond à la petite :
« On t'aime un peu, beaucoup. »

Celui qui sut lui plaire
Déclare son amour,
Et la naïve Claire
Promet tendre retour ;
Puis, voulant en cachette
Voir si feu d'amourette
Durera constamment,

Prend la fleur qui répète :
« Oui, passionnément. »

Raison nous abandonne
Quand amour est vainqueur;
La bergère se donne
A l'ami de son cœur.
Notre pauvre petite
De l'amour qui l'agite
Sent s'accroître le feu ;
Mais, las ! la marguerite
N'en promet plus qu'un peu.

La pauvrette attristée
Vient aux champs chaque jour,
Mais la fleur, consultée,
N'annonce plus d'amour.
Vous qui de la tendresse
Goûtez la douce ivresse,
Conservez votre erreur;
Après une faiblesse
N'effeuillez plus la fleur.

LE CHANSONNIER FRANÇAIS

Air : Un grenadier, c'est une rose.

Éprouvant la douce influence
Du sol heureux qui l'a porté,
Au vieux tenson, à la romance.
Préférer franchise et gaîté ; (bis.)
Aimant le vin et la folie,
Son pays autant que sa vie,
Et les dames avec excès ; (bis.)
Voilà le chansonnier français.

Repousser le ton romantique,
Rire du nom de troubadour,

CHANSONS

Préférer la ronde au cantique,
Faire au moins dix couplets par jour;
Se dire en accordant sa lyre :
Pourvu que la gaieté m'inspire,
Mes refrains auront du succès;
Voilà le chansonnier français.

Célébrer la blonde et la brune;
Mais, tout en chantant les amours,
Trouver aussi pour l'infortune
Et des larmes et des secours ;
A l'invalide sans ressource
Offrir et sa plume et sa bourse,
Cacher avec soin ses bienfaits;
Voilà le chansonnier français.

Le matin quitter sa demeure
En cherchant un refrain nouveau,
Trouver la rime, oublier l'heure,
Marcher souvent dans le ruisseau;
Parler tout seul d'un air comique,
Se jeter dans une boutique,
Rire des dégâts qu'il a faits,
Voilà le chansonnier français

Mais en voyant une grisette,
Au doux minois, à l'air coquet,
Sur les beaux yeux de la fillette
Faire sur-le-champ un couplet;
Le lui chanter d'un air bien tendre;
Puis, en causant, tâcher d'apprendre
Si chez elle on aurait accès...
Voilà le chansonnier français.

Loger parfois dans la mansarde,
Savoir y narguer le chagrin;
Au lieu de la harpe d'un barde,

S'accompagner sur un crincrin;
Enfin, à la table d'un prince
Préférer un repas fort mince,
Dont l'amitié ferait les frais;
Voilà le chansonnier français.

LA VIEILLE DE SEIZE ANS

Air de M. Panseron, *ou* Jeunes beautés au regard tendre

Rêves heureux de ma jeunesse,
Vous me promettiez le bonheur,
A quinze ans j'en connus l'ivresse,
Et Charles posséda mon cœur;
Mais le doux charme de ma vie,
Hélas! n'a duré qu'un printemps!
Celui que j'adore m'oublie...
J'ai cessé de plaire à seize ans.

Quand il me nommait son amie,
Il vantait mes faibles appas;
Le plaisir me rendait jolie
Lorsqu'il me pressait dans ses bras
Mais, hélas! je n'ai plus de charmes
Depuis qu'il trahit ses serments...
Mes yeux sont éteints dans les larmes
J'ai cessé de plaire à seize ans.

Trop courts instants de son délire,
Où je savais me faire aimer!
Près de Charles en vain je soupire,
Je n'ai plus rien pour le charmer!
Pourtant mon cœur ne peut se taire
Pour l'ingrat, il bat, je le sens...
Ah! devrait-on cesser de plaire,
Puisqu'on aime encore à seize ans.

L'AMOUR ET LE DIABLE

Air de M. Milhès, *ou* d'Une Heure de Mariage, *ou* Ne vois-tu pas, jeune imprudent.

On prétend qu'avec Lucifer
L'amour a des intelligences,
Et que chez le diable, en enfer,
Il a souvent des conférences.
Ces deux méchants, quittant leur cour,
Font sur terre maint tour pendable,
Et l'on dit même que l'amour
Quelquefois ne vaut pas le diable.

N'attendez d'eux nulle pitié,
Partout il leur faut des victimes;
Sous le masque de l'amitié,
Parfois l'amour commet des crimes;
Le démon, qui craint le grand jour,
Dans la nuit vient faire l'aimable;
On croit ne céder qu'à l'amour,
Et souvent on se donne au diable.

Jeunes filles, craignez l'amour;
Pauvres maris, craignez le diable;
C'est le cœur qu'attaque l'amour,
C'est le corps qu'attaque le diable;
Mais enfin, s'il faut à son tour,
Que chacun de nous soit coupable,
Soyons-le tant avec l'amour,
Qu'il ne reste rien pour le diable

LES ESPRITS

Air : Quand les bœufs vont deux à deux (de Richard).

Dût-on rire de moi,
Je l'avouerai de bonne foi,

Souvent je me suis surpris
A regretter les esprits.

Dans le temps de la magie
Des sorciers de la féerie,
Par un fortuné destin,
A minuit, dans sa chambrette,
On pouvait sur sa couchette
Trouver un petit lutin.
 Dût-on rire, etc.

On était inexorable
Pour tous les suppôts du diable,
Et souvent on en brûla ;
Mais depuis qu'on les délaisse,
Depuis qu'en paix on les laisse,
Les sorciers nous laissent là !...
 Dût-on rire, etc.

Chez cette vieille comtesse,
Jadis on avait sans cesse
Quelques esprits sur ses pas ;
Maintenant dans sa demeure
On se promène à toute heure,
Et l'on n'en rencontre pas !
 Dût-on rire, etc.

Mourir et puis apparaître,
Dans le plancher disparaître,
C'était jadis notre lot ;
Maintenant quand on expire
On ne revient pas nous dire
Seulement un petit mot.
 Dût-on rire, etc.

Le soir aller à la cave,
Annonçait quelqu'un de brave,

Cela faisait grand honneur;
Maintenant il faut qu'on aille
Sous le feu de la mitraille
Prouver que l'on a du cœur.
   Dût-on rire, etc.

Sous un aspect olivâtre
Un seul fantôme au théâtre
Faisait courir tout Paris;
Mais on a changé de mode,
Nos auteurs trouvent commode
De ne plus montrer d'esprits.
   Dût-on rire, etc.

Un revenant secourable
Nous disait : « Là, sous le sable,
« Cherche, un trésor t'appartient. »
Mais, hélas! argent, sagesse,
Constance, beauté, jeunesse,
Aujourd'hui rien ne revient.
   Dût-on rire, etc.

Que j'aille à la comédie
Ou même à l'Académie,
Entendre un discours fort beau,
D'un détracteur de Voltaire
Que je lise un commentaire,
Je répète de nouveau :

   Dût-on rire de moi,
Je l'avouerai de bonne foi,
   Souvent je me suis surpris
   A regretter les esprits.

LE JEUNE SOLDAT

*Air de M. Hippolyte Lhuillier, ou Amédée de Beauplan
ou air du Pauvre Berger.*

Ne v'là que six mois
Que j' port' l'uniforme,
Et les plus sournois
Disent que j' me forme;
Je n' suis plus c' Jean-Jean
Qu'on trouvait si bête!
A tabl' j'ai d' la tête,
J' bats un rataplan;
J' fais du bruit comm' quatre,
Pour un rien j' veux m' battre
Aussi l' mond' dit-il
Que j' suis ben gentil.

Pour marcher au pas
J' n'ons pas la têt' dure,
J'arrondis les bras,
J' prends d' la tournure;
Je tends le jarret,
Et quand je m' dandine,
Dieu! que j'ai bonne mine
Avec mon briquet!
Je valse avec grâces,
Je sais fair' des passes!
Aussi l' mond' dit-il
Que j' suis ben gentil.

Quand le régiment
Pass' dans un village,
J' mets en un moment
Un' ferme au pillage:
Poulets et dindons,

Je vous prends en traître,
On n' voit plus r'paraître
Ceux que j'abordons,
Si l'on me querelle,
Je cass' la vaisselle ;
Aussi le monde dit-il
Que j' suis ben gentil.

Auprès d'un tendron
D' figure agaçante,
Comme un franc luron
D'abord je m' présente,
J' dis : « V'nez donc causer,
« Jolie insulaire,
« Je suis militaire,
« I' m' faut un baiser.
« — J' n'en donn' qu'à ceux qu' j'aime!
Moi, j'avanc' tout d' même ;
Aussi l' mond' dit-il
Que j' suis ben gentil.

En passant cheux nous
Ai-je fait le diable!
Ils ont ben vu tous
Comm' j'étais t'aimable!
Avec un dragon
J'ai bu l' vin d' ma tante,
A sa p'tit' servante
J'ai fait un poupon ;
J'ai mangé, j'espère,
Tout l'argent d' mon père!
Aussi l' mond' dit-il
Que j' suis ben gentil.

LAISSEZ-VOUS FAIRE

Air de la Poupée.

Ici-bas, chacun suit ses goûts,
Laissez-vous faire est ma devise;
A plus d'une belle, entre nous,
Je crois aussi l'avoir apprise;
Dans le monde, pour parvenir,
Résister n'est pas l'ordinaire;
Le moyen de tout obtenir
Est souvent de se laisser faire.

Jeune fille à peine a seize ans,
Que son cœur s'émeut et s'agite;
Lui tient-on des propos galants,
Elle rougit, son sein palpite;
Rien n'est si joli que l'amour.
Or, comme on ne peut s'y soustraire,
Quand un amant vous fait la cour,
Jeunes filles, laissez-vous faire.

Claude, en sortant de son endroit,
Savait, dit-on, à peine écrire;
Mais Claude se tenait bien droit,
Il avait un joli sourire;
Une intrigante le poussa.
A plus d'une belle il su plaire,
Et s'il parvint, s'il amassa,
C'est que Claude s'est laissé faire.

Les dieux mêmes nous ont appris
A tenir ce tendre langage :
Que dit le dieu Mars à Cypris?
Que dit Ixion au nuage?
Que répète encore Apollon,
Quand Daphné fuit le téméraire?

A Psyché que dit Cupidon ?
C'était toujours « laissez-vous faire. »

Être content de son destin,
C'est la bonne philosophie ;
S'il faut partir, un beau matin
Sans murmure quittons la vie ;
Vingt docteurs, dans ce moment-là,
Ne pourraient nous tirer d'affaire.
Quand la mort dira : « Me voilà, »
Il faudra bien la laisser faire.

LE BERGER ET LA BERGÈRE

PASTORALE, SI L'ON VEUT

Air : Vos maris en Palestine.

« Où donc allez-vous, bergère ?
« — Je me rends aux champs, berger.
« — Vous me permettrez, j'espère,
« Avec vous de voyager.
« — A votre désir j'adhère,
« Si ça peut vous obliger »
Et là-dessus, la bergère
A pris le bras du berger,

« — Je crois qu'il tonne, bergère,
« — Je le crois aussi, berger ;
« Je suis mise à la légère.
« — Je n'ai pas de quoi changer ;
« Mais cette grotte, ma chère,
« Peut fort bien nous protéger.
« — Entrons-y, » dit la bergère.
« — Entrons-y, » dit le berger.

« — Je vous adore, bergère.
« — Je vous aime aussi, berger.

« — Entendez-vous le tonnerre?
« Ce temps va se prolonger!
« Mais ici sur la fougère,
« Nous braverons le danger.
« — Ah! quel coup! » dit la bergère.
« — Ah! quel coup! » dit le berger.

« — L'orage est passé, bergère.
« — Quoi! déjà passé, berger?
« — Retournons chez votre mère.
« — Non, c'est trop tôt y songer.
« Tenez, voyez, l'atmosphère
« Nous dit de ne pas bouger.
« — Il fait superbe, bergère.
« — Je vous dis qu'il pleut, berger. »

Alors on vit la bergère,
Courant après son berger,
Du ton d'une harengère
Vouloir le dévisager.
Vous qui croyez aux Glycères,
Aux Corydons mensongers,
Dieu vous garde des bergères,
Dieu vous garde des bergers!

IL N'EST PLUS LÀ

Air : Je pars demain (de Marie).

Il n'est plus là, celui que deux années
Auprès de moi le plaisir rappela ;
Adieu serments d'unir nos destinées !
Adieu beaux jours! époques fortunées !
    Il n'est plus là.

Il n'est plus là; pourtant dans la souffrance
Plus d'une fois ma voix le consola !

Lui qui n'était heureux qu'en ma présence,
Qui maudissait les heures de l'absence...
    Il n'est plus là.

Il n'est plus là... l'amour ailleurs l'engage,
L'amour !... son cœur ne connaît pas cela !
Vous qui charmez maintenant le volage,
Un jour aussi vous le direz, je le gage,
    Il n'est plus là.

LE SAGE COMME IL Y EN A TANT

Air de Lantara.

Comme je fais vœu d'être sage
  Sitôt que je n'ai pas d'argent !
Des plaisirs repoussant l'image,
  Le monde me semble affligeant ;
Mais aussitôt que je sens dans mes poches
  Sonner les fonds que j'ai reçus,
Je ne puis plus songer qu'à des bamboches,
  Et je fais rouler mes écus.

Lorsque je suis à court d'espèces,
  Je me dis : Fuyons la beauté !
C'est par de trompeuses caresses
  Que jadis l'homme fut tenté.
Mais aussitôt que la fortune arrive,
  D'un bel œil admirant l'émail.
Chaque minois me séduit, me captive !
  Je voudrais avoir un sérail !

Le jeu n'est qu'une frénésie !
  Me dis-je quand j'ai tout perdu.
L'homme atteint de cette folie
  Mériterait d'être pendu !

Mais quand je vois de l'or dans ma cassette,
   Je mets des cartes de côté;
Et si je quitte un moment la roulette,
   C'est pour jouer à l'écarté.

   Quel ennui de manger, de boire !
   Me dis-je quand je n'ai plus rien ;
   Un ivrogne perd la mémoire,
   Un gourmand dépense son bien !
Mais quand Plutus me devient favorable,
   Bien dîner me paraissant doux,
Chez un traiteur je vais me mettre à table,
   Et je passe la nuit dessous.

LES SOUVENIRS

Air des Créoles.

Désirant voir naître l'aurore,
   J'allais aux champs de grand matin ;
   Nous nous trouvâmes en chemin.
De ce beau jour te souvient-il encore ?

   Ton regard disait : « Je t'adore. »
   Pendant longtemps pour nous revoir,
   Nous nous retrouvions chaque soir.
De ce temps-là te souvient-il encore ?

   Lorsqu'un feu brûlant nous dévore,
   On jure d'aimer constamment :
   Tous deux nous en fîmes serment ;
De ce serment te souvient-il encore ?

   Bientôt ton retour que j'implore
   Doit à jamais nous réunir ;
   Hâte-toi donc de revenir,
Si de m'aimer tu te souviens encore.

LES JEUX INNOCENTS

Chansonnette qu'il ne faut chanter que lorsqu'on connaît tous les noms des petits jeux.

Air du Code et l'Amour.

Chez maman tous les jours on joue
Différents jeux fort amusants;
Mais moi, j'aime mieux, je l'avoue,
Me mêler aux jeux innocents;
On s'y presse, on badine, on cause,
On peut parfois se parler bas;
Enfin, on se dit mainte chose
Que les mamans n'entendent pas.

Quand je vois un jeune homme aimable
Faire le *portier du couvent*,
Je me donne un air agréable,
Pour qu'on m'appelle plus souvent;
Quoique je ne sois pas coquette,
Plus d'un monsieur, au regard doux,
M'a pour ma *boîte d'amourette*
Offert de très-jolis bijoux.

J'aime beaucoup que l'on me fasse
Quelque compliments *impromptu;*
Mais ce dont je suis bientôt lasse,
C'est du *propos interrompu.*
Qu'un jeune homme de bonne mine,
En secret de moi soit épris,
Savez-vous quand je le devine?
C'est au *collin-maillard assis.*

Avec mon cousin Théodore
J'ai longtemps *boudé* l'autre jour;
Avec lui j'aime bien encore
Faire souvent le *pont d'amour.*

Quand nous sommes en tête-à-tête,
Nous jouons à mon *corbillon*,
Et sa réponse est toujours prête
Dès que je lui dis : *Qu' y met-on ?*

Pourtant je suis fort en colère.
Ah ! mon cousin, ça me déplaît,
Et je prétends dire à ma mère
Ce qu'hier au soir vous avez fait ;
Oui, j'ai bien vu, quoi qu'il en dise,
Que ce monsieur, d'un air malin,
Quand près de lui j'étais assise,
Mettait dans le *trou du voisin*.

A ces petits jeux, dit ma mère,
On trouve souvent un époux ;
Moi, si l'on m'en donne un, j'espère
Qu'il sera très-habile à tous ;
Dans mon cœur pour qu'il trouve place,
D'avance je lui dis tout net.
Il faudra que mon mari fasse
Un, deux, trois, quatre, cinq, six, sept.

IL NE FAUT PAS RÊVER TOUJOURS

A une dame qui me disait que son plus grand bonheur était
de dormir.

Air : A deux époques de la vie.

Quoi, dans l'âge de la tendresse,
Dormir a pour vous tant d'appas !
Mais, si vous sommeillez sans cesse,
Auprès de vous on ne dort pas.
Vous prétendez dans chaque rêve
Voir commencer d'autres amours ;
Permettez que je les achève...
Il ne faut pas rêver toujours.

On chérit votre caractère,
On admire votre beauté,
D'une séduisante chimère
Vous êtes la réalité ;
Les rêves à femme jolie
Sont d'un inutile secours ;
Au temps heureux de la folie
Il ne faut pas rêver toujours.

Laissez rêver le pauvre hère,
Qui fait en songe un bon repas,
Laissez rêver la bonne mère,
Qui croit voir son fils dans ses bras ;
Au malheur le soleil fait trêve,
Il change les nuits en beaux jours ;
Mais, vous, à qui toujours on rêve,
Il ne faut pas rêver toujours.

LES SYNONYMES FRANÇAIS

Air du vaudeville de l'Amant somnambule.

Souvent l'amour dans son langage
Aime à changer le sens des mots ;
Il faut en connaître l'usage,
Pour les employer à propos.
Vous qui languissez près des belles,
Pour devenir plus vite heureux,
Jeunes amants, croyez près d'elles
Bien moins leur bouche que leurs yeux.

Le synonyme chez les femmes
Est d'un usage très-commun ;
Pour réussir près de ces dames,
On doit n'en oublier aucun ;
Dans un amoureux tête-à-tête,
En tremblant si vous agissez,

Il faut brusquer votre conquête
Quand on vous dira : *Finissez.*

Amour constant, soumis, fidèle,
Cela se voyait autrefois ;
Mais aujourd'hui, *flamme éternelle*
Dure à peu près deux ou trois mois.
Qui promet *amour pour la vie,*
Veut dire, en engageant sa foi
« *Passe-moi mainte fantaisie,*
« *Je reviendrai toujours à toi.* »

Des mots de : *perfide, volage,*
Ne soyez jamais alarmé ;
Quand femme vous tient ce langage,
Vous avez l'espoir d'être aimé ;
Du cœur quand vous serez le maître,
C'est *méchant* qu'on vous nommera ;
Et si l'on vous appelle *traître,*
C'est que l'on vous adorera.

LE MANQUE DE MÉMOIRE

Air du Château de mon oncle.

Pourquoi gronder, ô mon ancienne amie,
Si ma mémoire a suivi mes amours ?
J'avais, dis-tu, d'un air de bonhomie,
Fait le serment de t'adorer toujours ?
Employant tout pour te rendre sensible,
Je te nommais et Ninon et Vénus !
J'ai dit cela, ma chère, c'est possible ;
Mais aujourd'hui je ne m'en souviens plus.

Dans les transports de ma flamme amoureuse,
Pour te prouver ma sincère amitié,
J'ai, me dis-tu, voulu te voir heureuse
En te donnant de mes biens la moitié ;

Et par ce don, sur-le-champ exigible,
Je t'assurais tous les mois mille écus?
J'ai dit cela, ma chère, c'est possible,
Mais aujourd'hui je ne m'en souviens plus.

Voulant encor, contre mon inconstance,
Te rassurer par un nœud éternel,
Perdant pour toi ma douce indépendance
J'ai désiré te conduire à l'autel;
Me marier ne m'était point pénible;
Je te trouvais des grâces, des vertus...
J'ai dit cela, ma chère, c'est possible;
Mais aujourd'hui je ne m'en souviens plus.

Bref, tu prétends, et je veux bien le croire,
Que je t'ai dit : « Si je deviens trompeur,
« Pour me punir d'une action si noire;
« Je te permets de me percer le cœur. »
Ah! ne va pas, dans un transport terrible,
Te préparer des regrets superflus!
On dit cela, ma chère, c'est possible;
Le lendemain on ne s'en souvient plus.

RENDEZ-MOI MON ARGENT

Air : Le cordon, s'il vous plait.

C'est le plaisir
Qu'on veut saisir;
Chacun l'envie;
On croit contenter son désir.
A tous les instants de la vie,
Bercés par un espoir trompeur,
Nous payons bien cher le bonheur!
Et tel prodiguant sa richesse
Pour avoir fidèle maitresse,

Pourrait dire, en se dégageant,
Rendez-moi mon argent.

(6 fois.)

Est-on garçon,
Il faut, dit-on,
Prendre une femme,
Afin de monter sa maison ;
Puis, avec la dot de madame,
On a des chevaux, des valets,
On donne concerts et banquets ;
Mais oubliant qu'hymen nous lie,
On néglige femme jolie,
Qui dit tout bas en enrageant :
Rendez-moi mon argent.

On me promet
Succès complet ;
Vite au théâtre
Je cours et me place au parquet ;
De la comédie idolâtre,
J'écoute au milieu des amis,
Le chef-d'œuvre qu'on m'a promis.
Hélas ! plan, scène, personnage,
Tout est mauvais dans cet ouvrage ;
Et chacun dit en délogeant :
Rendez-moi mon argent.

A l'écarté
Avec gaieté,
Folle jeunesse,
Tu viens chercher le bon côté ;
Pour le jeu quittant sa maîtresse,
Au bal on néglige l'amour,
Qui peut s'en venger à son tour ;
On perd, on emprunte, on s'entête ;
Plus d'un qui brille à cette fête,

Dira demain, presque indigent,
  Rendez-moi mon argent.

   Il faut souffrir,
   Il faut mourir,
   Et dans la vie
Souvent on n'a point de plaisir.
Notre carrière est remplie,
Parfois les soucis, le chagrin,
Avec nous ont fait le chemin ;
Quand on fit un triste voyage,
On pourrait en pliant bagage
Dire, sans paraître exigeant,
  Rendez-moi mon argent.

LA RÉUNION D'ÉTÉ

CHANSON DE TABLE

Air : Il me faudra quitter l'empire.

Amis, voici l'époque fortunée
Où je viens rire et chanter avec vous ;
Mais aujourd'hui d'une belle journée
L'aimable aspect rend ce banquet plus doux ;
Pendant l'hiver si ma voix, peu sonore,
De vous distraire eut parfois le désir,
Sous un beau ciel on doit mieux encore
Boire, chanter, se livrer au plaisir.

Si nous voyons ensemble la froidure,
Et de janvier la neige et les ruisseaux,
Ensemble au moins admirons la nature,
Charmant les yeux par de riants tableaux.
Sachons l'été jouir des dons de Flore,
C'est pour l'hiver un joyeux souvenir ;
Sous un beau ciel on doit mieux encore
Boire, chanter, se livrer au plaisir.

Toujours Paris nous rassemblait naguère ;
Mais aujourd'hui, dans notre doux émoi,
Quittant ses murs nous passons la barrière,
Et nous laissons les ennuis à l'octroi ;
Près d'un bon feu, quand Comus nous restaure,
Si nous savons charmer notre loisir,
Sous un beau ciel on doit bien mieux encore
Boire, chanter, se livrer au plaisir.

Enfants des arts, pour devise chérie
Prenons toujours : « Franchise et liberté ; »
La moindre entrave arrête le génie,
Mais le grand air inspire la gaieté.
Dans cet hôtel que le luxe décore,
A s'amuser nul ne peut réussir !
Sous un beau ciel il vaut bien mieux encore
Boire, chanter, se livrer au plaisir.

Chacun de nous, regardant en arrière,
En soupirant peut se dire tout bas :
De mon printemps j'ai passé la carrière,
Pour nous, hélas ! il ne renaitra pas !
Mais le passé dans l'ombre s'évapore
C'est le présent qu'il faut savoir saisir !
Sous un beau ciel heureux qui peut encore
Boire, chanter, se liver au plaisir.

LA PLUME

Air du vaudeville de l'Étude.

A la plume rendons hommage,
Nous envions tous ses faveurs ;
Heureux qui sait en faire usage
Sans en éprouver les rigueurs !
On souffre quand un sot la guide,
Mais le ciel forme peu d'élus ;

Plumes de Racine et d'Ovide,
Hélas ! on ne vous taille plus.

Changeant de ton comme de maître,
Servant et l'intrigue et l'amour,
Combien d'écrits elle a fait naître
Qui n'ont pas duré plus d'un jour !
Elle a tracé mainte bévue,
Fruit du despotisme irrité ;
Mais trop rarement on l'a vue
Conduite par la Vérité.

Honneur à la plume fidèle
Qui du peuple défend les droits,
Et dans une page immortelle
Pour le pauvre élève la voix !
Honte à celle qui se partage,
Qui pour de l'or se vend soudain,
Et qu'on voit changer de langage
Sans pour cela changer de main !

Sur la beauté qu'elle caresse
Souvent la plume nous séduit ;
Pour exprimer notre tendresse,
La plume aisément se conduit.
Cédant aux désirs qu'elle allume,
Si l'on couronne notre ardeur,
Parfois c'est encor sur la plume
Que nous connaissons le bonheur.

Puisse quelque plume nous rendre
Molière, Voltaire, Rousseau !
Puisse-t-elle à l'instant se fendre
Pour qui dénigre son berceau !
Et vous, auteurs de cent volumes,
Écrits pour engourdir nos sens,
De grâce ne taillez vos plumes
Que pour faire des cure-dents !

A MON ANCIENNE AMIE

Air : Oui, des beaux-arts je suis admirateur (de Garrick).

Voilà douze ans, Lise, que j'ai ton cœur,
Déjà douze ans ! époque fortunée !
Loin que le temps altère mon bonheur,
Je crois t'aimer encor plus chaque année.
   Maîtresse nouvelle et vins vieux
Font, nous dit-on, le charme de la vie :
   Je change ce refrain joyeux,
   Et trouve qu'à table on est mieux
   Auprès de son ancienne amie.

Douze ans sont longs quand par de tristes nœuds
L'indifférence avec l'amour s'engage ;
Ce temps fut court, ma chère, pour nous deux,
Car de nos feux nous avons plus d'un gage.
   Si dans de nouvelles amours
On met parfois plus de galanterie,
   Qu'est-il besoin de son secours
   Pour compter tous les heureux jours
   Passés près d'une ancienne amie ?

Éprouve-t-on pour un objet nouveau
Ce vif désir qui fait croire qu'on aime,
Alors pour nous le présent seul est beau :
Le lendemain souvent n'est plus le même.
   Mais bien loin de nous désunir
Quand le temps voit notre ardeur affermie,
   On est riche de souvenir
   Et rassuré sur l'avenir
   Auprès de son ancienne amie.

Des plaisirs même être enfin ennuyé,
C'est en changeant ce que bientôt on trouve ;
Mais à l'amour joindre de l'amitié,

En se fixant, c'est ce que l'on éprouve.
  Du sort ressent-on le courroux,
Par le malheur doublement on se lie ;
  Et ce souvenir a pour nous
  Encor je ne sais quoi de doux
  Auprès de notre ancienne amie.

Si je te dis que je te trouve encor
Mêmes attraits, même grâce, ma chère,
Tu me croiras, je pense, sans effort :
Après douze ans on doit être sincère ;
  Pour toi le temps semble arrêté ;
Mais si sa main cessait d'être endormie,
  N'en conçois nulle anxiété :
  Ce n'est pas que pour sa beauté
  Que l'on aime une ancienne amie.

LA VIE D'UN PARTICULIER

ROMANCE ROMANTIQUE,

Avec dix ans d'intervalle entre chaque couplet.
Air : De ma Céline, amant modeste.

PREMIER COUPLET
(Le particulier à dix ans.)

Que les parents sont ridicules
Avec leur latin et leur grec !
Combien je suis las de férules,
Et de *pensum* et de pain sec !
Ah ! de grandir j'ai bonne envie !
Alors, loin d'être nonchalant,
Je veux, tous les jours de ma vie,
Faire enlever un cerf-volant.

DEUXIÈME COUPLET
(Le particulier à vingt ans.)

Ah ! que ma cousine est jolie !
Les beaux yeux ! quel air de douceur

Déjà je l'aime à la folie ;
L'épouser ferait mon bonheur.
On m'objecte encore mon âge ;
Vingt ans, c'est trop jeune, dit-on,
J'en voudrais avoir davantage
Afin de n'être plus garçon !

TROISIÈME COUPLET

(Le particulier à trente ans.)

Vraiment, ma femme est ennuyeuse,
Elle veut me tyranniser ;
De mon temps, pour la rendre heureure,
Je ne puis jamais disposer.
Après six ans d'hymen, j'espère
Qu'on doit être plus tolérant.
Quand donc, pour promener sa mère,
Mon fils sera-t-il assez grand !

QUATRIÈME COUPLET

(Le particulier à quarante ans.)

Mon fils a quinze ans, et le drôle
Ira loin, si je m'y connais !
Pour ma fille, sur ma parole,
On admirera ses attraits ;
Je veux qu'elle épouse une altesse !
Et que mon fils soit général ;
A leur noce quelle allégresse !...
Quand donc en verrai-je le bal !

CINQUIÈME COUPLET

(Le particulier à cinquante ans.)

Au diable soit de la famille !
Mon vaurien a tout engagé !...
Et l'argent qu'a reçu ma fille
Déjà par mon gendre est mangé.
Partons, car, si je n'y prends garde,
Mon bien n'y suffira jamais.

Ah ! d'être loin d'eux qu'il me tarde,
Afin de pouvoir vivre en paix !

SIXIÈME COUPLET

(Le particulier à soixante ans.)

En me rappelant ma jeunesse,
Maintenant que j'ai soixante ans,
Je vois que par ses vœux sans cesse
On presse la marche du temps ;
C'est à vieillir que l'on aspire,
Puisque, même sur mon déclin,
Il m'arrive encore de dire :
« Je voudrais bien être à demain. »

VOUS FACHERIEZ-VOUS ?

Air : Voilà quatre ans qu'en ce village (de Léocadie).

Si je vous disais, mon amie,
Pourquoi je soupire en secret ;
Si je vous disais : Pour la vie
Je puis être heureux et discret ;
Si, cédant à l'ardeur extrême
Que fait naître un regard si doux,
Je vous disais enfin... je t'aime :
Ah ! Rose, vous fâcheriez-vous ?

Vous savez que je vous adore,
Pourtant vous ne vous fâchez pas ;
Mais, hélas ! je soupire encore
Lorsque j'admire vos appas ;
Je désire un baiser bien tendre...
Mais je crains trop votre courroux,
Si malgré toi j'osais le prendre...
Ah ! Rose, vous fâcheriez-vous ?

Vous pardonnez à mon délire ;
Mais pour apaiser mes amours,

Ce baiser ne saurait suffire,
Hélas ! je soupire toujours !
De mon amour n'étant plus maître,
Si je tombais à tes genoux...
Mais j'y suis... j'y veux toujours être...
Ah ! Rose, vous fâcherez-vous ?

IL FAUT AIMER

Air de mademoiselle Caroline Moudrux, *ou* air d'Aristippe.

Il faut aimer, c'est le besoin de l'âme ;
Qui n'aime pas ne peut se dire heureux ;
Il faut céder à cette douce flamme
Qu'en notre cœur allument deux beaux yeux.
Dans les palais, dans la chaumière obscure,
C'est l'amour seul qui sait tout animer.
Nous entendons la voix de la nature...
  Il faut aimer.

Il faut aimer pour être humain, sensible,
Des malheureux pour adoucir le sort ;
L'amour s'éveille à la peine accessible,
L'indifférence avec calme s'endort.
Il faut armer pour aller à la gloire ;
Pour son amie il est beau de s'armer ;
Pour parvenir au temple de mémoire.
  Il faut aimer.

Il faut aimer, dans le printemps de l'âge,
La tendre mère à qui l'on doit le jour ;
Quand la raison devient notre partage,
Pour l'égayer unissons-lui l'amour ;
Et lorsque enfin la tremblante vieillesse
Nous dit qu'il faut renoncer à charmer.
Pour que le cœur conserve sa jeunesse,
  Il faut aimer.

L'HABITUDE

Air : Les petits valent bien les grands.

Le bonheur se forme, dit-on,
Des habitudes de la vie,
Le sage l'a dans sa maison,
L'amant auprès de son amie.
A tout on peut s'accoutumer.
Ma Clara, faisons-en l'étude ;
Si tu le veux de nous aimer
Nous allons prendre l'habitude.

A toujours être auprès de toi
Je m'accoutumerai bien vite :
Déjà tes désirs font ma loi,
C'est à regret que je te quitte ;
T'aimer doit être le bonheur,
J'en ai la douce certitude ;
Je sens au trouble de mon cœur
Qu'il en prend déjà l'habitude.

Mais il faut aussi m'exprimer
Que tu partages mon ivresse ;
Songe qu'il faut t'accoutumer
A me permettre une caresse ;
Lève les yeux sur ton amant,
Ma Clara, ne fais point la prude ;
De peindre un tendre sentiment
Donne-leur vite l'habitude.

Grâce à ce projet, tout me dit
Que nous serons heureux, ma chère ;
En s'aimant petit à petit à petit,
On connaît mieux son caractère ;

Défions-nous de ces amours
Que l'on forme avec promptitude ;
Ceux que l'on voit durer toujours
Sont souvent nés de l'habitude ;

JE NE SUIS PAS ENCOR GUÉRI

Air : Les petits valent bien les grands.

D'un sexe perfide et volage
Je prétends braver les attraits,
L'aimer encor serait peu sage,
J'en suis bien guéri désormais.
Oui, c'en est fait, je fuis les belles,
Et pourtant mon cœur attendri
Palpite toujours auprès d'elles...
Je ne suis pas encor guéri.

Cent fois trompé par des coquetteries,
Irai-je encor faire ma cour ?
Non, mesdames, dans vos conquêtes
Ne me comptez plus dès ce jour.
Mais Adèle vient de m'écrire,
C'est demain que part son mari ;
Et d'être à demain je soupire...
Je ne suis pas encor guéri.

Que dis-je ! non, plus de maîtresses.
Je ne veux plus, pour deux beaux yeux,
Croire à de trompeuses promesses ;
Ne plus aimer vaut beaucoup mieux.
Mais quelle est cette jeune fille,
Au pied mignon, au teint fleuri ?
D'honneur ! on n'est pas plus gentille...
Je ne suis pas encor guéri.

N'allons pas faire de folie !
Et que m'importe ce minois !...

Mais cette femme est bien jolie...
Elle me remarque, je crois.
Oui, j'en suis certain, la petite
En me regardant a souri...
Pour la rejoindre allons plus vite.
Je ne suis pas encor guéri.

LA CHAUMIÈRE

Air de M. Ét. Voizel, ou air du vaudeville de l'Actrice.

Séjour de mon heureuse enfance,
Qu'il me fallut trop tôt quitter ;
Vers toi, franchissant la distance,
Ma pensée aime à se porter,
Je vois ces murs couverts de lierre,
Ce foyer, ce toit protecteur ;
Et je regrette ma chaumière,
Où je connaissais le bonheur.

Forcé de vivre au sein des villes,
J'ai connu leurs bruyants plaisirs ;
Là les hommes ne sont habiles
Qu'à se créer de vains désirs :
Chacun d'eux use sa carrière
En rêvant fortune et grandeur !...
Moi, je regrette ma chaumière
Où je connaissais le bonheur.

Quand, de l'amour goûtant l'ivresse,
Je crois à la félicité,
Je suis trahi par ma maîtresse,
Qui rit de ma fidélité.
Du grand monde c'est la manière :
La constance n'est qu'une erreur !...
Moi, je regrette ma chaumière,
Où je connaissais le bonheur.

14.

Le désir ardent de la gloire
M'a fait affronter les combats ;
Alors je voyais la victoire
Suivre les pas de nos soldats :
Mais du temps la faux meurtrière
Moissonne a son tour le vainqueur !...
Ah ! retournons dans ma chaumière,
Où je connaissais le bonheur.

LE NEZ

Air : C'est par les yeux, etc.

C'est par le nez que tout se flaire,
Et, premier organe des sens,
Le nez nous guide et nous éclaire
Dans nos désirs les plus pressants.
La Providence, toujours sage,
En créant le nez, eut grand soin
Qu'il fût au milieu du visage,
Afin qu'on le vit de plus loin.

Chacun cite de sa maîtresse
Les dents, les yeux ou les contours ;
Mais bien rarement on adresse
A son nez de tendres discours :
Eh ! messieurs, faites qu'il partage
Les éloges que vous donnez :
Que serait le plus beau visage
Si l'on n'y voyait pas de nez ?

Voyez ce gourmand, il devine
Quand vous donnez de bons dîners :
Chez vous alors il s'achemine ;
Les gourmands ont toujours bon nez.
Voyez encor cet homme en place,
D'opinions changeant souvent ;

Veut-il obtenir quelque grâce,
Il a toujours le nez au vent.

J'aime un nez à la Roxelane,
Il donne aux belles l'air mutin ;
Sur une jeune courtisane
Un nez à la grecque est divin ;
Chez une noble et grande dame
Je recherche un nez aquilin ;
Mais si je prenais une femme,
Je voudrais qu'elle eût le nez fin.

Le nez est le miroir de l'âme,
Sur lui tout se peint, tout agit :
Avons-nous la fièvre, il s'enflamme,
Quand nous buvons trop, il rougit :
Enfin, si dans un tête-à-tête,
Nos vœux ne sont pas couronnés,
Au lieu de notre air de conquête,
Cela nous donne un pied de nez.

LA COUTURIÈRE

Air : Eh ! le cœur à la danse, etc.

Une fillette de vingt ans,
  Sensible et couturière,
Disait : « Ça dure bien longtemps
  « Une semaine entière !
« Mais elle s'achèvera,
« Et dimanche arrivera...
  « Enfilons mon aiguille,
    « Cousons (*ter*) toujours ;
  « Je suis jeune et gentille,
  « Pensons à mes amours.

« Dimanche ! ah ! pour moi quel plaisir
  « Comme alors je m'en donne !

« Je n'ai qu'à former un désir,
  « Et vite on le couronne.
« Les messieurs que je connais
  « Sont si galants, si bien faits !
    « Enfilons mon aiguille, etc.

« Monsieur Auguste a soin d'avoir
  « Des bonbons dans ses poches !
« Monsieur Jules, matin et soir,
  « Me bourre de brioches !
« Si Paul ne me donne rien,
« Il me fait danser fort bien !
    « Enfilons mon aiguille, etc.

« Comme monsieur Jules est poli,
  « Comme il valse avec grâces !
    « Il m'a menée à Tivoli,
      « Nous avons pris des glaces :
« Et puis le soir dans mon corset,
« Il m'a mis un gros bouquet.
    « Enfilons mon aiguille, etc.

« Pour Auguste au *Pied de Mouton*,
  « Je me suis enflammée,
« J'étais en loge du grand ton,
  « La grille était fermée,
« J'ignore ce qu'on disait,
« Mais comme ça m'amusait !
    « Enfilons mon aiguille, etc.

« Avec Paul je dîne en secret,
  « Et de peur de scandale,
« C'est toujours dans un cabinet :
  « Mais comme il me régale !
« Je dis en vain : Finissez,
« Nous en avons bien assez...
    « Enfilons mon aiguille, etc.

« Je n'écouterais qu'un amant
  « Si j'avais ma semaine :
« Mais rien qu'un jour au sentiment !
  « Ça me suffit à peine :
« Pour mes dimanches, je veux
« Garder mes trois amoureux ;
  « Enfilons mon aiguille,
    « Cousons (*ter*) toujours :
  « Je suis jeune et gentille,
  « Pensons à mes amours. »

LES VIEUX PÉCHÉS

Air : Je vous comprendrai toujours bien (de l'Opéra-Comique).

Malgré notre sagesse à tous,
Malgré notre amour de bien faire,
Ce qu'on nous défend a pour nous
Certain attrait involontaire :
Soyons indulgents, car, hélas !
Dans ce siècle d'ingratitude,
Eh ! quel est celui qui n'a pas
Quelques vieux péchés (*ter*) d'habitude ?

Hortense a de la gravité,
L'œil baissé, le maintien sévère,
Elle fuit la société
De toute femme un peu légère ;
En secret elle a des amants,
Dans le monde elle fait la prude ;
Dissimuler ses sentiments,
C'est son vieux péché (*ter*) d'habitude.

D'un sexe qui règne sur nous
Excusons la coquetterie,
Jamais de ce péché si doux
Ne gémira femme jolie.

La plus fidèle a son amant
De plaire à chacun fait étude ;
Ah ! laissons-leur cet art charmant,
C'est un vieux péché (*ter*) d'habitude.

S'il faut défendre son pays,
Partir sans que rien ne l'arrête,
Et sous le feu des ennemis
Chanter encor la chansonnette,
Aimer sa patrie à l'excès,
Mais détester la servitude,
En tous les temps chez les Français
C'est un vieux péché (*ter*) d'habitude.

Si les Normands sont cauteleux,
Si les Gascons par trop se vantent,
Si les riches sont orgueilleux,
Si les journalistes nous mentent,
Si les amants sont attrapés,
Si les marins ont le ton rude,
Et si les maris sont trompés,
Ce sont des péchés (*ter*) d'habitude.

LE DÉSIR ET L'ESPÉRANCE

Air de l'Angélus.

On a quelquefois confondu
Deux sentiments qui, dès l'enfance,
Par leurs charmes ont suspendu
Les ennuis de notre existence :
L'un est précurseur du plaisir
Et l'autre naît de la souffrance ;
Le premier fut nommé désir,
Et le second est l'espérance.

Pour le pauvre dans son réduit
Ces deux sentiments ont des charmes ;

Le désir parfois le séduit,
L'espérance sèche ses larmes ;
En amour l'un fait réussir,
Vers l'amitié l'autre s'élance ;
Le plus heureux c'est le désir,
Mais le plus doux c'est l'espérance.

Au dernier jour, lorsque le temps
Guidera la Parque cruelle,
De ces aimables sentiments
Un seul nous restera fidèle :
Dès que la mort vient nous saisir,
Adieu grandeurs, beauté, puissance :
Nous perdons aussi le désir,
Mais nous emportons l'espérance.

POUR LA FÊTE D'UN *LOUIS*

Air : Au coin du feu.

A chanter je m'apprête ;
Il s'agit d'une fête
  Qui vaut son prix ;
Or je sens qu'il me tente,
Car je sais que je chante
  Pour un Louis *(ter)*.

L'épouse de notre hôte,
Bien qu'à compter sans faute
  Elle ait appris,
Donnerait, je parie,
Une somme infinie
  Pour son Louis.

Louis, en Terre-Sainte,
Disait : « Allons sans crainte !... »
  Il fut occis.

Moi, vous pouvez m'en croire,
Ici, j'aime mieux boire
  Pour mon Louis.

Quand on a quelque pièce
D'une mauvaise espèce,
  On est repris ;
Chez nous point d'alliage :
Nous avons en partage
  Un bon Louis.

L'un veut une couronne :
Celui-ci sur le trône
  A des soucis.
Pour nous fête complète,
Nous sommes en goguette
  Pour un Louis.

Autrefois trois déesses
Découvrirent leurs... jambes
  Au beau Pâris.
On dit, moi je l'ignore,
Que l'on en montre encore
  Pour un Louis.

LES MACHINES

Air : Femmes, voulez-vous éprouver.

Tout n'est que machine ici-bas,
Disait un jour un pessimiste :
L'homme, qui fait tant d'embarras,
Ne remplit qu'un rôle fort triste ;
Malgré lui forcé d'arriver
Au but que le sort lui destine,
L'homme, je vais vous le prouver,
N'est lui-même qu'une machine.

On se lève ; il faut se couvrir ;
Puis, que l'on soit laquais ou comte,
Il faut songer à se nourrir :
C'est la machine que l'on monte.
Bientôt on va la promener,
Mais, n'importe où l'on s'achemine,
L'estomac crie, il faut dîner,
Ou bien, au diable la machine.

Vous me direz : On peut causer,
Près des belles on plaît, on brille,
Parfois même l'on peut baiser
La main d'une femme gentille ;
Oui, si l'on prolongeait cela,
Ce serait charmant, j'imagine ;
Mais bientôt on bâille, et voilà
Qu'il faut coucher notre machine.

Foin du pessimiste maudit
Qui met l'homme au niveau de l'âne !
En nous il n'a point vu d'esprit,
Il mérite qu'on le condamne ;
Mais si nous perdions, par hasard,
Ce feu divin qui nous domine,
La beauté, par un seul regard,
Remonterait notre machine.

LA DEMOISELLE DE QUINZE ANS

Air : Amis, voici la riante semaine.

Je touche enfin l'époque fortunée
Qui fut longtemps le but de mes désirs !
Je ne suis plus d'enfants environnée,
Avec quinze ans on a d'autres plaisirs.
Moi, qu'on voyait toujours chanter et rire,
Je suis déjà tout autre, je le sens...

J'ai des vapeurs, je rougis, je soupire ;
Ah ! que c'est donc joli d'avoir quinze ans !

Pour raisonner je me sens plus d'audace,
J'ai le plaisir de m'entendre louer ;
Quand un vieillard auprès de moi se place,
Je n'ose plus le quitter pour jouer.
Si par hasard encor mon œil convoite
Ceux que je vois courir dans tous les sens,
Je reste assise et je me tiens bien droite...
Ah ! que c'est donc joli d'avoir quinze ans !

Je ne suis plus traitée en écolière
Lorsque je vais le soir dans un salon,
D'un vieux marquis et d'une douairière
Je fais souvent la partie au boston.
Quand près de nous les enfants qu'on tolère
Font les cent coups à leurs jeux innocents,
Moi, je demande une *grande misère !*
Ah ! que c'est donc joli d'avoir quinze ans !

Lorsque j'allais jadis dans la campagne,
Tout me semblait propre à me divertir ;
Cueillir des fleurs, gravir une montagne,
Me suffisait pour aimer à sortir.
Mais maintenant les bois ont d'autres charmes.
Du rossignol j'écoute les accents,
Et puis mes yeux se remplissent de larmes.
Ah ! que c'est donc joli d'avoir quinze ans !

D'avoir quinze ans, oui, je suis bien heureuse,
Je ne sais quoi pourtant trouble mon cœur ;
Être souvent inquiète, rêveuse,
Est-ce bien là ce qu'on nomme bonheur ?
Vagues désirs, dont j'ignore la cause,
Vous tourmentez, vous agitez mes sens :
Ah ! c'est, je crois, encor pour autre chose,
Que c'est, dit-on, joli d'avoir quinze ans !

LES CIMETIÈRES

RONDE A DANSER
Air de la Ronde des grenadiers.

Mes chers amis, vivent les cimetières !
Ne plaignons pas le sort des moribonds ;
Si les vivants repoussent nos prières,
Dès qu'ils sont morts tous les hommes sont bons.

Quand dans le monde on rencontre avec peine
Amour constant, véritable amitié,
Au cimetière on trouve par centaine
Ami sincère et fidèle moitié.
Mes chers amis, vivent, etc.

Vous trouvez là des modistes austères,
Des brocanteurs qui ne surfaisaient pas,
Des poëtes chéris de leurs confrères,
Et des tailleurs qui donnaient de bons draps.
Mes chers amis, etc.

J'y vois encor des bouchers philanthropes,
Des boulangers, philosophes profonds.
Sur leurs tombeaux, grâce à leurs Pénélopes,
Je trouve aussi l'adresse de leurs fonds.
Mes chers amis, etc.

Pauvres auteurs, victimes de l'envie,
Qui ne trouvez que censeurs insolents,
Vous vous plaignez !... demain quittez la vie,
Et l'on rendra justice à vos talents.
Mes chers amis, etc.

De son vivant, Raimond avec sa femme
Avait toujours des querelles, des cris ;

Sur son tombeau, par ordre de madame,
On met : Au plus adoré des maris.
Mes chers amis, etc.

Chez les époux, chez les fils, chez les gendres,
Que de vertus ! En lisant tout cela,
Chacun se dit : Pour avoir de leurs cendres,
On aurait dû brûler tous ces gens-là !...
Mes chers amis, etc.

Les qualités, les talents, le génie
Sont, je le vois, en foule aux sombres bords,
Ah ! pour l'honneur de ma belle patrie,
Que ne peut-on ressusciter les morts !
Mes chers amis, etc.

Du cimetière en quittant la demeure,
Où je serais resté très-volontiers,
Je me disais : Que de gens que l'on pleure !...
Je vis plus loin danser leurs héritiers.

Mes chers amis, vivent les cimetières !
Ne plaignons point le sort des moribonds;
Si les vivants sont sourds à nos prières,
Dès qu'ils sont morts tous les hommes sont bons.

LE CHANT D'UN PREUX

Air à faire.

RÉCITATIF

Que ce séjour plaît à mon âme !
Sur ce vieux chêne j'ai gravé
Des vers en l'honneur de ma dame,
Souvenir de l'amour qu'en ces lieux j'ai rêvé !
Mais il m'anime encor... Plein de sa douce image,
Traçons ici mes secrets sentiments;

Qu'un jour au moins sous cet épais feuillage
Elle retrouve mes serments...

STANCES

Amour de ma patrie
Fait palpiter mon cœur,
Amour de mon amie
Me donne le bonheur.
Ce cœur qui les rassemble
N'en veut jamais guérir :
Quand on doit vivre ensemble,
Ensemble il faut mourir.

Si la gloire m'appelle,
Je combats sans effroi ;
Quand je revois ma belle,
Je sens un doux émoi ;
Ma dame, ma patrie,
Veux toujours vous chérir ;
Sans honneur, sans amie,
On n'a plus qu'à mourir.

S'il mordait la poussière,
Ne pleurez pas le preux ;
Une noble carrière
Fut l'objet de ses vœux.
Pour sa fidèle amie
Trouvait doux de souffrir,
Pour sa belle patrie
Trouva doux de mourir.

LE CAPORAL ET LE CONSCRIT

Air de la Catacoua.

« Caporal, c'est moi que j'invite,
« Faites-moi celui d'accepter ;

« Je suis amoureux de c'te p'tite,
« A qui je voudrais en conter;
« Mais pour lui décliner la chose,
« Faudrait qu'un malin, comme vous,
  « Vint avec nous,
  « Et m' dise, en d'sous,
  « Ce qu'on s' permet
 « Auprès de son objet:
« Ça me formerait, que j' suppose:
    « Caporal,
  « Je paye un régal.

« — Allons, Jean-Jean, si ça t' contente,
« J'accepte l'invitation.
« C'est ça ta p'tite? elle est tentante,
« Je conçois l'inclination;
« Donnez-moi votre bras, la belle:
« Toi, Jean-Jean, march' derrière au pas,
  « Surtout n' va pas,
  « En aucun cas,
  « Faire un mouv'ment
 « Sans mon commandement.
« Prends ma tournure pour modèle.
    « — Caporal,
  « C'est l' point capital.

« — Il faut entrer dans c'te guinguette,
« Nous rafraîchir me semble urgent;
« Faut êtr' galant près d'un' fillette.
« Garçon, du vin!... Verse, Jean-Jean:
« Vois comme ta belle a l'air tendre;
« Tiens, v'là comme on prend un baiser;
  « Pour t'amuser,
  « Faut supposer
  « Que c'est toi, Jean-Jean,
 « Qui l'embrass's à présent;
« Admire comm' je sais m'y prendre.

« — Caporal,
« C'est original.

« — Mais je crois qu' j'entends de la musique :
« Belle enfant, nous allons valser ;
« Au bal je suis bon là, j' m'en pique ;
« Jean-Jean, tu nous verras passer ;
« Pendant qu'à ta particulière
« Je vais montrer mon abandon,
« Prends un' leçon,
« Comme un tonton
« Tourne tout seul
« Autour de ce tilleul ;
« Moi, j' vais fair' tourner c'te p'tit' mère.
« — Caporal,
« Ne vous fait's pas de mal. »

Jean-Jean, avec obéissance,
Sans s'arrêter tourne toujours,
Après une assez longue absence,
On lui ramène ses amours :
« Tiens, Jean-Jean, pour le badinage,
« V'là ton objet bien disposé.
« J'ai tant pressé,
« Tant courtisé,
« Qu'à c't' heur', mon p'tit,
« En avant... et suffît !
« Pour toi, je me suis mis en nage.
« — Caporal,
« Vous êt's sans égal. »

LA BONNE MÈRE

AIR : Tournez, fuseaux légers (de la Dame Blanche).

Un soir une jeune mère
Disait, près de deux berceaux :

« Mes chers enfants, sur la terre
« Je crains pour vous bien des maux !
« Votre cœur exempt d'envie
« Aux passions de la vie
« Un jour, hélas ! s'ouvrira...
« Mais tandis qu'il les ignore,
« Enfants chéris, dormez encore,
« Dormez encore jusque-là.

« En débutant dans le monde,
« Tout y charmera vos yeux ;
« Vous ne verrez à la ronde
« Que des gens officieux ;
« On nous fait, dans la jeunesse,
« Bon accueil, tendre caresse ;
« Jadis cela m'aveugla !
« Mais le charme s'évapore...
« Enfants chéris, dormez encore,
« Dormez encore jusque-là.

« Toi, ma fille, quoique sage,
« Tu te laisseras charmer ;
« Toi, mon fils, dans ton jeune âge,
« Tu trouveras doux d'aimer :
« Temps heureux de l'innocence
« Où l'on croit à la constance !
« Mais on est, malgré cela,
« Trahi par ce qu'on adore....
« Enfants chéris, dormez encore,
« Dormez encore jusque-là.

« Vous verrez que le mérite
« Sait rarement parvenir,
« Que l'intrigue va plus vite,
« Que l'or fait tout obtenir ;
« Vous verrez la jalousie
« Au talent porter envie,

« Et puis on encensera
« Un sot qu'un titre décore...
« Enfants chéris, dormez encore,
« Dormez encore jusque-là

« Mais, non, j'en ai l'espérance,
« Les hommes deviendront bons;
« De vertus, de tolérance,
« Ils donneront des leçons;
« On trouvera sur la terre
« Amitié pure et sincère;
« La justice en chassera
« Tous les maux que fit Pandore...
« Enfants chéris, dormez encore,
« Dormez encore jusque-là. »

L'AMANTE INCONNUE

Air : De ma Céline, amant modeste.

Mes chers amis, vous allez rire,
Vous allez vous moquer de moi;
Je suis amoureux, je soupire,
J'ai de nouveau donné ma foi;
Cependant de celle que j'aime
Je n'ai jamais suivi les pas;
Et s'il faut vous l'avouer même,
C'est que je ne la connais pas.

Ne croyez pas que je plaisante,
Sa plume a fait naître mes feux;
Dans ses lettres elle est charmante,
Son style me rend amoureux;
Au sentiment, à la finesse,
Elle doit joindre mille appas;
C'est pourquoi j'y pense sans cesse,
Tout'en ne la connaissant pas.

Je me la figure bien faite,
Brune ou blonde, ça m'est égal,
De fort beaux yeux, pas trop coquette,
Un nez grec, un front virginal ;
Une voix douce, un air aimable,
Un pied petit, un joli bras...
Je puis bien la faire adorable,
Puisque je ne la connais pas.

Pourtant une crainte m'obsède
Et trouble mes rêves d'amour :
Elle est peut-être vieille et laide,
Celle à qui je pense toujours.
Alors, illusion chérie !
Je te perdrais ; ah ! dans ce cas,
Tâche toujours, ma chère amie,
Que je ne te connaisse pas.

GRISONS-NOUS

RONDE DE TABLE

Air : Aux soins d'un jour incertain.

Grisons-nous, mes chers amis,
  L'ivresse
 Vaut la richesse ;
Pour moi, dès que je suis gris,
Je possède tout Paris.

Le vin confond tous les rangs
Et rapproche tous les âges ;
Il rend les hommes plus francs
Et les femmes moins sauvages.
Grisons-nous, etc.

Quand on boit dès le matin,
Le soir on est tout de flamme ;

Effet merveilleux du vin,
On fait la cour à sa femme.
Grisons-nous, etc.

Le chambertin rend joyeux,
Le nuits rend infatigable,
Le volnay rend amoureux,
Le champagne rend aimable !
Grisons-nous, etc.

Si l'amour rit d'un barbon,
Il est une autre victoire;
Tel est vieux près d'un tendron,
Et sera jeune pour boire !
Grisons-nous, etc.

Le plus timide en buvant
Parle de tout à la ronde,
Au dessert le moins savant
Saura gouverner le monde.
Grisons-nous, etc.

D'un trop fastueux banquet
La gaieté fuit l'étiquette !...
Mais elle entre au cabaret,
Elle couche à la guinguette.
Grisons-nous, etc.

Sur l'avenir incertain
Un roi portera sa vue;
Sans songer au lendemain,
L'ivrogne dort dans la rue.
Grisons-nous, etc.

De bouchons faisons un tas,
Et, s'il faut avoir la goutte,

Au moins que ce ne soit pas
Pour n'avoir bu qu'une goutte.
Grisons-nous, etc.

En faisant honneur au vin,
De Noé montrons-nous dignes,
S'il a planté le raisin,
C'est pour qu'on soit dans les vignes.

Grisons-nous, mes chers amis,
  L'ivresse
  Vaut la richesse ;
Pour moi, dès que je suis gris,
Je possède tout Paris.

VOUS ÊTES TROP BÊTE

Air : A l'âge heureux de quatorze ans.

Fanfan, je vous aimerais bien ;
Contre vous je n'ai nul caprice ;
Vous êtes gentil, j'en convien,
A votre cœur je rends justice ;
Votre sourire est gracieux,
Vous avez l'air doux et honnête,
Vous avez même de grands yeux,
Mais, Fanfan, vous êtes trop bête.

Quand vous venez auprès de moi
En me regardant d'un air tendre,
Je dis : Il veut m'offrir sa foi,
Voyons comment il va s'y prendre.
Mais vous vous dandinez bientôt ;
Et, pendant tout le tête-à-tête,
D'amour vous ne soufflez pas mot...
Ah ! Fanfan, vous êtes trop bête.

L'autre dimanche, aux petits jeux,
On a joué dans le bocage ;

Je me dis : Pour le rendre heureux,
Je vais l'appeler sous l'ombrage ;
Le jeu permettait un baiser,
A le recevoir je m'apprête...
Et vous n'osez pas m'embrasser,
Ah ! Fanfan, vous êtes trop bête.

Le soir, je vous dis d'un air doux :
Conduisez-moi chez la fermière ;
Et, pour faire route avec nous
Vous emmenez le petit Pierre.
Ah ! ce n'est pas ainsi, vraiment,
Que vous ferez une conquête !
Je veux bien avoir un amant,
Mais, Fanfan, vous êtes trop bête.

LE CHARME D'AMOUR

Air de Teniers.

Dans une retraite gothique
Un vieux sorcier vivait jadis ;
Il était par son art magique
Très-renommé dans le pays ;
Chez lui, de fort loin à la ronde,
La foule venait chaque jour ;
Il n'osait pas ensorceler le monde,
Mais il vendait charme d'amour.

Il recevait noble dame,
La bergère et le châtelain,
Il procurait tant douce flamme
Au grand seigneur, comme au vilain ;
Mais il fallait à sa magie
Que l'acheteur crût sans retour.
L'illusion, en tout temps, dans la vie,
Ajoute au charme de l'amour.

Mais quand venait gente pucelle,
L'enchanteur point ne lui vendait;
Aux désirs de la pastourelle
Alors le sorcier répondait :
« Que ferez-vous de ma science?
« Quand on réunit tour à tour
« Douceur, vertu, beauté, simple innocence,
« On possède charme d'amour. »

JE NE SUIS POINT AIMÉ

Air : Plaisirs passés.

Adieu, plaisir; adieu, douce espérance;
Séjour riant dont mon cœur fut charmé;
Ah! votre vue augmente ma souffrance,
Je dois vous fuir, je ne suis point aimé.

Le doux printemps embellit la nature,
L'oiseau redit son chant accoutumé;
Mais d'un œil froid je revois la verdure,
Tout me déplaît!... Je ne suis point aimé.

C'est par l'amour que la vie est plus chère,
C'est par l'amour que tout est animé.
Ah! si du moins il me restait ma mère!
Dirais-je encor : « Je ne suis point aimé! »

LE PETIT SAVOYARD

Air : Voilà quatre ans qu'en ce village (de Léocadie)

Adieu, mes petits camarades,
Je ne puis partager vos jeux,
Chez nous mes parents sont malades;
Ici, tout mon temps est pour eux.
Pour oublier votre misère,
Vous allez vous amuser tous;
Moi, je travaille pour mon père...
Je suis bien plus heureux que vous...

Le matin gaiement je ramone,
Le soir je montre un sapajou;
Je ménage ce qu'on me donne
Et mets de côté sou par sou.
Gens riches, que l'on considère,
Votre or satisfait tous vos goûts,
Mais moi, j'amasse pour mon père,
Je suis bien plus heureux que vous.

Dans des demeures magnifiques
On a besoin du Savoyard,
J'y vois de nombreux domestiques
Me toiser d'un air goguenard,
Ils se moquent de ma poussière;
Mais de leurs galons peu jaloux,
Je me dis : « Je nourris mon père,
« Je suis bien plus heureux que vous. »

Toi, Joseph, avec ta sellette,
Tu comptes rester à Paris;
Pour se marier à Nanette,
André s'en retourne au pays.
Dans l'avenir chacun espère,
Le mien m'annonce un sort bien doux.
Dans un an je verrai mon père,
Je serai plus heureux que vous.

LE PEINTRE ET SON MODÈLE

Air : Et les devoirs de la chevalerie.

Arrivez donc, mon aimable modèle,
J'ai mon sujet, et je vais concourir;
Comme Vénus, vous êtes jeune et belle.
C'est elle ici que vous allez m'offrir.
Aux grands talents je veux qu'on m'assimile;
Par un chef-d'œuvre, enfin je veux briller!...

Surtout, Rosa, vous serez bien tranquille,
Souvenez-vous que je vais travailler.

Otez ce châle, ôtez cette coiffure,
Vénus, ma chère, avait moins d'ornements;
Dans mon sujet elle perd sa ceinture,
Dépouillez-vous de tous vos vêtements;
Placez-vous là, sur ce trône fragile,
Que votre bras vous serve d'oreiller;
Surtout, Rosa, tenez-vous bien tranquille.
Souvenez-vous que je veux travailler.

Vraiment, Rosa, vous êtes ravissante!
Que de beautés, quels gracieux contours!
Le pied mignon, la jambe séduisante :
Vous êtes bien la mère des amours.
Souriez-moi, cela vous est facile,
Tous vos appas, je dois les détailler...
Surtout, Rosa, tenez-vous bien tranquille,
Souvenez-vous que je veux travailler.

Mais d'où vient donc que ma main est tremblante,
Que je ne puis diriger mon pinceau?
Mon cœur palpite et ma tête est brûlante;
Je ne saurais commencer mon tableau;
Pour aujourd'hui mon génie est stérile;
Eh bien! Rosa, pourquoi te rhabiller?
Reste donc là... Je serai bien tranquille.
Figure-toi que je vais travailler.

RIEN QU'UNE FOIS

Air : Faut l'oublier.

Rien qu'une fois, c'est peu de chose
En amitié comme en amour;
Pourtant d'un malheur sans retour

Rien qu'une fois peut être cause.
Mais aussi pour fixer son choix,
Pour rencontrer fidèle amie
Et jurer de suivre ses lois,
Il ne faut, souvent dans la vie,
    Rien qu'une fois.

Rien qu'une fois fait un coupable,
Rien qu'une fois fait un heureux ;
Une fois peut briser des nœuds
Et rendre un sentiment durable.
Vainement un jeune minois
En amour compte sur ses charmes.
Le plaisir est court quelquefois !...
Mais on ne verse pas des larmes
    Rien qu'une fois.

Rien qu'une fois peut satisfaire
Celui qui ne veut que de l'or ;
Qu'une fois il trouve un trésor,
Il n'aura plus de vœux à faire.
Mais quand l'amour, en tapinois,
Rend coupable fille jolie,
On en trouverait peu, je crois,
Qui, de l'être, n'ait eu l'envie
    Rien qu'une fois.

Rien qu'une fois ne peut suffire
Aux désirs qui brûlent mon cœur ;
Quand on a connu le bonheur,
Après le bonheur on soupire.
Quoi ! n'entendrai-je plus ta voix,
Toi, que j'aime ; toi, que j'adore ?
Je fus plus heureux autrefois...
Permets que je le sois encore
    Rien qu'une fois.

LA PARTIE DE DOMINO

Air : En revenant de Bâle en Suisse.

Ma chère Suzon, voici l'heure
Où nous pouvons nous mettre au jeu ;
Seul avec toi, dans ma demeure,
J'aime à jouer au coin du feu.

    Ce soir, je m'en vante,
    Je vais à *gogo*,
    Avec ma servante,
    Faire domino.

Allons, Suzon, qu'on se dépêche,
Place la lampe près de nous ;
Mais surtout ménage la mèche,
Un demi-jour est bien plus doux.
    Ce soir, etc.

Suzon, avec tes doigts de rose,
Il faut remuer tout cela.
— Monsieur, je vous offre la pose.
— Cela m'embarrasse déjà.
    Ce soir, etc.

— Monsieur, c'est du blanc que j'avance ;
Bouder ne serait pas le cas.
— Oui, mais, quand je m'ouvre une chance,
Suzon, ne me la ferme pas.
    Ce soir, etc.

Vraiment, Suzon, quoi que je fasse,
Jamais mon pauvre as ne finit.
— Monsieur, je ne crois pas qu'il passe.
Vous avez un dé trop petit.
    Ce soir, etc.

Allons, j'attaque. — Et moi, je ferme.
— Ce double blanc me plait beaucoup.
— Surtout, monsieur, tenez-vous ferme,
Car je vous prépare un grand coup.
 Ce soir, etc.

Du six, monsieur. — Je les abhorre ;
Je n'ai jamais de ces gros-là !
— Du cinq, au moins. — Je boude encore.
— Vous ne faites plus que cela !
 Ce soir, etc.

Quoi ! vous n'avez ni cinq, ni quatre,
Allons, monsieur, cherchez un peu.
— Suzon, je suis forcé d'abattre...
— Ah ! que vous avez vilain jeu !
 Ce soir, etc.

— Suzon, je quitte la partie ;
Demain, je serai plus en train.
— Ça s'ra de même, je parie ;
Vous remettez tout à demain !...

 Demain, je m'en vante,
 Je veux *subitò*,
 Avec ma servante
 Faire domino.

L'AGENDA

 Air : Vous vieillirez, ô ma belle maîtresse !

Sous ces papiers, c'est toi que je retrouve,
Cher agenda, que j'avais à vingt ans ;
Ah ! je le sens, au plaisir que j'éprouve,
Je vois en toi l'ami de mon printemps.

Sur tes feuillets examinons bien vite
Ce qu'au jeune âge en riant j'ai tracé ;
En ce moment mon cœur encor palpite
Au souvenir de mon bonheur passé !

Fanny, Julie, Adèle, Éléonore,
Voilà vos noms ! objets jadis chéris !
En les lisant, je crois vous voir encore !
De vingt beautés alors j'étais épris.
Mais de Rosa j'aperçois l'écriture ;
C'est un serment... il est presque effacé !...
Là j'ai noté que l'or était parjure !
Doux souvenir de mon bonheur passé !

Des rendez-vous, mainte aimable folie,
C'était alors l'emploi de chaque jour ;
De mauvais vers cette feuille est remplie,
Pour Élisa j'y chantais mon amour ;
Cette chanson me valut sa conquête,
Mon pied, bientôt, par le sien fut pressé ;
Je fus aimé, je me crus un poëte !...
Doux souvenir de mon bonheur passé !

De Rosemonde, ici, je vois l'adresse :
Que de cadeaux je lui fis recevoir !
J'avais pour elle une vive tendresse ;
Elle payait mon amour en espoir.
Un soir, pourtant, j'étais reçu peut-être,
Si mon rival ne m'avait devancé !
Mais je passai la nuit sous sa fenêtre...
Doux souvenir de mon bonheur passé !

Il reste encor plus d'une page blanche,
De les remplir j'ai la tentation...
Non, si maintenant ma plume était franche,
Je détruirais plus d'une illusion !

A ces écarts de ma folle jeunesse
Ne mêlons point un regret déplacé,
Et conservons intact à ma vieillesse
Le souvenir de mon bonheur passé !

JE N'EN SAIS PAS DAVANTAGE

Air de Paris et le village.

Hier, cueillant du réséda,
J'aperçus Colin sur l'herbette ;
Rose accourut, il l'aborda,
Puis l'emmena sous la coudrette.
Le berger, d'un air satisfait,
Attirait Rose vers l'ombrage :
Ce qu'ils ont dit, ce qu'ils ont fait..
Ah ! je n'en sais pas davantage.

Lise veut un jeune mari ;
Mais sa mère, malgré ses larmes,
Fait, d'un vieillard tout rabougri,
Le possesseur de tant de charmes.
La pauvrette, se chagrinant,
Après un mois de mariage,
Dit : « Je suis femme, maintenant...
« Mais je n'en sais pas davantage... »

Blaise, au moment d'être l'époux
De la grande et sotte Colette,
Lui dit : « Çà, ma belle, entre nous,
« Vous aurait-on conté fleurette ? »
« Ah ! » dit-elle en baissant les yeux,
« J' crois me souvenir qu'au village,
« J'avions trois petits amoureux...
« Mais je n'en sais pas davantage. »

Le fils de certain grand seigneur
Avait une tête fort dure ;

On lui donna maint précepteur,
On voulut forcer la nature ;
Ses maîtres le louaient beaucoup ;
Et, quand ce fut un personnage,
Le jeune homme parlait de tout,
Mais n'en savait pas davantage.

On nous vante, des bienheureux,
Les jouissances éternelles ;
On nous promet d'aller près d'eux,
Si nous sommes sages, fidèles ;
Mais, ici-bas, nous ignorons
Quel est, là-haut, notre partage ;
Et, tant que nous en parlerons,
Nous n'en saurons pas davantage.

A-T-IL MAL FAIT ?

Air : Pourquoi pleurer (du Concert à la Cour).

A-t-il mal fait ?   (*bis.*)
Ah ! daignez m'éclairer, mon père,
Colin m'a dit qu'il m'adorait
Que toujours je lui serais chère.
    A-t-il mal fait ?   (*bis.*)

A-t-il mal fait ?
Il dit que je suis la plus belle,
Que ma tournure a de l'attrait,
Qu'il est doux de m'être fidèle.
    A-t-il mal fait ?

A-t-il mal fait ?
Colin, en me disant : « Je t'aime, »
Avec ardeur me regardait,
Puis me pressait contre lui-même...
    A-t-il mal fait ?

A-t-il mal fait ?
Il m'a dit : « Tu seras ma femme,
« Notre bonheur sera parfait !
« D'avance, couronne ma flamme... »
A-t-il mal fait ?

A MADAME ***

Air : Simple et naïve bergerette (du Chaperon).

Pourquoi pleurer, ô mon amie,
Quand vous avez fait mon bonheur,
Ce qui vient d'embellir ma vie
Peut-il causer votre douleur ?
Pour un péché bien excusable,
Cessez de baisser vos beaux yeux...
On ne saurait être coupable,
Quand on vient de faire un heureux.

Verser des larmes est folie,
D'aimer peut-on se garantir ?
Pour une faute si jolie,
Dieu n'a pas fait le repentir.
Votre faiblesse, je le jure,
Ne fera qu'augmenter mes feux,
Car il n'est pas dans la nature
De vouloir cesser d'être heureux.

On créa la femme pour plaire ;
Son cœur ne bat que pour aimer ;
L'air à sa vie est nécessaire,
Moins que le besoin de charmer ;
Mais, afin que son cœur abrége
Les maux que font naître ses yeux,
Elle a le plus doux privilége,
Celui de faire des heureux.

L'ARABE ET SON COURSIER

Air d'Agnès Sorel.

Sous le ciel brûlant d'Arabie,
Loin du rivage de la mer,
Enlevant maîtresse chérie,
Olcar fuyait dans le désert.
Son coursier, à sa voix fidèle,
Pressé par lui, double le pas ;
Pour son maître, ardent, plein de zèle,
Vingt fois il brave le trépas.

Mais, sans eau, dans la plaine aride
Bientôt il leur faudra mourir.
Et la jeune amante à son guide
Se plaint déjà de trop souffrir.
Olcar, pour adoucir sa peine,
La laisse auprès de son coursier
Et vole éperdu dans la plaine
Chercher quelque arbre nourricier.

Tandis qu'en la plaine brûlante
L'Arabe court tout affronter,
Une caravane brillante
Passe aux lieux qu'il vient de quitter.
La belle, sans trop se défendre,
Suit les pas d'un mahométan ;
Le coursier reste et veut attendre
Le pauvre Olcar qu'il aime tant.

Olcar, pour trouver une source,
En vains efforts se consumait;
Mais las ! au retour de sa course,
Ne voit plus celle qu'il aimait;

Le coursier seul attend son maître,
Et, faisant un dernier effort,
Hennit dès qu'il le voit paraître ;
Puis à ses côtés tombe mort.

LES ENFANTS ÉGARÉS

Air de l'Ermite de Saint-Avolle.

Dans une sombre solitude,
Deux enfants, de cinq à six ans,
Portaient avec inquiétude
Leurs regards doux et caressants.
Ils pressaient leur course légère,
Au bruit du tonnerre en courroux,
En disant : « Cherchons notre père,
« Le ciel aura pitié de nous.

« C'est dans cette forêt profonde
« Que nous avons perdu ses pas,
« Ah ! du moins s'il passait du monde,
« On nous tirerait d'embarras.
« — Mais dans cette forêt, mon frère,
« Si nous allions trouver des loups !...
« — Nous avons perdu notre père,
« Le ciel aura pitié de nous.

« La nuit vient, je n'entends personne.
« Que diront nos parents ce soir ?
« Comment notre mère, si bonne,
« Dormira-t-elle sans nous voir ?
« — Marchons toujours ; ce soir, j'espère
« Me retrouver sur leurs genoux.
« Nous avons perdu notre père,
« Le ciel aura pitié de nous.

« — Je suis las, mon frère ; il me semble
« Qu'il faut nous reposer aussi.

« — As-tu faim ? — Oh ! non, mais je tremble !
« Il faudra donc dormir ici ?...
« — Ne pleure pas si fort, mon frère,
« Le bon Dieu, là-haut, nous voit tous !
« Nous avons perdu notre père,
« Il doit avoir pitié de nous. »

En sanglotant, sous le feuillage
Les deux enfants se sont assis ;
Et, malgré le bruit de l'orage,
Ils se sont pourtant endormis :
Mais en dormant, cette prière
Se mêle à leur souffle si doux :
« Nous avons perdu notre père,
« Bon Dieu, prenez pitié de nous ! »

POUR ELLE OU POUR LUI

PASTORALE

Air : Mon père n'est plus le concierge.

Transports jaloux, douleur amère,
    Dépits secrets,
Venez augmenter ma colère
    Et mes regrets !
L'objet pour qui mon cœur soupire
    La nuit, le jour,
Me vit hier, sans rien me dire
    De son amour.

Auprès de quelqu'un, dans la plaine,
    Je l'aperçus :
Ses yeux aux miens, malgré ma peine,
    Ne parlaient plus ;
Vers moi, pour calmer mes alarmes,
    Loin d'accourir,

CHANSONS

On a laissé couler mes larmes
Sans les tarir.

Je te déteste, et pour la vie,
Objet trompeur!
Porte à d'autres ta perfidie.
Reprends ton cœur!
Ce cœur qu'un autre amour engage,
N'est plus mon bien!
Mais, moi, je ne suis pas volage,
Garde le mien.

MA PHILOSOPHIE

Air : Vive l'enfer.

Je veux toujours suivre ta loi,
Philosophie
Chérie.
Sénèque et Socrate, ma foi,
Pour modèle aurait pris, je croi,
Moi.

Je l'avouerai, mes désirs
Sont portés aux plaisirs,
Et le travail m'ennuie;
Mais quand sans peine je peux
Contenter tous mes vœux,
Moi, j'aime assez la vie.
Je veux toujours, etc.

J'en conviens, j'aime le jeu,
La nuit, j'en fais l'aveu,
Je jouerais sans relâche;
Mais quand la chance me rit,
Quand le sort me sourit,

Jamais je ne me fâche.
Je veux toujours, etc.

Dans le monde, bien des gens
Ne sont point indulgents,
Un rien les mécontente;
Mais moi, quand on applaudit
A tout ce que j'ai dit,
Je suis d'humeur charmante.
Je veux toujours, etc.

Un déjeuner de garçon
M'est offert sans façon,
Je dis : « Point de folie!
« Un pâté de Périgueux,
« Un poulet, du vin vieux,
« Rien de plus, je vous prie. »
Je veux toujours, etc.

Je vois, à plus d'un couvert,
Des gens fuir au dessert,
Cela n'est pas aimable!
Quand on me place au milieu,
Quand j'ai le dos au feu,
Volontiers je tiens table.
Je veux toujours, etc.

Des yeux bleus grand amateur,
Par les blondes mon cœur
Se laissa toujours prendre;
Mais qu'une belle à l'œil noir
Me dise : « Viens ce soir, »
Je ne fais pas attendre.
Je veux toujours, etc.

Mais par l'ingrate beauté
Suis-je un matin quitté,

Je m'en console vite;
Point de regrets superflus,
 Dès que je n'aime plus,
 J'aime autant qu'on me quitte.
Je veux toujours, etc.

 L'un enviera son voisin,
  L'autre est toujours chagrin,
  Inquiet, alarmiste,
Quand il ne me manque rien,
 Quand je me porte bien,
 Je ne suis jamais triste.
Je veux toujours, etc.

Celui-ci se plaint du temps,
 Du froid et des autans;
 Cet autre encor murmure;
Moi, jamais rien ne m'émeut;
 Que m'importe s'il pleut,
 Quand je suis en voiture?
Je veux toujours, etc.

Je perds un oncle chéri,
 D'abord je suis marri
 De cette catastrophe;
Il me laisse ses écus,
 Je dis: « Ne pleurons plus,
 « Et soyons philosophe. »
Je veux toujours, etc.

Je veux, vieillissant ainsi,
 Conserver, Dieu merci,
 Cette philosophie.
Que j'aille cent ans encor,
 Sans accuser le sort,
 Je quitterai la vie.

Oui, toujours je suivrai ta loi,
    Philosophie
      Chérie.
Sénèque et Socrate, ma foi,
Pour modèle auraient pris, je croi,
      Moi.

LE CHINOIS

Air du vaudeville de la Somnambule.

Un beau matin, quittant la Chine,
Certain habitant de Pékin,
Devers la France s'achemine
En costume de mandarin ;
Fort grotesque était sa tournure,
Son abord était peu courtois,
Et chacun, voyant sa figure,
Disait : Ah ! le vilain Chinois !

Pour connaître la grande ville,
Le Chinois se rend à Paris ;
Il va partout d'un pas tranquille,
Et de rien ne paraît surpris ;
S'occupant fort peu si sa mise
Le fait chez nous montrer aux doigts,
Il fronde tout avec franchise ;
Ah ! mon Dieu, le vilain Chinois !

Fuyant le luxe, l'étiquette,
Et les salons de l'écarté,
Dans le réduit d'une grisette
Il prétend trouver la gaieté ;
Il s'étonne que le mérite
Soit sans fortune, sans emplois ;

Les sots qu'on flatte, il les évite ;
Ah ! mon Dieu, le vilain Chinois !

Lui fait-on quelque politesse,
Il croit qu'on est de ses amis ;
En affaire il veut que sans cesse
On tienne ce qu'on a promis ;
Il ose dire qu'une belle
A l'époux dont elle a fait choix
Doit pour la vie être fidèle ;
Ah ! mon Dieu, le vilain Chinois !

Prétendant ne voir à la ronde
Que des gens faux et envieux,
Il parcourt de nouveau le monde,
Et nulle part n'est plus heureux ;
Il veut que l'on soit franc et sage,
Savant et modeste à la fois ;
Et chacun dit sur son passage :
Ah ! mon Dieu, le vilain Chinois !

LA RENCONTRE

Air du Petit Courrier.

C'est toi, Laure, que je revois !
Combien la rencontre m'enchante !
Voilà bientôt dix mois, méchante,
Que nous avons rompu, je crois.
Vraiment je te trouve embellie,
Et mieux qu'au temps de nos amours ;
Non, tu n'étais pas si jolie
Quand je te voyais tous les jours.   *(ter.)*

Tu cours à quelque rendez-vous :
Ah ! tu dois tourner bien des têtes !

Allons, conte-moi tes conquêtes,
Et montre-moi tes billets doux ;
De mes amours je veux t'instruire,
Désormais soyons sans détours...
J'en avais moins long à te dire
Quand je te voyais tous les jours.

Entrons chez ce restaurateur,
Tu ne peux refuser, j'espère :
Ce dîner impromptu, ma chère,
Aujourd'hui me semble meilleur ;
Pour que ton amant te pardonne,
Tu trouveras quelques discours !
Tu me trompais aussi, friponne,
Quand je te voyais tous les jours.

C'est bien ta bouche que voilà,
Et ton sourire plein de grâce !
Mais, Laure, il faut que je t'embrasse,
Pour mieux me rappeler cela.
Dans mes bras il faut que je presse
Cette taille, ces doux contours...
Ah ! j'éprouvais bien moins d'ivresse
Quand je te voyais tous les jours.

Quoi ! huit heures sonnent déjà !...
Comme le temps a passé vite !
Pourtant il faut que je te quitte,
Le hasard nous réunira.
Sans nous gêner, ma chère Laure,
De nos plaisirs suivons le cours ;
Surtout, pour nous aimer encore,
Ne nous voyons plus tous les jours.

LE SOLDAT EN GOGUETTE

Air : Trou la la, *ou* J'ai de l'argent.

J' suis en fonds, (*bis.*)
Chantons, rions et *bouffons* ;
J' suis en fonds, (*bis.*)
En avant les carafons !

Camarad's, vous saurez donc
Que de ma tant' c'est un don,
Dix écus, ni moins, ni plus,
Qu'elle m'envoie en *quibus !*
    J' suis en fonds, etc.

Sergent, caporal, et vous,
Tambours, venez avec nous ;
Je voudrais dans ce moment
Régaler tout l' régiment.
    J' suis en fonds, etc.

J'ai reçu ce boursicot
Avec un gilet d' tricot ;
Pour que l' régal soit complet,
Nous mangerons le gilet.
    J' suis en fonds, etc.

Si ma tant' ne m' donn' plus rien,
J'ai mon oncle, il a du bien !...
Et j'aim' trop les restaurants
Pour oublier mes parents.
    J' suis en fonds, etc.

Garçon, mettez sans retard,
Du suc' dans l'om'lette au lard,

Et soignez le bain de pied
Du p'tit verr' de l'amitié.
   J' suis en fonds, etc.

On doit se battre demain :
Jurons, le verre à la main,
Pour mieux vexer l'étranger,
De tout boire et d' tout manger.
   J' suis en fonds, etc.

En guerr' le métier d' soldat
Est vraiment un bel état ;
Un boulet peut nous r'lancer !
C' n'est pas la pein' d'amasser.
   J' suis en fonds, etc.

Si l' canon m' sign' mon reurci,
Camarad's, promettez-moi
A ma santé d' boire encor,
Mème après que je s'rai mort.

   J' suis en fonds,   (*bis.*)
Chantons, rions et *bouffons ;*
   J' suis en fonds,   (*bis.*)
En avant les carafons !

DAME ISABELLE

ET LES TROIS CHEVALIERS

RONDE OU BALLADE QUI N'EN FINIT PAS

Air : Espérance, patience (de Floriella).

« Ma douce Isabelle
« Toujours aimerai ;

« Elle est la plus belle,
« Je le prouverai ;
« Pour rompre une lance
« Vais aux champs des preux ;
« Ayez souvenance
« De nos tendres feux. »

   Cette histoire
   Est notoire ;
C'était encor
Dans l'âge d'or.

« Point n'ayez de crainte,
« Aimable Adrien,
« Mon cœur est sans feinte,
« Je suis votre bien :
« De votre Isabelle
« Portez les couleurs ;
« Je serai fidèle,
« Vous voyez mes pleurs. »
   Cette histoire, etc.

Sûr de son amie,
Le jeune guerrier
Part, et se confie
A son destrier.
Pendant que pour elle
Il vole aux tournois,
La tendre Isabelle
D'un autre a fait choix.
   Cette histoire, etc.

Brûlant pour la dame,
Beau, vaillant et blond,
Aymard peint sa flamme,
La belle y répond ;

Mais quand sa tendresse
Obtient doux retour,
Quittant sa maîtresse,
Il part à son tour.
   Cette histoire, etc.

La tant douce amante,
Étant veuve encor,
Gémit, se lamente,
Appelle la mort.
Sensible à ses charmes,
Le beau brun Roger
De sécher ses larmes
Prétend se charger.
   Cette histoire, etc.

Mais quand de la belle
Il obtient merci,
Laissant la pucelle,
Roger part aussi.
A peine il l'a quitte,
Qu'un vieux châtelain
Vient à la petite
Proposer sa main.
   Cette histoire, etc.

Sortant de l'arène
Couverts de lauriers,
Doux espoir ramène
Nos trois chevaliers.
Chacun d'Isabelle
Se dit : J'ai sa foi,
Et sur sa tourelle
Elle pense à moi.
   Cette histoire, etc.

Mais, ô perfidie !
Les pauvres vainqueurs

De la même amie
Portent les couleurs ;
Et la noble dame,
Au cœur très-humain,
Est maintenant femme
D'un vieux châtelain.
　　Cette histoire, etc.

« Las ! dit Isabelle,
« Accusez le sort,
« Point n'étais cruelle,
« Les absents ont tort ;
« Mais quand dans la plaine
« Ira mon époux,
« Chez la châtelaine
« Venez sans courroux. »

　Cette histoire
　Est notoire ;
C'était encor
Dans l'âge d'or.

LA BROUETTE DE JEANNETTE

　　Air : Eh ! vogue ma nacelle (de Marie).

Jeannette est une brune
Qui demeure à Pantin ;
Où toute sa fortune
Est un petit jardin.
Sans cesse elle répète
En narguant les soucis :
Eh ! roule ma brouette
Qui porte mes radis !

Jeannette eut au village
Plus d'une passion,

Fut-elle toujours sage ?
C'est une question.
Chaque jour la fillette
Dit : Allons à Paris !
Eh ! roule ma brouette
Qui porte mes radis !

D'abord un militaire
Pour la belle brûla ;
Aisément il sut plaire,
Mais il la planta là.
Ça fit pleurer Jeannette,
Qui bientôt a repris :
Eh ! roule ma brouette
Qui porte mes radis !

Un fermier pour la belle
Eut aussi de l'amour ;
Cette fois ce fut elle
Qui ne l'aima qu'un jour :
Il poursuit la coquette :
Qui lui répond : Tant pis !
Eh ! roule ma brouette
Qui porte mes radis !

Se montrant accessible
Pour un joli garçon,
Jeannette est insensible
Aux offres d'un barbon ;
Elle dit : Ma couchette
A peur des cheveux gris
Eh ! roule ma brouette
Qui porte mes radis !

Méprisant la richesse,
Jeannette dit encor :

Je donne ma tendresse,
Ce n'est pas pour de l'or :
Le plaisir qu'on achète
Vaut-il l'amour gratis ?
Eh ! roule ma brouette
Qui porte mes radis !

SOUVENIRS D'AUVERGNE

Air : Une robe légère (de Marie).

Solitaires campagnes,
Séjour de la candeur,
Auvergne, tes montagnes
Convenaient à mon cœur.
Pour la bruyante ville
Avec regret je pars :
Adieu, séjour tranquille,
Adieu, bons montagnards.

J'ai vu la Roche-Blanche,
Et dans Saint-Saturnin
J'ai dansé le dimanche
Au son du tambourin ;
Dans de belles prairies
J'ai vu d'heureux vieillards,
Et des filles jolies
Chez les bons montagnards.

Talende, où la nature
Mit de si frais ruisseaux,
J'ai vu ta source pure
Et tes riants coteaux ;
Où s'élève un village
J'ai vu de vieux remparts !
Du passé seule image
Qui reste aux montagnards !

L'émule de Virgile
N'était qu'un Auvergnat,
J'ai salué Delille
Au bourg de Chanonat ;
J'ai sur le Puy-de-Dôme
Affronté les hasards,
Et dormi sous le chaume
De ces bons montagnards.

Adieu, riche Limagne,
Rives de l'Allier ;
Adieu, belle montagne,
Et toit hospitalier.
Franchissant la distance,
Mon cœur et mes regards
Souvent, en souvenance,
Verront vos montagnards.

FIN DES CHANSONS

MADAME DE VALNOIR

MÉLODRAME EN TROIS ACTES ET EN PROSE

PAR

PAUL DE KOCK

PERSONNAGES :

Le comte ALBERT DE RIVEBELLE.
EVRARD DERVIL, son frère.
TIMON VAKLIN, ami d'Evrard.
Le chevalier DE SAINTE-CROIX.
SATURNIN, vieux domestique du comte.
PACOME, valet de madame de Valnoir.
Madame DE VALNOIR.
CLARY, fille du comte Albert.
ANGÉLIQUE, fille d'Evrard.
Un officier de maréchaussée.
Cavaliers de maréchaussée.
Domestiques, Montagnards et Montagnardes.

La scène se passe en Savoie, au château de Rivebelle.

ACTE PREMIER

Le théâtre représente une partie du parc du château, fermée dans le fond par un mur ayant une grille à hauteur d'appui. A côté de la grille, une petite porte donnant sur la campagne

SCÈNE I

ANGÉLIQUE, *seule*

(*Elle entre, va ouvrir la petite porte, regarde dehors, et revient en laissant la porte ouverte.*)

Bon ! voilà la petite porte du parc ouverte, mon père et Timon peuvent arriver maintenant. Je suis exacte au rendez-vous. Cet endroit écarté nous répond de la sûreté de cet entretien ; il est encore de bonne heure, et les domestiques du château sont occupés aux préparatifs de l'hymen de M. le comte avec madame de Valnoir... Madame de Valnoir ! Femme artificieuse, tu te flattes de voir bientôt tes projets à exécution... Mais tu n'es pas encore l'épouse du comte. Ma présence en ces lieux l'inquiète, l'importune ; elle est loin de se douter cependant que cette Angélique, qui passe dans ce château pour une orpheline recueillie par la bienfaisance, n'est autre que la nièce du comte Albert. Lui-même croit que j'ignore le secret de ma naissance. Il me trouve, il y a deux ans, dans la chaumière d'une pauvre villageoise qui implore ses bontés en faveur d'une orpheline dont elle dit avoir pris soin depuis l'enfance. Le comte s'intéresse à mon sort, il examine les papiers qui constatent ma naissance, il reconnaît sa nièce dans celle dont il veut prendre soin, et rend grâce au hasard qui l'a envoyé à mon secours, sans se douter que ces événements étaient préparés d'avance pour m'introduire près de lui. Le changement de nom de toute sa famille lui persuade aisément que je ne me crois pas sa nièce. Mais pourquoi ne me découvre-t-il pas ce mystère ? Quelle raison peut l'engager à dissimuler avec moi ? Voilà ce qu'il me tarde d'apprendre dans l'entretien que je vais avoir avec mon père et Timon... Mais on vient... Ce sont eux sans doute.

SCÈNE II

ANGÉLIQUE, TIMON

(Timon entre par la petite porte; Angélique va au-devant de lui.)

ANGÉLIQUE. — Eh quoi !... vous êtes seul ?
TIMON. — Oui, ma chère Angélique.

ANGÉLIQUE. — Pourquoi mon père ne vous accompagne-t-il pas ?

TIMON. — Soyez sans inquiétude. Bientôt il sera ici.

ANGÉLIQUE. — Qui peut le retenir maintenant ?

TIMON. — Une affaire de la plus grande importance, d'où dépend la destinée de sa vie entière. Mais venons à l'objet de cette entrevue. Daignez m'instruire de ce qui se passe au château. Où en sont les projets de madame de Valnoir ?

ANGÉLIQUE. — Le comte en est plus épris que jamais. Il est décidé à en faire son épouse, et déjà l'on s'occupe dans le château des préparatifs de cet hymen, qui peut-être aura lieu demain.

TIMON. — Demain ! grand Dieu ! Je vois qu'il est temps d'agir, et je suis décidé à ne plus garder de ménagements. Vous paraissez étonnée, Angélique ; vous connaissez le caractère odieux de madame de Valnoir, le projet qu'elle a formé de devenir l'épouse du comte, et les moyens perfides qu'elle a employés pour parvenir à ce but. Mais vous ignorez quel est le motif particulier qui me porte à surveiller cette femme... Je vais vous en instruire. Vous vous rappelez sans doute d'avoir vu, il y a un an, à la terre de Champrose, où était alors le comte, un certain vieillard qui se présenta au château comme père de madame de Valnoir ?

ANGÉLIQUE. — En effet...

TIMON. — Cet homme qui avait pris le nom de Saint-Brice, eut soin de vanter à l'excès les vertus de sa fille Le comte fut dupe de cette ruse. La vue du vieux Saint-Brice augmenta son respect et son amour pour madame de Valnoir. Il essaya de retenir le bonhomme au château ; mais celui-ci, à qui on avait bien appris son rôle, eut soin d'en partir dès qu'il eut l'assurance d'avoir réussi ; car apprenez, Angélique, que ce prétendu père de madame de Valnoir n'était autre qu'un fripon payé par elle pour jouer personnage.

ANGÉLIQUE. — Se pourrait-il ?

TIMON. — Hélas ! faut-il tout vous dire ! Son véritable père est devant vous.

ANGÉLIQUE. — Quoi ! vous seriez...

TIMON. — Oui, je suis le père de madame de Valnoir, et bien malheureux, bien honteux d'avoir donné le jour à un être aussi méprisable. Je l'aurais déjà démasquée aux yeux de votre famille qu'elle trompait ; mais j'étais l'ami, le seul ami de votre infortuné père, proscrit et fugitif. Obligé de le soustraire à toutes les recherches, de le cacher aux regards curieux, je redoutais surtout ceux de ma propre fille. Quelle douleur pour un père ! Je rougis de l'avouer, je me mariai sans savoir que la femme que je prenais était capable de s'adonner à tous les vices... La mère et la fille me persécutèrent, me déshonorèrent au point que je me vis forcé de les quitter. La mère mourut, et la fille se livra aux désordres les plus effrénés. J'aurais pu faire valoir mon autorité ! Mais un père peut-il dénoncer sa fille, se couvrir d'opprobre en faisant retomber sur sa tête le juste châtiment qu'elle mérite ? J'oubliai que j'eus une fille, pour ne m'occuper que de l'amitié, et ne m'en ressouvins que lorsqu'elle employa mille ruses pour s'introduire dans votre respectable famille. Je jurai alors de m'opposer à ses infâmes desseins et de la démasquer aux yeux du comte. Dans ce moment même je sollicite du ministre une lettre de cachet pour la faire renfermer. Je veux cependant faire une dernière tentative auprès d'elle ; mais si elle est infructueuse, je n'écouterai plus que la voix de l'honneur, qui m'ordonne de délivrer la société d'une femme qui fait la honte de son sexe et le malheur de tout ce qui l'entoure.

ANGÉLIQUE. — Malheureux Timon ! que vous êtes à plaindre !

TIMON. — Mais quelqu'un s'avance... C'est Evrard sans doute.

ANGÉLIQUE. — Oui, c'est lui-même.

SCÈNE III

LES PRÉCÉDENTS, EVRARD

(*Evrard est enveloppé d'un manteau. Il entre, Angélique est dans ses bras.*)

ANGÉLIQUE. — Mon père !

EVRARD. — Ma chère Angélique ! combien ce moment tardait à mon impatience !

ANGÉLIQUE. — Pourquoi donc n'avoir pas accompagné votre ami ? je craignais...

EVRARD. — Bientôt, ma fille, tu connaîtras mes motifs. (*A Timon.*) Mon cher Timon, je quitte le ministre ; il ne précédait le roi que de quelques heures ; il m'a fait espérer... Je n'ose cependant me flatter de réussir.

TIMON. — Et moi, je ne doute pas du succès. Du courage, mon cher Evrard ; le sort doit être las de vous persécuter.

EVRARD. — Mais dis-moi, mon Angélique : ce lieu est-il bien sûr ? ne pourrions-nous pas être surpris ?

ANGÉLIQUE. — Soyez sans inquiétude, mon père, j'ai pris toutes les précautions nécessaires... Mais, je vous l'avouerai, vos craintes m'étonnent. Que pouvez-vous redouter ? vous êtes dans le château de votre frère. Où pouvez-vous trouver un asile plus sûr qu'auprès de lui ?... Au lieu de le fuir enfin, que n'allez-vous vous jeter dans ses bras.

EVRARD. — Moi ! me jeter dans ses bras ! Le moment est arrivé où tu dois connaître le secret qui depuis vingt ans me force de cacher mon existence à tous les yeux. Écoute-moi avec attention : Notre véritable nom est Dervil ; nous n'étions que trois enfants, le comte Albert, ma sœur et moi. Je choisis de bonne heure la profession des armes ; je fus assez heureux pour me distinguer dans plus d'une affaire et monter rapidement au grade de lieutenant-colonel. Jusque-là je ne pouvais qu'honorer ma famille; mais j'étais emporté, violent, et ces défauts, que je n'avais point appris à maîtriser, devaient être cause du malheur de ma vie. Je venais de former à Paris une secrète union avec Eulalie Bedfort, lorsque, obligé de rejoindre mon régiment, je quittai mon épouse, qui te portait alors dans son sein, laissant ignorer à ma famille cette particularité. Je partis. Bientôt le roi daigna remarquer ma conduite et m'honorer de sa confiance; mais cette faveur excita l'envie de mes supérieurs, qui se liguèrent pour me perdre dans l'esprit du monarque. Je m'aperçus bientôt que mon maître me retirait une partie de son estime. Vif, impétueux, je me décidai à faire un coup d'éclat dont le succès pût me faire honneur près de mon roi. Mon plan réussit; seul avec mon régiment, je parvins à chasser les ennemis d'une position importante. J'apprends que le roi va nommer maréchal de camp celui qui a conçu ce plan d'expulsion, je me flatte que cet honneur m'est destiné, je vole chez le monarque, je le trouve entouré de plusieurs généraux, je me précipite à ses pieds. « Que faites-vous, Dervil? me dit le roi; que demandez-vous? est-ce le châtiment dû à votre indigne conduite? On vous avait d'abord attribué l'honneur de cette journée; mais il m'a été prouvé qu'il est dû tout entier à votre colonel, et que, loin d'avoir secondé son plan d'attaque, vous avez tout fait pour le contrarier : c'est lui que je nomme maréchal de camp. » Je me relève furieux : « Où est-il, m'écriai-je, ce vil calomniateur? il aura ma vie, ou j'aurai la sienne; j'ai mille preuves par mes troupes et par mes officiers que c'est moi, que ce sont eux qui ont remporté la victoire. — Vous en avez menti, » répond le roi. A ce mot d'un monarque irrité, je perds la tête au point de m'écrier avec fureur : « Si tout autre que vous, sire, osait me... » Je n'ai pas le temps d'achever, on m'entoure, on m'entraîne, et j'entends dire de tous côtés que j'ai mérité la mort.

ANGÉLIQUE. — Grand Dieu !

EVRARD. — Le roi, revenu de ce mouvement de vivacité, ordonne qu'on me rende la liberté. « Il ne vous appartient plus, sire, s'écrient les généraux ; vous ne pouvez arrêter le cours de la discipline militaire. » Le roi sentit la force de ces réclamations. « Agissez, messieurs, leur dit-il, je vous laisse maîtres de son sort ; mais avant je désire lui parler en particulier. » Me trouvant seul avec le monarque, je me jette à ses genoux en lui demandant grâce pour l'énormité de ma faute. « Votre grâce, malheureux ! me répond le roi, elle n'est point en mon pouvoir. Cependant, je me rappelle vos services, votre valeur, infortuné Dervil ; je ne puis que vous procurer les moyens de vous sauver. Prends ce sauf-conduit, pars. » Le monarque me force de me couvrir d'un manteau, m'ouvre une porte secrète... Je suis sauvé ! Mes ennemis virent bien que le roi m'avait fait échapper ; le conseil de guerre ne s'assembla pas moins ; j'y fus jugé par contumace, condamné à être dégradé à la tête de mon régiment et fusillé ensuite, comme ayant osé outrager mon souverain... La haine des juges s'étendit jusque sur la famille de la victime ; mes parents furent condamnés à la dégradation de leurs titres et à la confiscation de leurs biens... Ainsi, je les entraînai tous dans ma chute !... Ce jugement inique ne limitait pas le nombre des années ; il avait force de loi pendant toute la vie des coupables. Aujourd'hui même encore il pourrait être mis à exécution... Tu frémis !

ANGÉLIQUE. — Et comment votre famille s'est-elle sauvée de cette horrible condamnation ?

EVRARD. — A l'affreuse nouvelle de ce jugement, notre oncle, le major d'Estival, courut se jeter aux pieds du roi : « Je n'ai pu, lui dit ce monarque, m'opposer au jugement de mon conseil de guerre ; mais je vais vous rassurer tous. Chaque individu de votre famille, qui porte le nom de Dervil le changera sur-le-champ. Abandonnez vos biens et vos titres, je me charge de vous en donner d'autres. Quittez ce pays, et soyez sans inquiétudes, je veillerai à ce que le jugement qui vous condamne ne soit point exécuté rigoureusement. » Mon oncle suivit les intentions bienfaisantes du roi, et le nom de Dervil fut oublié pour jamais. Voilà, ma chère Angélique, ce secret qui nous a tous cruellement affligés et qui nous cause aujourd'hui plus d'inquiétudes que jamais. Tant que le roi a vécu, ma famille n'avait rien à redouter; mais il vient de mourir, son petit-fils lui succède au trône, les méchants qui m'ont perdu peuvent revenir à la charge; et, privé de la puissante protection du souverain, qui sait s'ils ne réussiront point dans leurs entreprises? Ne t'étonne donc plus si ton oncle ne te reconnaît pas pour sa nièce. En t'avouant ta naissance, il serait forcé de t'apprendre les malheurs de ton père, et l'infortuné aurait trop à rougir. Quant à moi qui ai fait son malheur, j'ai juré de n'embrasser mon frère que lorsque je serai porteur de notre grâce. Ce digne ami me seconde, il ne m'a pas quitté depuis ma proscription; c'est par lui que j'ai appris les projets de madame de Valnoir; c'est lui qui te plaça dans la maison d'éducation où tu restas jusqu'au moment où nous formâmes le projet de t'introduire près de mon frère... Chère Angélique, ta mère, l'infortunée Eulalie, mourut en te donnant le jour; toi seule m'attachais encore à la vie, et sans toi je n'aurais pas eu le courage de supporter mes maux.

TIMON. — Ils finiront bientôt, je l'espère. Mais il es temps, mon cher Evrard, de quitter ces lieux.

EVRARD. — Tu as raison, partons, mon ami; toi, ma chère Angélique, redouble de surveillance auprès de la dame de Valnoir.

ANGÉLIQUE. — Je vous le promets. Mais songez aussi que son hymen avec le comte est sur le point de se conclure, et que demain peut-être si vous ne parlez pas, il ne sera plus temps de s'opposer à ses desseins.

TIMON. — Il suffit, partons.

ANGÉLIQUE. — Ah! prenez cette clef, c'est celle de la petite porte du parc, près le pavillon; elle servira à vous introduire dans le château dans le cas où cela serait nécessaire.

TIMON. — Donnez.

EVRARD. — Adieu, ma chère Angélique, je vais tout tenter pour obtenir ma grâce. Le roi arrive aujourd'hui même à Clermont; j'irai me jeter au pied du trône, et je subirai l'arrêt qui me condamne, ou le nom de Dervil cessera d'être déshonoré.

(*Il embrasse Angélique. Ils sortent par la petite porte; Angélique la referme.*)

SCÈNE IV

ANGÉLIQUE, *puis* SATURNIN

ANGÉLIQUE. — Ils sont partis! Il était temps, car j'aperçois Saturnin.

SATURNIN, *à lui-même.* — Madame de Valnoir! toujours madame de Valnoir!

ANGÉLIQUE. — Bonjour, monsieur Saturnin.

SATURNIN. — Ah! vous voilà, mademoiselle Angélique!

ANGÉLIQUE. — Comment cela va-t-il ce matin?

SATURNIN. — Mal!

ANGÉLIQUE. — La fatigue de la route est sans doute cause...

SATURNIN. — Non, non, ce n'est pas la fatigue. J'ai de l'humeur, beaucoup d'humeur. Diable! il me paraît que l'on n'a pas perdu de temps ici, pendant les quinze jours que j'ai été absent. Forcé d'aller à Paris pour... pour une affaire qui me regarde, en arrivant hier au château, je vois partout les apprêts de l'hymen de mon maître avec madame de Valnoir; ce sont des guirlandes par ici, des couronnes par là... une fête que l'on prépare... Je comptais bien aussi célébrer celle de M. le comte, et c'est pour cela que j'avais hâté mon retour en Auvergne, je lui avais même apporté mon bouquet qui... Mais bah ! il n'y a plus moyen de rien faire ici maintenant; c'est madame de Valnoir qui dirige tout, qui ordonne tout... Hum ! je puis parler devant vous, mademoiselle Angélique; vous ne l'aimez pas non plus, madame de Valnoir, je le sais, et je vous en estime davantage. Ah ! quelle différence de cette femme-là avec la première épouse de M. le comte ! Vous ne l'avez pas connue, cette vertueuse Aura?...

ANGÉLIQUE. — Je n'ai pas eu ce bonheur.

SATURNIN. — C'est celle-là qui était une digne femme!... M. le comte l'adorait, et il l'a rendue parfaitement heureuse; mais depuis sa mort tout est bien changé! D'abord M. le comte paraissait inconsolable; tout entier à sa douleur, sa fille, la charmante Clary, avait seule le pouvoir de l'en distraire; mais M. le comte est faible malheureusement, il est trop confiant, et ces défauts-là sont cause qu'il va faire une sottise en épousant madame de Valnoir, qui, sous les dehors de la douceur et de la sensibilité, est bien la plus méchante femme que je connaisse.

ANGÉLIQUE. — Mais comment M. le comte ne voit-il pas...

SATURNIN. — Eh non! il ne voit rien; il ne veut rien voir, il en est entiché... Il ne s'aperçoit pas que depuis que cette dame de Valnoir a mis le pied dans la maison, elle y a semé la discorde. N'est-ce pas elle enfin qui a brouillé le père et la fille, au point que M. le comte a fait renfermer cette pauvre Clary dans un couvent, parce qu'elle refuse d'épouser le chevalier de Sainte-Croix, autre coquin que le ciel confonde! et qui s'entend avec la dame pour consommer cette œuvre du diable. Mais patience, j'ai amené quelqu'un avec moi qui, j'espère...

ANGÉLIQUE. — Pourquoi ne cherchez-vous pas à éclairer M. le comte?

SATURNIN. — Il ne m'écoute pas... Je pourrais cependant m'appuyer des preuves que j'ai acquises par la surveillance secrète que j'exerce sur la dame en question, et surtout sur ce drôle de Pacôme, valet de madame de Valnoir, qui n'est qu'un ivrogne et un hypocrite. Un homme froid m'entendrait; mais lui!... Il me traite de vieux radoteur, d'homme qui voit tout en noir... Un jour viendra peut-être où il verra que j'avais raison.

ANGÉLIQUE. — Mais on vient. C'est Pacôme; je vous laisse ensemble.

SATURNIN. — Oui, laissez-nous, mademoiselle Angélique; le drôle était gris hier soir à mon arrivée, et il m'a dit des choses... Je suis curieux de voir comment il s'en tirera maintenant. Au revoir, mademoiselle Angélique.

ANGÉLIQUE. — Je vous salue, monsieur Saturnin.

SCÈNE V

SATURNIN, PACOME

PACOME, *apercevant Saturnin, à part*. — Voilà ce vieux raisonneur de Saturnin; je crois qu'il m'a vu hier lorsque j'étais un peu en train; n'importe, n'ayons pas l'air de nous en souvenir.

SATURNIN, *à part*. — Ah! ah! il est embarrassé. Le coquin se rappelle sans doute qu'il était gris hier, et qu'alors il ne sait plus ce qu'il dit.

PACOME, *saluant*. — Serviteur à l'estimable monsieur Saturnin.

SATURNIN, *avec ironie*. — Ah! vous voilà, monsieur Pacôme? Comment! vous n'êtes pas à l'église ce matin? On m'avait dit que vous n'en sortiez pas de la journée...

PACÔME, *d'un ton cafard.* — Que voulez-vous, monsieur Saturnin!... il faut bien remplir ses devoirs de chrétien.

SATURNIN. — Oui, sans doute; mais je ne sais pas où vous les aviez remplis hier soir, car vous pouviez à peine marcher.

PACÔME. — Comment?

SATURNIN. — Avez-vous déjà oublié notre conversation?

PACÔME. — Ah! je crois... qu'effectivement je m'étais laissé entraîner avec quelques amis... J'avoue que j'ai quelquefois ce malheureux défaut.

SATURNIN. — Et vous souvenez-vous aussi des sottises que vous avez débitées hier?

PACÔME. — Ah! monsieur Saturnin! je ne vous ai pas dit de sottises!...

SATURNIN. — Non, des gentillesses apparemment!

PACÔME. — Ah! monsieur Saturnin! prenez-vous garde à ce que le vin fait dire? Vous verrez par la suite que je suis un parfait honnête homme, et que je ne négligerai rien pour vous contenter.

SATURNIN. — C'est ce que nous verrons... mais, morbleu! marchez droit, ou... (*A part.*) Ne nous emportons pas, je m'ôterais les moyens de le questionner une autre fois.

PACÔME, *à part.* — Maudit vieillard! pourquoi faut-il qu'il ne soit jamais gris quand je le suis?

SATURNIN. — Je vous laisse, monsieur Pacôme; je vais voir si mon maître n'a pas besoin de moi. (*A part.*) Allons rejoindre cette pauvre Clary que j'ai laissée à la ferme, et concertons avec elle l'instant de l'introduire au château. Je reviendrai ensuite trouver M. le comte; je ferai un dernier effort auprès de lui, et s'il n'a pas oublié son attachement pour moi, il ne pourra me résister. (*Haut.*) Mais j'aperçois votre maîtresse. (*A part.*) Sortons, la vue de cette femme me fait mal.

(*Madame de Valnoir paraît; Saturnin s'éloigne en jetant sur elle un regard de mépris.*)

SCÈNE VI

MADAME DE VALNOIR, PACOME

MADAME DE VALNOIR, *regardant sortir Saturnin.* — Cet insolent vieillard semble toujours vouloir m'insulter. Il me regarde avec un air... Mais qu'il tremble! bientôt je serai maîtresse en ces lieux, et il apprendra que l'on ne m'offense point impunément.

PACÔME. — Vous ferez bien de le chasser, madame; car il me déplaît beaucoup aussi.

MADAME DE VALNOIR. — Que te disait-il, Pacôme?

PACÔME. — Que sais-je? des injures... il me faisait des sermons... des menaces.

MADAME DE VALNOIR. — Pacôme, tu étais ivre hier soir...

PACÔME. — Un peu, madame, il est vrai.

MADAME DE VALNOIR. — Je t'ai déjà recommandé de te guérir de ce défaut. Songe donc, malheureux, que lorsque tu es dans cet état, tu dis des choses qui pourraient nous perdre si elles étaient entendues du comte. En vérité, Pacôme, si tu n'étais pas au fait de tous mes projets, si tu ne m'étais pas nécessaire pour surveiller les démarches du comte et épier tout ce qui se fait dans le château, je t'aurais déjà renvoyé, car ton penchant pour le vin me fait trembler.

PACÔME. — Soyez tranquille, madame, cela ne m'arrivera plus jusqu'à ce que le mariage... (*A part.*) Je pourrai alors m'en donner à mon aise.

MADAME DE VALNOIR. — Je compte sur ta promesse; souviens-toi que je touche au moment de réussir, et qu'il serait cruel de perdre le fruit d'une aussi longue intrigue.

PACÔME. — Vous n'avez rien à craindre, M. le comte vous adore, et quand tout le monde répéterait que vous n'êtes pas ce que vous paraissez être; que c'est pour duper que je fais le saint homme; que vous n'êtes pas veuve d'un M. de Valnoir qui n'a jamais existé; que vous n'êtes pas la fille de ce bonhomme que nous avions habillé en père ; que M. le chevalier de Sainte-Croix, que vous vouliez qu'il donnât à sa fille pour époux, n'est qu'un chevalier d'industrie; enfin quand on lui dirait que, depuis la mort de sa femme, nous n'avons fait que jouer la comédie à ses dépens, dont le dénoûment doit être de vous approprier son immense fortune en devenant son épouse, et de vous mettre en état de payer vos dettes, en récompensant ceux qui vous auront secondée dans cette grande entreprise... eh bien ! il ne le croirait pas; nous l'avons trop bien ensorcelé.

MADAME DE VALNOIR. — N'importe, mon cher Pacôme, il faut redoubler de soins et de prudence; c'est pour cela que je te cherchais. Tu vas te rendre du côté de l'avenue; j'attends ce matin le chevalier; il n'est pas encore venu dans cette terre depuis un mois que nous l'habitons. Je veux me concerter avec lui et lui apprendre où en sont les choses avant qu'il paraisse devant le comte. Va donc épier son arrivée, qui ne peut tarder maintenant; je l'attendrai en ce lieu, où nous pourrons causer sans être interrompus.

PACOME. — Il suffit, madame. *(Il sort.)*

SCÈNE VII

MADAME DE VALNOIR (*seule*).

Ce garçon m'est fort utile, je crains pourtant quelquefois que ses imprudences... Mais qu'ai-je à redouter maintenant? Ce moment auquel j'aspire depuis si longtemps est arrivé. Que de peines !... que de ruses il m'a fallu employer pour en venir à ce point! Grâce à mon adresse, tous les obstacles sont écartés ; et d'ailleurs, si quelqu'un cherchait à me perdre auprès du comte, ne suis-je pas maîtresse de cet important secret de famille dont le trop confiant Albert n'a pas craint de me rendre dépositaire? Heureuse confidence! Mais ce chevalier qui n'arrive pas! Il devait, disait-il, être en Auvergne presque aussitôt que moi... Quelle affaire peut le retenir? En vérité, il mérite bien peu que je m'intéresse à lui. Si je ne lui devais pas cinquante mille francs, qu'il gagna une nuit au jeu et qu'il me prêta pour me faciliter les moyens de tromper les yeux du comte... Ah! que de tourments!... Mais la fortune qui m'attend me dédommagera des efforts que j'ai faits, et cette perspective brillante me donne une nouvelle force pour continuer le rôle que je me suis tracé... Mais j'aperçois enfin le chevalier.

SCÈNE VIII

MADAME DE VALNOIR, LE CHEVALIER

MADAME DE VALNOIR. — Ah! vous voilà donc, chevalier?

LE CHEVALIER, *en bottes, un fouet à la main*. — Oui, belle dame; Pacôme m'a dit que vous m'attendiez ici, comme je descendais de cheval à l'entrée de l'avenue, et j'accours...

MADAME DE VALNOIR. — On ne vous a pas vu depuis trois mois ; qu'êtes-vous donc devenu ?

LE CHEVALIER. — Des affaires...

MADAME DE VALNOIR. — Oui, des nuits passées au jeu, n'est-ce pas? Quand je m'occupe de votre bien, ne perdrez-vous jamais cette funeste habitude?... Il s'est passé bien des choses depuis... Clary est renfermée, mon mariage décidé... Je vous conterai tout cela.

LE CHEVALIER. — Je suis enchanté que cette petite

Clary soit punie de son mépris pour moi... D'honneur, belle dame, c'est la première femme qui refuse mon hommage.

MADAME DE VALNOIR. — Je le crois.

LE CHEVALIER. — Quant à vous, ma chère amie, vous savez combien je désire votre avancement. Quand vous serez riche et comtesse, j'espère que vous me rendrez les cinquante mille francs que vous me devez; vous me l'avez promis au moins, c'est de l'argent si légitimement gagné.

MADAME DE VALNOIR. — Taisez-vous; on vous tiendra toutes les paroles que l'on vous a données.

LE CHEVALIER. — Convenez au moins que j'ai montré de la patience. Je vous l'avoue cependant, sans l'espoir d'être remboursé de ma créance, je ne me serais nullement mêlé de votre intrigue avec le comte. Mais mariez-vous promptement, payez-moi, et je retourne à Paris, où vingt beautés réclament ma présence.

MADAME DE VALNOIR. — Consolez-vous, chevalier, je ferai en sorte que vous ne les fassiez pas languir.

LE CHEVALIER. — Voilà donc qui va le mieux du monde, et je ne vois personne ici qui puisse contrecarrer vos projets.

MADAME DE VALNOIR. — Il y a pourtant quelqu'un qui me déplaît beaucoup, et dont je redoute l'active surveillance.

LE CHEVALIER. — Eh qui ?... le vieux Saturnin ? Bah ! on ne l'écoute pas.

MADAME DE VALNOIR. — Aussi n'est-ce pas de lui que je veux parler, mais de cette Angélique, qui est je ne sais comment dans ce château, et à laquelle le comte témoigne un attachement que je ne puis comprendre.

LE CHEVALIER. — Eh quoi ! cette petite fille est encore au château ? Je croyais que vous l'aviez fait renvoyer.

MADAME DE VALNOIR. — Impossible. J'ai fait ce que j'ai pu, mais inutilement. Le comte l'aime... il l'aime beaucoup... Oh! il y a là-dessous quelque chose d'extraordinaire; cette fille n'est point ce qu'elle parait.

LE CHEVALIER. — Je le crois comme vous.

MADAME DE VALNOIR. — Je la vois sans cesse sur mes pas. Vous rappelez-vous que, dans le dernier séjour que vous fîtes à la terre du comte, à Champrose, nous ne pouvions être un moment ensemble qu'elle ne fût derrière nous? Elle paraissait nous épier, surveiller nos moindres actions.

LE CHEVALIER. — C'est vrai, je me rappelle...

MADAME DE VALNOIR. — Tenez, c'est encore elle.

LE CHEVALIER. — C'est une chose étonnante.

MADAME DE VALNOIR. — Changeons d'entretien.

SCÈNE IX

LES PRÉCÉDENTS, ANGÉLIQUE

Angélique tient un livre à la main. Elle s'avance, examine un instant madame de Valnoir et le chevalier, qui semblent ne pas la voir.

ANGÉLIQUE, *à part*. — Le chevalier est arrivé, je m'en étais doutée.

MADAME DE VALNOIR, *feignant de continuer sa conversation*. — Oui, chevalier, M. le comte m'a priée de vous engager à venir passer quelque temps à cette terre que vous ne connaissez pas, et qui est vraiment une superbe habitation.

LE CHEVALIER. — C'est me faire beaucoup d'honneur, madame, et...

MADAME DE VALNOIR, *se retournant*. — Ah! vous voilà, Angélique!... En vérité, je ne vous croyais pas si près. Savez-vous que si j'avais quelques reproches à me faire... ou quelques secrets à garder, je croirais que vous cherchez à les pénétrer.

ANGÉLIQUE, *avec ironie*. — Comme madame ne redoute

rien, que toutes ses actions sont irréprochables, elle doit être tranquille.

MADAME DE VALNOIR. — Oh! sans doute... Est-ce le comte, mademoiselle, qui vous a envoyée près de moi?

ANGÉLIQUE. — Non, madame, personne ne m'y a envoyée, j'avais des raisons pour y venir.

MADAME DE VALNOIR. — Ah! vous aviez des raisons. (*Avec ironie.*) Mademoiselle vient ici, à ce qu'il me paraît, pour se nourrir l'esprit d'une lecture intéressante?

ANGÉLIQUE. — Effectivement, madame.

MADAME DE VALNOIR. — Comme l'esprit sied bien à une femme de chambre.

ANGÉLIQUE. — Il est vrai qu'il égare souvent les grandes dames.

MADAME DE VALNOIR. — Il égare!... Est-ce dans ce livre que vous avez lu cette belle maxime?

ANGÉLIQUE. — Non, madame, c'est dans un philosophe que l'on appelle Timon... le misanthrope.

(*Au nom de Timon, madame de Valnoir se trouble, ainsi que le chevalier.*)

LE CHEVALIER, *bas, à madame de Valnoir.* — Que veut-elle dire?

MADAME DE VALNOIR, *de même.* — Silence, elle nous observe. (*Haut.*) Je remarque depuis longtemps, mademoiselle, que vous êtes sans cesse sur mes pas, et que vous épiez toutes mes actions; cette conduite me lasse à la fin, et malgré que l'on n'ait rien à se reprocher, on n'aime pas à être l'objet d'une surveillance aussi extraordinaire.

ANGÉLIQUE. — Je ne vous surveille point, madame; au surplus, vous avez peut-être raison de vous méfier de moi, car je ne suis pas ici pour seconder vos projets.

MADAME DE VALNOIR, *troublée.* — Comment! quels projets me supposez-vous qui aient besoin d'être secondés?

ANGÉLIQUE. — Je les connais tous, madame.

MADAME DE VALNOIR. — Mes projets!

ANGÉLIQUE. — Oui, madame.

MADAME DE VALNOIR. — Cela est un peu fort.

ANGÉLIQUE. — Vous vous troublez, madame. Quelque adresse que l'on mette à déguiser la vérité, la voix de votre conscience crie, vous alarme, et le trouble qu'elle vous cause paraît dans tous vos traits.

MADAME DE VALNOIR. — La belle phrase!... Est-elle encore tirée de ce philosophe... dont le nom m'est échappé?

ANGÉLIQUE. — Il est impossible que madame ait oublié le nom de Timon.

LE CHEVALIER, *à madame de Valnoir*. — Elle est instruite.

MADAME DE VALNOIR. — En voilà assez, mademoiselle. Je vous ordonne de vous taire et de ne plus ouvrir la bouche sur vos rêveries. Ne croyez pas que vos calomnies réussissent jamais auprès du comte. Je puis donner des preuves contraires à tout ce que vous imaginez. retenez bien cela, et choisissez de m'avoir pour amie ou pour ennemie.

ANGÉLIQUE. — On sait trop que vous ne traitez pas bien les gens sous aucun de ces rapports. Ainsi je préfère votre inimitié, on peut la parer du moins et se mettre en garde contre elle.

MADAME DE VALNOIR. — Concevez-vous, chevalier, un tel excès d'insolence?

LE CHEVALIER, *à Angélique*. — Mademoiselle, ménagez vos expressions; elles sont injurieuses. Vous oubliez à qui vous parlez.

ANGÉLIQUE. — C'est parce que je suis loin de l'oublier, monsieur, que je parle sur ce ton.

MADAME DE VALNOIR. — Qui donc êtes-vous, vous qui me tenez ce langage hardi? Il est impossible que vous soyez ce que vous paraissez.

ANGÉLIQUE. — Je ne le suis pas, en effet.

LE CHEVALIER. — Eh bien! qui êtes-vous donc?

ANGÉLIQUE. — Une personne qui n'est pas assez confiante pour être votre dupe. Je vous laisse avec monsieur le chevalier, madame, reprendre un entretien que j'ai interrompu si mal à propos. (*Elle sort.*)

SCÈNE X

LE CHEVALIER, MADAME DE VALNOIR

MADAME DE VALNOIR. — Eh bien! chevalier, que pensez-vous de ce que nous a dit cette Angélique?

LE CHEVALIER. — Ma foi, je ne sais trop qu'en penser! Mais elle paraît fort instruite sur notre compte.

MADAME DE VALNOIR. — Elle m'a jetée dans un trouble...

LE CHEVALIER. — Ce nom qu'elle a plusieurs fois répété avec intention... Saurait-elle que ce Timon est votre...

MADAME DE VALNOIR. — Silence!... Ne prononcez jamais ce nom, que l'air pourrait reporter aux oreilles de quelque indiscret... Peut-être nous alarmons-nous mal à propos. Eh! d'ailleurs, quand cette fille saurait... Rappelons nos esprits, chevalier, nous touchons au moment de réussir, ce n'est pas l'instant de trembler... On vient, c'est le comte; laissez-moi seule avec lui, il vaut mieux qu'il ne vous voie pas encore. Éloignez-vous par ce sentier, et rendez-vous au château.

LE CHEVALIER. — J'y vole. Je ferai en même temps un bout de toilette; car je suis encore dans mon costume de voyage.

MADAME DE VALNOIR. — Allez, allez... (*Le chevalier sort.*) Profitons de ce moment, et mettons en usage tous mes moyens de séduction pour savoir quelle est cette mystérieuse Angélique, et, s'il se peut, pour la perdre dans son esprit.

SCÈNE XI

LE COMTE, MADAME DE VALNOIR

MADAME DE VALNOIR. — Ah! vous voilà, mon cher Albert.

LE COMTE. — Je vous cherchais, ma chère amie; depuis ce matin je suis éloigné de vous, et les instants qui nous séparent sont toujours trop longs pour mon cœur.

MADAME DE VALNOIR. — Vous savez, mon ami, si je partage vos sentiments... J'étais venue dans cet endroit du parc rêver un moment au bonheur qui m'attend... Je pensais à vous; j'étais heureuse, Albert; et cependant, je vous l'avouerai, j'ai quelquefois des craintes, des pressentiments...

LE COMTE. — Que pouvez-vous redouter?

MADAME DE VALNOIR. — La félicité qui m'attend en devenant votre épouse me semble si grande!... Je crains que des ennemis, jaloux de mon repos, ne cherchent à le troubler... Ce comte d'Erlac, qui en voulait à ma main, et que je vous ai préféré... Ce n'est point un sacrifice : jamais le comte d'Erlac n'avait su me plaire; mais il est si méchant!... Si quelquefois la calomnie...

LE COMTE. — Vous êtes au-dessus de ses atteintes; m'estimez-vous d'ailleurs assez peu pour croire que j'ajouterais foi à ses mensonges?

MADAME DE VALNOIR. — Ah! mon ami, quand je pense combien ma situation et ma fortune sont inférieures à votre rang... Vous connaissez les malheurs qui m'ont presque ruinée; vous avez vu mon père... cet homme respectable... Il n'est plus, hélas! que n'est-il témoin du bonheur de sa fille!

LE COMTE. — Oui, ma sensible amie, j'ai reçu toutes vos confidences, et, loin de vous nuire dans mon esprit, elles n'ont fait qu'augmenter encore mon estime et mon attachement pour vous... Ainsi vous voyez que vos craintes sont chimériques.

MADAME DE VALNOIR. — J'ai des ennemis cependant dans ce château même.

LE COMTE. — Dans ce château?

MADAME DE VALNOIR. — Cette Angélique... à laquelle vous portez tant d'attachement, elle ne m'aime pas, j'en suis certaine; j'ignore pour quel motif... A moins que la jalousie... En effet, vous lui témoignez une tendresse si extraordinaire, qu'il n'est pas étonnant qu'elle cherche à me perdre dans votre cœur.

LE COMTE. — Que dites-vous?... Pourriez-vous croire qu'Angélique...

MADAME DE VALNOIR. — J'étais certaine que vous prendriez son parti. Vous conviendrez que ce n'est pas le moyen de faire cesser mes soupçons.

LE COMTE. — Ils sont injustes. J'aime Angélique, sans doute; mais vous ne devez pas craindre d'avoir en elle une rivale.

MADAME DE VALNOIR. — Eh bien! s'il est vrai que vous ne me la préférez pas, consentez, Albert, à ce qu'elle quitte ce château.

LE COMTE. — Non, mon amie, je ne le puis. Lorsque vous la connaîtrez mieux, vous reviendrez de vos injustes soupçons, et vous partagerez ma tendresse pour elle.

MADAME DE VALNOIR. — Mais d'où peut donc naître cette tendresse extraordinaire?

LE COMTE. — Cette fille est malheureuse, et l'on s'attache volontiers à ceux que l'on oblige.

MADAME DE VALNOIR, *à part*. — N'insistons pas davantage, de crainte de paraître exigeante. (*Haut.*) Je ne vous presse plus, Albert; j'aime à croire même que je me suis abusée.

LE COMTE. — J'étais certain que vous reviendriez bientôt de ce moment d'erreur.

MADAME DE VALNOIR, *à part.* — Une fois maîtresse de ces lieux, je saurai bien l'en chasser.

LE COMTE. — Si ce sont là les ennemis que vous redoutez.

MADAME DE VALNOIR. — Il y a bien encore ce vieux Saturnin qui paraît ne me voir qu'à regret devenir votre épouse... Mais c'est en vain que je vous prierais de le congédier, je le sais.

LE COMTE. — Cela me serait impossible, mon amie; Saturnin a toujours été au service de ma famille : c'est un vieux serviteur dont l'attachement pour moi est sincère. D'ailleurs, il est dans la confidence de ce secret important que je vous ai confié. Il a connu, élevé même la victime de cette funeste affaire... Il a tout appris et tout celé comme nous.

MADAME DE VALNOIR. — Plus je réfléchis à ces malheureux événements, plus je suis étonnée que depuis vingt ans vous n'ayez eu aucune nouvelle de votre frère.

LE COMTE. — L'infortuné n'est plus, sans doute, d'après le caractère d'Evrard, je suis certain qu'il n'aura pu supporter la honte de son jugement... Mais cessons de parler d'une affaire sur laquelle je n'ai pas besoin de vous recommander le secret.

MADAME DE VALNOIR. — Cher Albert! tout ce qui vous regarde ne m'est-il pas personnel?

LE COMTE. — Femme adorable, combien de plus en plus vous captivez mon cœur!

MADAME DE VALNOIR. — Mais il faut que je vous quitte, mon ami, je veux voir si l'on a bien suivi mes intentions pour quelques petits changements que je fais faire au château.

LE COMTE. — Allez, mon amie, et n'oubliez pas que tout ici est soumis à vos ordres.

MADAME DE VALNOIR, *à part.* — Homme trop confiant, je saurai tirer parti de tes confidences.

(*Le comte lui baise la main, elle sort.*)

SCÈNE XII

LE COMTE, seul.

Trop heureux Albert!... Combien tu dois remercier le sort qui a remplacé cette épouse que tu aimais si tendrement! oui, madame de Valnoir est pour moi une seconde Aura; elle a ses vertus, sa douceur! pourquoi faut-il que ma fille, aveuglée par une injuste prévention... Ah! Clary! tu outrageais cette femme adorable! Quel motif, d'ailleurs, engagerait madame de Valnoir à me tromper?... L'intérêt! Eh! n'a-t-elle pas refusé pour moi la main de ce comte d'Erlac, dont son père, ce vieillard vénérable que je vis il y a un an, m'a montré les lettres passionnées! Ah! c'est lui faire injure que de douter de ses vertus, et mes enfants me sauront gré un jour de leur avoir donné en elle une seconde mère... Mais j'aperçois Saturnin.

SCÈNE XIII

LE COMTE, SATURNIN

LE COMTE. — Ah! te voilà, Saturnin.

SATURNIN. — Oui, monsieur... monsieur Dervil. C'est moi, c'est votre vieux serviteur qui vient vous demander une grâce.

LE COMTE. — Une grâce! Saturnin! Et que veux-tu? Tu ne m'as jamais rien demandé de ce ton suppliant?

SATURNIN. C'est que je n'ai jamais eu de prières plus importantes à faire à monsieur Dervil.

LE COMTE. — Monsieur Dervil!... Monsieur Dervil... Pourquoi affectes-tu de me rappeler ce nom que nous devons oublier?

SATURNIN. — C'est pour vous rappeler en même temps

que vous avez oublié aussi que le pauvre Saturnin eut l'honneur d'être votre confident de tout temps et celui de votre malheureux frère.

LE COMTE. — Le reproche est singulier! En quoi penses-tu que j'aie perdu la mémoire de cela? Est-ce que je n'ai plus la même confiance en toi?

SATURNIN. — Pas tout à fait, mon cher maître. Par exemple, si vous m'aviez dit autrefois : « Saturnin, je vais mettre ma fille dans une maison de réclusion, qu'en penses-tu? » Je me serais jeté à vos genoux. « Eh quoi! monsieur, vous aurais-je dit, vous allez vous priver des embrassements de votre fille! Sans doute Clary est coupable par sa désobéissance, mais Clary est une enfant, d'ailleurs ce chevalier n'est pas l'homme qui lui convient. Non, Monsieur, non, vous ne la renfermerez point. » Voilà, mon cher maître, ce que je vous aurai dit; mes prières, mes larmes vous eussent touché...

LE COMTE. — Tu te trompes, Saturnin, je ne t'aurais point accordé sa grâce.

SATURNIN. — C'est cependant pour l'obtenir que je viens ici vous supplier.

LE COMTE. — Vaine démarche, soins inutiles, tu ne parviendras jamais à fléchir ma juste sévérité; Clary m'a trop offensé, elle s'est montrée d'une ingratitude trop révoltante envers madame... envers mes amis...

SATURNIN. — Au nom de la vertueuse Aura, accordez-moi sa grâce. J'aurai reçu de mon maître la faveur la plus grande.

LE COMTE. — Saturnin, ce que tu fais là ne me surprend pas, ton excellent cœur m'est connu : il est naturel que tu t'intéresses à un enfant que tu as vu naître... Je ne te blâme donc point, mais je suis inexorable.

SATURNIN. — J'embrasse vos genoux, mon cher maître; accordez à mes longs services, à mes cheveux blancs, la grâce que je vous demande.

LE COMTE, *avec humeur.* — Tes instances me lassent à

la fin. Retire-toi, et ne me parle jamais d'une chose pour laquelle tu n'obtiendras rien.

SATURNIN. — Rien!

LE COMTE. — Rien.

SATURNIN. — En ce cas, monsieur le comte, je vous prie d'agréer ma retraite et de recevoir mon congé.

LE COMTE. — Ton congé!

SATURNIN. — Oui, monsieur le comte, je quitte ces lieux, que la discorde et le malheur vont désormais habiter.

LE COMTE, *avec impatience*. — La discorde, le malheur! quelles expressions! J'accepte votre congé, sortez du château.

SATURNIN. — J'en sortirai.

LE COMTE. — Sur-le-champ.

SATURNIN. — A l'heure même.

LE COMTE. — Je ne vous donne rien, pas un denier de plus que vos gages.

SATURNIN. — Je n'en demande pas davantage. Adieu, monsieur le comte.

LE COMTE, *vivement*. — Un moment... Il s'éloigne, il me quitte. Mais tu n'as rien, malheureux, point d'épargnes, puisque tu prodigues tout aux enfants de ta sœur, de ton frère, je le sais.

SATURNIN. — Oubliez-vous que je suis riche encore? J'ai huit cents livres de rente que m'a léguées ma bonne maîtresse, feu madame la comtesse. O mânes de la plus vertueuse des femmes, recevez mes remerciements! sans vous, le pauvre vieux Saturnin serait aujourd'hui sur le pavé, sans place, sans pain; un maître aveugle l'aurait laissé mourir de faim dans un hôpital.

LE COMTE. — Malheureux, que dis-tu là? Reste, reste, tu viens de me percer l'âme. Tu m'as cru assez barbare pour te laisser sans pain? Homme injuste que tu es! Moi! j'abandonnerais mon vieux serviteur! Il le croyait, ce méchant vieillard... Je te fais douze cents livres de rente.

SATURNIN. — Je vous remercie, monsieur le comte, je n'en ai pas besoin.

LE COMTE. — Je t'en donne deux mille, entêté !

SATURNIN. — Je les refuse, j'ai assez des bienfaits de madame la comtesse.

LE COMTE. — Si tu me fâches, je te constitue à l'heure même une rente de deux mille écus. Veux-tu la moitié de ma fortune ? Reste, reste, c'est tout ce que je te demande.

SATURNIN, *attendri.* — Mon cher maître !

LE COMTE. — Tu pleures ! Eh ! mon ami ! tu mourrais de douleur si tu me quittais ! Et moi, moi, tu le sais, puis-je me passer de toi ?

SATURNIN. — Excellent maître ! Oui, je resterai. Eh ! cependant, quelle vieillesse vais-je passer ici ? Vous allez épouser madame de Valnoir ; elle sera ma maîtresse !... Elle ne m'aime pas, elle connaît ma pénétration...

LE COMTE. — Saturnin...

SATURNIN. — Je me tais. O mon Dieu ! Je sais qu'ainsi qu'on le dit dans le pays : Dieu le Père serait sur la terre, qu'il ne vous ferait pas changer d'opinion sur le compte de la dame de Valnoir... Mais j'aperçois mademoiselle Angélique ; elle accourt de ce côté.

SCÈNE XIV

LES PRÉCÉDENTS, ANGÉLIQUE

ANGÉLIQUE. — Monsieur le comte, M. le chevalier est arrivé ; je viens de le rencontrer : il vous cherchait, je crois.

LE COMTE. — Le chevalier !... Je vais le revoir ; je vous remercie, Angélique, de votre attention... (*Prenant la main d'Angélique et celle de Saturnin.*) Mes bons amis ! vous savez combien je vous aime ! donnez-moi donc aussi une preuve de votre amitié en prenant plus de part à mon prochain bonheur et en cessant d'en vouloir à celle que j'ai jugée digne de ma tendresse.

SATURNIN. — Monsieur le comte verra par la suite que notre seul désir est de le voir heureux.

(*Le comte sort, Angélique se dispose à le suivre, Saturnin l'arrête.*)

SCÈNE XV

ANGÉLIQUE, SATURNIN

ANGÉLIQUE. — Que me voulez-vous donc, monsieur Saturnin?

SATURNIN. — Vous faire voir quelqu'un que vous n'attendez pas.

ANGÉLIQUE. — Comment?

SATURNIN. — Attendez... attendez... (*A part.*) Voici l'instant que j'ai indiqué à mademoiselle Clary, elle doit être au rendez-vous. (*Il va ouvrir la petite porte.*) Venez, mademoiselle.

SCÈNE XVI

LES MÊMES, CLARY

ANGÉLIQUE. — Que vois-je? c'est ma chère Clary.

CLARY. — Elle-même, ma chère Angélique.

ANGÉLIQUE. — Eh! par quel prodige?... Qui donc vous a amenée en ces lieux?

CLARY. — J'y suis venue avec Saturnin.

ANGÉLIQUE. — Se pourrait-il?

SATURNIN. — Oui, mademoiselle Angélique, c'est moi qui ai feint une affaire à Paris, pour y aller chercher mademoiselle, bien certain que M. le comte ne sera pas toujours inflexible. D'ailleurs, je prends sur moi toute sa colère !... Mais, morbleu, je ne voulais point qu'il fût dit que cette madame de Valnoir aurait toujours le dessus.

CLARY. — Oui, mon amie, c'est à Saturnin, c'est à ce serviteur fidèle que je dois mon retour en ces lieux. Il s'est présenté au couvent comme venant de la part de mon père. Son âge, son nom, ont éloigné tous les soupçons, et on n'a pas hésité à me confier à lui.

SATURNIN. — Ai-je bien agi, mademoiselle Angélique ?

ANGÉLIQUE. — Oh ! parfaitement, monsieur Saturnin.

CLARY. — Mais si l'on nous surprenait ?

SATURNIN. — Soyez tranquille, mademoiselle, M. le comte est occupé au château.

CLARY, *avec douleur*. — Ah ! Saturnin ! conçois-tu combien il est cruel pour moi de ne venir qu'en tremblant dans ces lieux, d'y redouter la présence de mon père ? Voilà pourtant l'ouvrage de cette méchante femme.

SATURNIN. — Consolez-vous, mademoiselle, cela ne peut durer longtemps.

CLARY. — Et l'on dit qu'il va l'épouser ?

ANGÉLIQUE. — Oh ! que non, mademoiselle ! je vous assure, moi, que ce mariage n'est pas encore fait ; mais il ne faut pas rester en ces lieux, où nous pourrions être vus par quelque agent de cette méchante Valnoir. Venez avec moi, mademoiselle ; je vais vous conduire dans une chambre où je réponds qu'on ne vous trouvera pas.

SATURNIN. — C'est cela, mademoiselle Angélique ; moi, je vais veiller à ce que vous ne soyez point surprise.

CLARY. — Mes bons amis ! que ne vous dois-je pas ?

SATURNIN. — Allez, ma chère maîtresse, et prenez courage. (*Angélique et Clary sortent.*)

SCÈNE XVII

SATURNIN, *puis* TIMON

SATURNIN. — Cette chère Clary !... Je me sens satisfait de la savoir dans le château. (*Timon paraît derrière la grille ; il est enveloppé d'un manteau.*) Oh ! oh ! quel est cet étranger ?

TIMON, *entrant*. — N'est-ce pas au respectable Saturnin que j'ai l'honneur de parler ?

SATURNIN. — A lui-même, monsieur. Que désirez-vous de moi ?

TIMON. — Que vous me rendiez un léger service, en vous chargeant de ces deux lettres : l'une est pour votre maître, M. le comte Albert de Rivebelle, l'autre pour madame de Valnoir.

SATURNIN. — Ce n'est que cela, c'est très-facile.

TIMON. — Vous y consentez... les voici... vous les remettrez ?

SATURNIN. — Oui, sans doute.

TIMON. — N'y manquez pas surtout.

SATURNIN. — Non, non.

SCÈNE XVIII

LES PRÉCÉDENTS, LE CHEVALIER

(*Le chevalier entre et reste immobile en apercevant Timon : celui-ci lui lance un regard de mépris, et lui dit avec ironie.*)

TIMON. — Vous ici, monsieur le chevalier ?

LE CHEVALIER, *embarrassé*. — Oui, oui, monsieur : cela paraît vous étonner ?

TIMON. — En effet. Ce château n'appartient-il pas à une famille respectable ?

LE CHEVALIER. — Sans doute. Eh bien !

TIMON. — Vous conviendrez alors que ce n'est pas ici votre place.

SATURNIN, *à part.* — Oh ! oh !

TIMON. — Au reste, je ferai en sorte que vous n'y restiez pas longtemps.

LE CHEVALIER. — Comment ?

TIMON. — Nous nous reverrons, chevalier. (A *Saturnin.*) Bonjour, brave homme. (*Il sort.*)

SCÈNE XIX

LE CHEVALIER, SATURNIN

SATURNIN. — Eh bien ! qu'avez-vous donc ? monsieur le chevalier ? la vue de cet étranger vous a troublé... vous vous connaissez, à ce qu'il paraît.

LE CHEVALIER. — Non... jadis... cependant je crois me rappeler...

SATURNIN. — Allons, allons... vous n'êtes pas encore rassuré. Il est vrai qu'il vous a parlé d'une manière...

LE CHEVALIER. — Ce n'est rien... ce n'est rien... Que venait-il faire ici, Saturnin ? Que vous a-t-il dit ?

SATURNIN. — Il m'a tout simplement donné cette lettre pour madame de Valnoir. (*A part.*) Ne lui parlons pas de celle de M. le comte, car ceci me paraît l'intriguer beaucoup.

LE CHEVALIER. — Une lettre pour madame de Valnoir... Voulez-vous me la donner, je me charge de la lui remettre ?

SATURNIN. — Ah ! volontiers !... A vous ou à elle, je crois que c'est à peu près la même chose, et c'est m'obliger que de m'éviter de lui parler. (*Il la lui donne.*) Mais tenez, vous n'aurez pas loin à aller, car je l'aperçois qui vient par ici. (*A part.*) Nous, courons porter cette autre lettre à M. le comte.

SCÈNE XX

MADAME DE VALNOIR, LE CHEVALIER

MADAME DE VALNOIR. — Que faites-vous donc ici, chevalier ? toute la compagnie vous cherche. Mais qu'avez-vous, vous paraissez troublé ?

LE CHEVALIER. — Je le crois bien, nous sommes perdus.

MADAME DE VALNOIR. — Comment ?

LE CHEVALIER. — Savez-vous qui je viens de voir ici ? Ce méchant veillard, cet odieux Timon !

MADAME DE VALNOIR. — Ciel ! mon père... Je le croyais loin de ce pays.

LE CHEVALIER. — Eh ! non, il est ici.

MADAME DE VALNOIR. — Vous êtes sûr que c'est lui ?

LE CHEVALIER. — Très-sûr. D'ailleurs, cette lettre qu'il vous adresse vous le prouvera.

MADAME DE VALNOIR. — Donnez. Il faut avant tout que je parle à cet homme. Par où est-il sorti ?

LE CHEVALIER. — Par cette porte, il n'y a qu'un instant.

MADAME DE VALNOIR. — Je cours sur ses traces... Vous, chevalier, rentrez au château. Bannissez ce trouble, surtout aux yeux du comte. Rendez-vous près de lui, occupez-le afin qu'il ne remarque pas mon absence. Redoublons de ruses, d'audace, s'il le faut et nous réussirons. (*Ils se séparent et sortent de différents côtés.*)

ACTE DEUXIÈME

Le théâtre représente une partie du parc du château de

SCÈNE I

LE COMTE *seul, une lettre à la main.*

Le contenu de cette lettre est bien étrange ! Il me jette malgré moi dans une incertitude... Je ne puis en croire mes yeux ; voyons, peut-être me suis-je trompé... Relisons encore. *(Il lit.)*

« Sans être connu de vous, je prends la liberté de vous écrire, monsieur le comte, pour vous donner un avis des plus importants. Une femme, indigne de votre estime, encore plus de votre affection, vous tend un piége affreux, dans lequel vous êtes prêt à tomber. Vous êtes, dit-on, disposé à l'épouser : prenez-y garde ! La dame de Valnoir n'est pas ce qu'elle paraît à vos yeux, c'est un monstre d'ingratitude, de fourberie et de malignité. Daignez en croire un vieillard qui vous est attaché par des sentiments plus forts que vous ne pouvez vous l'imaginer. Retardez votre mariage jusqu'à ce que j'aie eu l'honneur de vous voir. Silence envers la dame. Chérissez toujours votre Angélique : celle-là mérite toutes vos affections. Je suis, etc.

« *Signé* : TIMON VAKLIN. »

Je ne reviens pas de ma surprise ! Cette lettre a tous les caractères de l'authenticité, elle n'est point d'un anonyme. Quoi ! madame de Valnoir m'aurait trompé ! Saturnin aurait donc raison ! Non, je ne puis croire... Et d'ailleurs quel est ce Timon ?... Quel rapport peut-il y avoir entre lui et...? Ah! je me perds dans mes conjectures.

(Il reste plongé dans ses réflexions, il tient toujours sa lettre à la main.)

SCÈNE II

LE COMTE, MADAME DE VALNOIR

(Elle arrive tenant aussi une lettre à la main. Elle est si préoccupée qu'elle ne voit pas le comte, qui ne l'aperçoit pas non plus.)

MADAME DE VALNOIR, *bas.* — Toujours des menaces! En vérité cet homme me poursuivra partout. *(Elle aperçoit le comte.)* Grand Dieu! le comte. Cachons vite...*(Elle cache la lettre.)* Que fait-il donc là? il paraît bien préoccupé... Abordons-le. *(Elle approche.)*

LE COMTE, *l'apercevant.* — Ah!... ah! c'est vous, madame.

MADAME DE VALNOIR.—Oui, mon cher Albert; je vous cherchais... Je... *(A part.)* Quel air froid...! *(Haut.)* Vous me paraissez pensif, mon ami; si je ne craignais de commettre une indiscrétion en vous demandant le sujet qui vous occupait si vivement...

LE COMTE, *lui montrant la lettre.*—Je lisais cette lettre, qui, je l'avoue, me jette malgré moi dans une anxiété...

MADAME DE VALNOIR, *à part.* — Une lettre! grand Dieu!... Serait-ce...? *(Haut.)* Ah! c'est cette lettre qui... Quelque affaire de famille sans doute... Si j'en connaissais le contenu, je pourrais peut-être vous offrir quelques avis...

LE COMTE. — Le contenu! il vous intéresse plus que vous ne pensez.

MADAME DE VALNOIR.—Comment!... Je ne comprends pas...

LE COMTE, *à part.*— Elle paraît bien calme. *(Haut.)* Un autre vous ferait peut-être un mystère de l'avis singulier que je viens de recevoir ; mais je ne veux vous rien cacher. Tenez... voici le nom de celui qui m'écrit.(*Montrant la lettre.*) Timon Vaklin.

MADAME DE VALNOIR, *à part*. — Grand Dieu ! mon père !

LE COMTE.— Connaissez-vous cet homme ?

MADAME DE VALNOIR.—Timon !... Timon !... Je ne me rappelle pas...

LE COMTE, *avec plus d'affection*. —Ah ! ma chère, vous avez bien des ennemis.

MADAME DE VALNOIR.— Oui, sans doute, j'en ai. Cette lettre, je le parierais, vous est adressée par celui qui depuis si longtemps s'attache à me persécuter, par cet homme qui en voulait à ma main, et qui, furieux de voir que je vous ai préféré, a juré de me perdre dans votre esprit... Par le comte d'Erlac, enfin.

LE COMTE.— Quoi ! vous penseriez que ce billet est du comte ?

MADAME DE VALNOIR. — Ou de quelqu'un payé par lui ! Que sais-je, moi ! Il a tant d'agents disposés à seconder ses vengeances ! Je me doutais qu'un jour il vous écrirait. Je l'avouerai cependant, j'espérais, je croyais même être assez connue de vous pour n'avoir pas à redouter leurs calomnies... Mais l'inquiétude que vous cause cette lettre me prouve que je m'étais abusée, et bientôt peut-être, ajoutant foi à toutes les perfidies qu'elle renferme, vous vous rangerez du parti de mes ennemis. Albert...vous me fuirez !... vous m'oublierez... Ah ! ce coup serait pour moi le plus sensible ! J'ai supporté avec résignation tous les maux, mais, je le sens, je ne survivrai pas à la perte de votre amour.

(*Elle met son mouchoir sur ses yeux.*)

LE COMTE. — Ah ! mon amie ! que dites-vous ! Je vous oublierais, je cesserais de vous aimer ! non...vous ne le croyez pas. (*Déchirant la lettre.*) Loin de moi ce gage de vengeance et de perfidie !... Chère et sensible amie, me pardonnerez-vous un mouvement d'inquiétude, dont je n'ai pas été le maître ?

MADAME DE VALNOIR. — Vous m'assurez de votre tendresse, je ne puis vous en vouloir plus longtemps.

LE COMTE. — Que de bontés ! Je saurai m'en rendre digne ; et pour vous prouver combien je suis loin d'ajouter foi à de vains mensonges, je veux que vous me permettiez de hâter l'instant de mon bonheur. Consentez à devenir dès demain mon épouse.

MADAME DE VALNOIR. — Dès... demain, mon cher comte ?

LE COMTE. — Je vous en supplie, je réclame cette marque d'amour.

MADAME DE VALNOIR. — Vous le voulez ?... Mais plus de soupçons !...

LE COMTE. — Ah ! jamais !

MADAME DE VALNOIR. — Eh bien ! je me rends à vos vœux.

LE COMTE, *lui baisant la main.* — Je suis au comble du bonheur !

MADAME DE VALNOIR. — Puisque ce jour fixe notre félicité, mon cher comte, nous ne pouvons trop nous livrer au plaisir. Me permettez-vous de faire venir dans ce parc les bons montagnards des environs. Ils réclament depuis longtemps la faveur de vous présenter leurs hommages. J'avais arrangé une petite fête, et ils n'attendent qu'un mot de vous pour se rendre en ces lieux.

LE COMTE. — Disposez de tout ici ! Vos moindres désirs sont des lois.

Je vais de ce pas ordonner les apprêts de la cérémonie, qui en s'adressant à vous me rendra le plus fortuné des hommes. (*Il sort.*)

SCÈNE III

MADAME DE VALNOIR *seule*.

Je triomphe! les menaces de Timon seront sans effet!... L'épreuve qui vient d'avoir lieu était forte, je l'avoue, et il a fallu toute ma présence d'esprit pour me tirer de ce mauvais pas; mais enfin, j'en suis sortie glorieusement, et le comte plus épris que jamais ne conserve aucun soupçon. (*Timon paraît dans le fond et écoute.*) Je suis fâchée cependant de n'avoir pu rejoindre mon père... Vous me reverrez bientôt, me dit-il dans sa lettre; oserait-il se présenter au château?

SCÈNE IV

MADAME DE VALNOIR, TIMON

TIMON, *approchant*.—Qui pourrait m'en empêcher, madame?

MADAME DE VALNOIR, *effrayée*. — Ah!... vous ici?

TIMON. — Rassurez-vous, le comte ignore ma présence en ces lieux.

MADAME DE VALNOIR, *à part*. — Je respire! (*Haut.*) Que désirez-vous de moi?

TIMON, *avec sévérité*. — La réponse à la lettre que je vous ai fait remettre.

MADAME DE VALNOIR. — La... réponse?

TIMON. — Auriez-vous déjà oublié ce qu'elle contenait?... Quelle est votre détermination? Êtes-vous décidée à quitter ce château?

MADAME DE VALNOIR. — Quitter ce château!... Le puis-je? Quoi! lorsqu'un parti brillant se présente pour moi...

TIMON. — Le comte ignore qui vous êtes, sans cela il ne s'abaisserait pas jusqu'à vous.

MADAME DE VALNOIR. — Mais enfin le comte m'aime... Et lorsque je puis devenir son épouse, qui peut vous porter à me persécuter ainsi?

TIMON. — L'honneur qui me défend de laisser une famille vertueuse devenir la dupe de vos infâmes artifices.

MADAME DE VALNOIR. — Par grâce!... consentez au bonheur de votre fille.

TIMON. — Ma fille!... Ah! ne prononcez point ce nom, il m'irrite encore davantage, il renouvelle mes douleurs! Ce titre respectable de père, vous l'avez méconnu, outragé; vous avez rompu tous les liens qui m'attachaient à vous; vous m'avez couvert de honte et d'opprobre, et vous osez vous dire ma fille!... vous, dont le cœur fut toujours fermé aux sentiments de la nature... Ah! ce mot si doux pour un père devient un outrage quand il sort de la bouche d'un enfant dénaturé.

MADAME DE VALNOIR, *à part*. — Essayons de le fléchir. (*Haut*.) Je sais que ma conduite passée a pu me mériter votre colère. Je sais que j'ai eu des torts envers vous!... mais maintenant, croyez que mon seul but est de les réparer...

TIMON. — Commencez donc par m'obéir.

MADAME DE VALNOIR. — En cherchant à devenir l'épouse du comte Albert, ce n'est point mon bonheur seul que j'avais en vue. Le soin de votre existence future m'occupait tout entière. Vous n'êtes point heureux, je le sais... Devenue riche, j'espérais, je comptais même pouvoir vous être utile... pourquoi me priver de cette espérance? une fortune brillante eût été votre partage; en attendant que je fasse davantage pour vous, tenez, prenez cette bourse, et par grâce...

(*Elle lui offre une bourse.*)

TIMON. — Malheureuse! qu'oses-tu me présenter?

Crois-tu que c'est avec de l'or que l'on efface des bassesses? Détrompe-toi : tes offres brillantes ne me séduiront pas; je ne suis pas la dupe de ta fausse sensibilité, je connais ton cœur! Je sais que la dissimulation, le mensonge et la perfidie le remplissent tout entier.

MADAME DE VALNOIR, *à part.*—La colère me suffoque.

TIMON. — Pour la dernière fois, abandonnez-vous vos infâmes projets? Renoncez-vous à prétendre au titre d'épouse du comte?

MADAME DE VALNOIR. — Non, mon parti est pris, et je ne céderai point à vos sollicitations.

TIMON. — Fille indigne! tu ne crains donc pas d'attirer sur toi le courroux du ciel? Tremble qu'il n'exauce les derniers vœux d'un père dont tu as fait le malheur, et qui invoque un Dieu vengeur que tu outrages, pour qu'il fasse tomber sur ta tête le châtiment réservé aux enfants ingrats... Adieu, je t'abandonne pour toujours.

SCÈNE V

MADAME DE VALNOIR *seule.*

Il est enfin parti!... Je sens que sa présence m'a jetée dans un trouble... Mais j'aperçois le chevalier.

SCÈNE VI

LE CHEVALIER, MADAME DE VALNOIR

LE CHEVALIER.—Je vous cherche depuis deux heures, je suis impatient de connaître le résultat de votre entrevue avec Timon?

MADAME DE VALNOIR. — Un moment plus tôt vous le trouviez en ces lieux.

LE CHEVALIER. — Quoi! il était ici? aussi près du château?

MADAME DE VALNOIR. — Oui, chevalier.

LE CHEVALIER. — Et quel était son but?

MADAME DE VALNOIR. — Il voulait me forcer de renoncer au projet d'épouser Albert; il exigeait que je sortisse de ce château, me menaçant, dans le cas contraire, de parler, de me dévoiler...

LE CHEVALIER. — Bah! bah! il nous a déjà menacés plusieurs fois, et jamais il n'a tenu parole. Mais enfin?

MADAME DE VALNOIR. — Enfin, voyant que je persistais dans mon projet, il m'a quittée furieux... en m'annonçant qu'il m'abandonnait pour toujours.

LE CHEVALIER. — Il s'éloigne! Eh! vraiment, nous n'en demandons pas davantage, et dans sa colère le bonhomme nous sert le mieux du monde.

MADAME DE VALNOIR. — Il sait tout ce qui se passe au château, sans doute par cette Angélique qui le connaît, et qui lui rapporte ce que l'on fait journellement.

LE CHEVALIER. — Il faut mettre fin à cet espionnage en défendant à cette fille...

MADAME DE VALNOIR. — Cette fille!... cette fille est plus instruite que vous ne pensez, et si je l'indispose... je préfère la ménager, je veux même lui faire prendre le change sur nos sentiments, ainsi qu'au vieux Saturnin; et pour cela j'ai imaginé un projet...

LE CHEVALIER. — Quel est-il?

MADAME DE VALNOIR. — De solliciter auprès du comte la grâce de sa fille.

LE CHEVALIER. — De Clary! Y pensez-vous? cette jeune fille ne vous aime pas, et son retour en ces lieux ne pourrait que vous nuire.

MADAME DE VALNOIR. — J'ai tout calculé, tout prévu. Il faut quinze jours pour aller chercher Clary et la ramener en ces lieux; d'ici là, j'aurai tout le temps de m'opposer à son arrivée, puisque demain je deviens l'épouse du comte. En sollicitant aujourd'hui sa grâce, je trompe mes ennemis, et je ménage deux personnes que je dois craindre jusqu'au moment de la cérémonie. Eh bien ! chevalier, que dites-vous de ce projet ?

LE CHEVALIER. — Qu'il est parfaitement conçu, belle dame, et qu'en fait de ruse et de finesse, nous ne sommes, nous autres hommes, que des écoliers.

MADAME DE VALNOIR. — Mais on vient... c'est le comte... Justement Angélique et Saturnin sont avec lui.

SCÈNE VII

LES PRÉCÉDENTS, LE COMTE, ANGÉLIQUE, SATURNIN

LE COMTE. — Oui, ma chère Angélique... oui, Saturnin, c'est demain que l'hymen m'unira à madame de Valnoir.

SATURNIN. — Au moins, monsieur le comte, attendez que... (*Il aperçoit madame de Valnoir et le chevalier.*) Oh! oh! voilà nos intrigants ensemble.

LE COMTE, *à madame de Valnoir*. — Je viens, ma chère amie, d'annoncer partout mon prochain bonheur, demain je n'aurai plus de vœux à former.

ANGÉLIQUE, *à part*. — Timon nous aurait-il abandonnés ?

MADAME DE VALNOIR. — Vous savez, mon cher comte, si je partage vos sentiments. (*A part, au chevalier.*) Voyez donc le dépit d'Angélique.

SATURNIN, *à part*. — Hum! la langue me démange.

LE CHEVALIER. — Je vous félicite tous deux des nœuds que vous allez former; jamais époux n'ont été mieux faits l'un pour l'autre.

ANGÉLIQUE. — Monsieur le chevalier se connaît en caractère.

LE COMTE. — Dès ce moment, ma tendre amie, vous êtes maîtresse en ces lieux, où chacun, je l'espère, s'empressera de suivre vos moindres désirs.

SATURNIN, *à part*. — Il est ensorcelé.

19.

MADAME DE VALNOIR. — Puisque vous me permettez d'user dès à présent du titre glorieux de votre épouse, je vais m'en servir pour vous demander une faveur à laquelle j'attache le plus grand prix.

SATURNIN, à part. — Que veut-elle dire?

LE COMTE. — Parlez! et croyez que je me ferai un plaisir de vous l'accorder.

MADAME DE VALNOIR. — Depuis longtemps l'aimable Clary est éloignée de vous; je ne veux point que nous soyons seuls heureux : je vous demande sa grâce, mon cher comte, et j'exige qu'elle revienne près de nous.

SATURNIN, à part. — Bon! elle se prend elle-même dans nos filets.

LE COMTE. — Femme adorable! combien vous êtes bonne! Pourquoi Clary n'est-elle pas témoin de votre touchante prière! Comment peut-elle ne pas apprécier toutes vos vertus?

MADAME DE VALNOIR. — Elle m'aimera plus tard, je l'espère. Ah çà! vous accordez ma demande?

LE COMTE. — Puis-je vous rien refuser?

SATURNIN, avec joie. — Quoi! monsieur le comte, vous pardonnez à votre fille?

LE COMTE. — Sans doute. En serais-tu fâché?

SATURNIN. — Bien au contraire, mon cher maître; mais c'est que je suis si content... si étonné... Comment! et c'est madame qui s'est chargée de...

LE COMTE. — Tu le vois.

SATURNIN. — Cette chère Clary!... on peut donc la faire paraître maintenant?

LE COMTE. — Que dis-tu?

SATURNIN. — Oui, monsieur le comte; elle est ici, dans ce château.

MADAME DE VALNOIR, à part. — Maudit vieillard.

ANGÉLIQUE. — En seriez-vous fâché, monsieur le comte?

LE COMTE. — Non, mes amis; mais comment se fait-il?

SATURNIN. — C'est moi, mon cher maître, qui, sans

votre aveu, l'avais ramenée en ces lieux, bien certain que vous ne tarderiez point à pardonner.

LE COMTE. — Allons, tu as bien fait, Saturnin. Mais où donc est-elle, cette chère enfant?

ANGÉLIQUE. — Je cours la chercher. Madame ne s'attendait pas à voir ses vœux exaucés si promptement.

SATURNIN. — Je le crois. (*Angélique sort en courant.*)

SCÈNE VIII

LES PRÉCÉDENTS *excepté* ANGÉLIQUE

MADAME DE VALNOIR, *à part*. — C'est moi qui suis leu dupe.

SATURNIN. — Je savais bien, moi, que cela s'arrangerait. Je suis au comble de la joie... mais je ne m'attendais pas à être redevable à madame de ce bonheur. (A part.) Elle ne se doutait pas non plus du tour que je viens de lui jouer... Ce sera le dernier, j'espère.

MADAME DE VALNOIR. — Ce que j'ai fait est bien naturel... Je l'aime tant, cette chère Clary!

LE COMTE, *bas à Saturnin*. — Tu vois, Saturnin, combien on t'avait trompé sur le compte de cette femme intéressante.

SATURNIN. — Je ne dis plus rien, monsieur le comte. (A part.) La suite prouvera si j'avais tort ou raison.

LE CHEVALIER. — Je serai aussi enchanté de la revoir, cette chère demoiselle Clary; j'ai toujours eu pour elle la plus vive affection.

LE COMTE. — Oui, chevalier, je ne doute pas que sa présence ne nous cause à tous un extrême plaisir.

MADAME DE VALNOIR, *à part*. — Cachons mon dépit. (*Haut.*) Mais la voilà, cette chère enfant!

SCÈNE IX

LES PRÉCÉDENTS, CLARY, ANGÉLIQUE

LE COMTE, *l'apercevant*. — Clary!... Viens dans mes bras, ma chère enfant!

CLARY. — Mon père! (*Elle se jette dans ses bras.*)

SATURNIN. — Voilà un tableau qui me fait du bien.

LE CHEVALIER. — En vérité, je suis tout attendri.

CLARY. — Me pardonnez-vous, mon père, si, cédant aux instances de Saturnin, j'ai osé...

LE COMTE. — Tout est oublié, tout est pardonné, ma chère Clary, ne parlons plus de cela; souviens-toi, seulement que c'est à madame que tu dois ta grâce.

CLARY, *avec candeur*. — J'en conserverai une éternelle reconnaissance.

MADAME DE VALNOIR. — Cela ne doit pas vous étonner, ma chère Clary; vous savez que j'ai toujours eu pour vous la tendresse d'une mère...

CLARY. — Vous, madame!

MADAME DE VALNOIR. — Votre présence me fait un plaisir?... Il faut absolument que je vous embrasse.

ANGÉLIQUE. — Contraignez-vous, mademoiselle, surtout devant M. le comte.

(*Madame de Valnoir embrasse Clary; on entend une musique champêtre.*)

LE COMTE. — Qu'est-ce que j'entends, Saturnin?

SATURNIN. — Ah! je sais ce que c'est, monsieur le comte; ce sont les bons montagnards des environs, à qui madame avait ordonné de se rendre en ce lieu pour y célébrer votre fête.

LE COMTE, *à madame de Valnoir*. — Chère amie!

SATURNIN, *montrant Clary*. — Je vous ai offert mon bouquet, monsieur le comte, celui de madame ne pouvait venir plus à propos. Le jour où vous nous rendez votre fille doit être consacré au plaisir.

MADAME DE VALNOIR, *à part*. — Et c'est encore moi qui ai ordonné cette fête !...

LE COMTE. — Tu as raison, Saturnin ; fais entrer ces bons villageois.

SATURNIN. — J'y cours, mon bon maître. (*Il sort*)

LE CHEVALIER. — Tout le monde doit être en fête dans ce canton depuis que notre monarque daigne le visiter.

LE COMTE. — Quoi !... le roi !...

LE CHEVALIER. — Dans ce moment même, on le croit à Clermont-Ferrand.

LE COMTE. — J'ignorais cette circonstance... Mais voici nos villageois.

SCÈNE X

LES PRÉCÉDENTS, SATURNIN, MONTAGNARDS ET MONTAGNARDES

SATURNIN, *entrant le premier*. — Allons, allons, arrivez, vous autres !

(*Toute la compagnie se place. Les montagnards arrivent en dansant, présentent des bouquets au comte, exécutent diverses danses du pays, etc.*)

BALLET

LE COMTE, *se levant*. — Je suis sensible, mes amis, aux témoignages de votre attachement : cette petite fête n'est que le prélude de celles qui vont bientôt, je l'espère, se donner dans ce château ; en attendant, recevez cette faible marque de mon amitié pour vous. (*Il donne une bourse.*) Mais la soirée s'avance, retournons au château.

(*Le comte présente la main à madame de Valnoir, le chevalier la sienne à Clary; tout le monde sort à l'exception de Saturnin.*)

SCÈNE XI

SATURNIN *seul.*

Ainsi voilà qui est décidé : mon maître va épouser madame de Valnoir... Pauvre enfant! que je la plains! Avec quelle fausseté cette méchante femme l'accablait de caresses! Elle cherchait à cacher son dépit de la voir en ces lieux... mais je n'ai pas été dupe de sa ruse. Hum! comme elle doit m'en vouloir, à moi!... Morbleu? je n'ai jamais si bien agi : faire du chagrin aux méchants, c'est les battre avec leurs propres armes... Mais j'aperçois maître Pacôme... Il vient à moi... Oh! oh! le drôle peut à peine marcher... Bon! peut-être en saurai-je plus cette fois que la dernière.

SCÈNE XII

SATURNIN, PACÔME

(*La nuit vient peu à peu.*)

PACÔME, *une bouteille et deux verres à la main.* — Ah! vous voilà, mon ami, mon bon ami Saturnin!

SATURNIN. — Que venez-vous donc faire par ici? Comment! vous ne restez pas à la fête?

PACÔME. — Non : je n'aime pas la cohue, moi. Ils sont là-bas à se réjouir; ils dansent, ils chantent; tout ce bruit-là... ç... ça me grise, moi. J'ai pris cette bouteille et deux verres, et... je cherchais un bon garçon pour oire tranquillement avec lui... Eh bien! tenez, puisque je vous trouve, c'est vous qui serez ce bon... ce bon enfant-là.

SATURNIN. — Moi!... eh! bien volontiers; mais où nous mettrons-nous?

PACÔME. — Attendez, attendez, je vais arranger cela. (*Il place une chaise de jardin au milieu du théâtre; il pose dessus la bouteille et les verres, puis il place de chaque côté une autre chaise; pendant ce temps il dit :*) Ah! c'est que je l'aime, moi, ce papa Saturnin!

SATURNIN, *à part*. — Il faut profiter de l'occasion pour le faire jaser.

PACÔME. — Tenez, voilà le couvert mis.

SATURNIN. — Ah! c'est fort bien; asseyons-nous. (*A part.*) Je crois que je vais en apprendre de belles.

PACÔME. — A votre santé, mon ami... Ah! c'est que vous êtes un ami, vous : j'en suis un aussi, moi, et pourtant je suis un chien, un coquin à pendre, quoi?

SATURNIN. — Bah! vous plaisantez! vous! un garçon plein de religion, toujours à l'église...

PACÔME. — Laissez donc, monsieur Saturnin, c'est un rôle que je me suis fait... pas si bête, vraiment... (*Il boit.*) Il n'est pas mauvais, heim?

SATURNIN. — Je le crois bien. (*A part.*) Le coquin a pris du meilleur. (*Haut.*) Ah çà! vous n'êtes donc pas dévot?

PACÔME. — Je fais semblant... parce que ma maîtresse le veut.

SATURNIN. — Ah! ah! elle a donc des raisons pour...

PACÔME. — Des raisons... (*Il boit.*) Est-ce qu'on a de la raison quand on a bu? (*Saturnin lui verse à boire.*) Mon bon ami Saturnin, je vais à l'église, c'est vrai; tout honnête homme doit aller à l'église... cela inspire de la confiance... pour faire des dupes. (*Il boit.*) A votre santé.

SATURNIN. — Bon! vous avez donc quelqu'un à duper ici?

PACÔME. — Non, oh! non. Je n'aurai pas la scélératesse de duper mon ami Saturnin, et pourtant je ne suis ici que pour ça.

SATURNIN. — Pour me tromper, moi!

PACÔME. — Non, pas vous... Mais M. le comte... ton maître. (*Tendant son verre.*) Encore un coup.

SATURNIN, *versant à boire.* — Ah! conte-moi donc cela, c'est plaisant, j'en rirai bien.

PACÔME. — Oh! que non, que non! vous n'en rirez pas. C'est nous qui en rirons, ma maîtresse et moi... Ah! ah! ah! quand nous aurons épousé le comte, déjà je mets à la porte cette petite bégueule d'Angélique...

SATURNIN. — Ah! oui-dà... et après?...

PACÔME. — Après... nous avons un père par le monde...

SATURNIN. — Ah! vous avez un père?

PACÔME. — Non pas moi, mais madame.

SATURNIN. — Celui que j'ai vu?

PACÔME. — Oh! que non, c'était un père de comédie, celui-là. Madame en a une douzaine comme ça. A la bonne heure, moi, je n'en ai pas du tout, c'est plus tôt fait!... On ne perd pas son temps en visites de jour de l'an. (*Tendant son verre.*) Verse donc. (*Il boit.*) Je suis un enfant trouvé tout bonnement... Si bien donc... que ce père de madame sera content de nous cette fois... je l'espère! et il ne me donnera plus de coups de canne, comme il le fait souvent quand il me rencontre... à moins qu'il ne soit mort... Oh! oui; il est mort... Depuis longtemps nous n'avons plus de ses nouvelles... C'est qu'il n'est pas plaisant du tout, celui-là!

SATURNIN, *à part.* — Que veut-il dire?

PACÔME. — Malgré ça... c'est mal... j'ai des remords! il faut que je te dise tout, d'abord... Je suis le plus grand coquin de la terre... mon pauvre ami, tu devrais prendre un bâton et m'en bien frotter les épaules : je l'ai bien mérité... Oh! tiens, écoute...

SATURNIN, *à part.* — Faisons bien attention.

(*Pacôme s'approche pour parler à Saturnin; puis soudain, comme par réflexion, il jette à terre le vin qui était dans son verre.*)

PACÔME. — Non... je ne te boirai pas, toi... la vérité est dans ce maudit vin... tu me ferais dire des bêtises.

SATURNIN. — Que faites-vous donc?

PACÔME. — Je fais... je fais ce que je dois faire... parce que...

SATURNIN, *à part*. — J'aperçois madame de Valnoir!... fâcheux contre-temps.

SCÈNE XIII

LES PRÉCÉDENTS, MADAME DE VALNOIR

PACÔME, *à part*. — Oh! oh! c'est la bourgeoise; elle va me gronder. (*Il range les chaises.*)

MADAME DE VALNOIR, *à part*. — Que vois-je? Saturnin avec Pacôme. (*A Pacôme.*) Que faites-vous ici?

PACÔME. — Madame... je... je réfléchissais.

MADAME DE VALNOIR. — Vous êtes encore gris, malheureux! Allez, rentrez dans votre chambre, et craignez tout si vous n'obéissez pas sur-le-champ.

PACÔME, *effrayé*. — Madame... soyez sûre... que... d'ailleurs, cependant... J' vas me coucher. (*Il sort.*)

SCÈNE XIV

MADAME DE VALNOIR, SATURNIN

MADAME DE VALNOIR. — Ce malheureux se met dans des états... Mais, quoi? vous buviez avec lui, Saturnin?

SATURNIN. — Oui, madame, oui, je trouvais son vin bon.

MADAME DE VALNOIR. — Ah!... vous!... quand il a

bu, il dit cent sottises ; je ne sais où il va les prendre.

SATURNIN. — Il est vrai qu'il m'a dit des choses... A l'en croire, il ne joue le rôle de dévot que pour faire des dupes.

MADAME DE VALNOIR. — Voyez l'imbécile!... La vilaine chose que le vin! Lui, faire des dupes! Il est trop sot pour cela.

SATURNIN. — Je le crois plus malin que bête.

MADAME DE VALNOIR. — Si je savais cependant qu'il nous trompât en jouant un rôle étudié, celui-là surtout, qui est le plus bas de tous, je le mettrais à la porte sur-le-champ.

SATURNIN. — Oh! alors, vous ne risquez rien que de le chasser, car il ne dit la vérité que lorsqu'il a trop bu. Au surplus, madame, je vous engage à lui recommander d'être plus sobre à l'avenir. Sans cela, au lieu de vous servir, il pourrait vous jouer quelque mauvais tour.

(Il sort.)

SCÈNE XV

MADAME DE VALNOIR, *seule*.

Que veut dire Saturnin? Pacôme ne peut lui avoir donné de soupçons... cependant ils buvaient ensemble... l'air satisfait de ce malin vieillard, le ton avec lequel il vient de me parler... Allons, Pacôme aura jasé... je tremble! Si cela venait aux oreilles du comte... Mais pourquoi ces craintes? Sachons profiter de la confidence d'Albert et de ce secret qu'il m'a révélé. Il est maintenant occupé, entouré d'Angélique, de sa fille et de ses vassaux... rendons-nous dans son appartement, saisissons-nous de ces papiers précieux... je sais où ils sont cachés, Albert ne les visite que rarement, et une fois notre hymen conclu, je les remettrai à leur place.

Mais qu'il tremble, s'il ne remplit pas sa promesse, je sais bien alors l'usage que j'en devrai faire. (*Elle sort.*)

ACTE TROISIÈME

Le théâtre représente un salon dont les portes du fond sont ouvertes.

SCÈNE I

LE COMTE, SATURNIN

SATURNIN, *suivant le comte*. — Oui, mon cher maître, tout ce que je vous répète là m'a été dit hier soir par Pacôme. Oh! combien n'aurais-je pas donné pour que vous pussiez l'entendre vous-même!

LE COMTE. — Et tu bâtis là-dessus mille contes qui n'ont pas le sens commun. Je veux bien que Pacôme t'ait dit tout cela; je le crois même; mais quelle foi veux-tu que l'on ajoute aux discours d'un homme ivre, qui ne sait plus ce qu'il dit ni ce qu'il fait?

SATURNIN. — Oui; sans doute, il était ivre... eh! parbleu, sans cela, il ne m'aurait pas pris pour son confident.

LE COMTE. — Je ne puis croire que ce garçon, qui, hormis ce défaut, paraît honnête, a de la religion...

SATURNIN. — De la religion! trop. Cela m'est suspect à moi. M. Pacôme ne quitte pas l'église, il y assiste à none, à sixte, à tierce, à quarte... que sais-je, moi?... il n'y peut pas entrer un enterrement, qu'il ne le suive et ne se mette soudain en prière pour le repos de l'âme d'un défunt qu'il n'a jamais connu... Eh! bon Dieu! c'est souvent pour mieux tromper les vivants que bien des gens prient comme cela pour les morts.

LE COMTE. — Va, mon cher Saturnin, j'apprécie ton zèle... mais je... laisse-moi... j'ai besoin d'être seul.

SATURNIN, *à part.* — Il paraît cependant réfléchir à ce que je lui ai dit, puisse-t-il enfin arracher le bandeau qui lui couvre les yeux! (*Il sort.*)

SCÈNE II

LE COMTE, *seul.*

Je ne suis pas aussi tranquille que je m'efforce de le paraître quand je réfléchis... quand je rapproche les événements... cette lettre de Timon... ce que Saturnin a entendu dire à Pacôme... tous ces faits me troublent et m'inquiètent malgré moi... Serais-je donc en effet abusé? madame de Valnoir ne serait-elle qu'une intrigante?... Ah! ce soupçon est injuste... Quelle preuve me donne-t-on pour la condamner?... Des avis mystérieux... la conversation d'un domestique pris de vin... Ce n'est pas sur de pareils rapports que je dois soupçonner une femme qui ne m'a donné que des marques de franchise et d'attachement... Mais on vient, c'est Angélique; la lettre de ce Timon me prouve qu'il la connaît aussi... interrogeons-la.

SCÈNE III

LE COMTE, ANGÉLIQUE

LE COMTE. — Approchez, Angélique, j'ai besoin de vous parler.

ANGÉLIQUE. — A moi, monsieur le comte?

LE COMTE. — Oui, à vous. Vous n'ignorez pas, mademoiselle, l'attachement que j'ai pour madame de Valnoir; vous savez que ce matin même elle doit devenir mon épouse, et cependant, d'après ce que m'a dit Saturnin, vous partagez ses ridicules préventions contre elle, vous connaissez même ses ennemis... oui, car vous êtes nommée dans une lettre que m'adressa hier un certain Timon Vaklin.

ANGÉLIQUE. — Monsieur le comte...

LE COMTE. — Angélique, vous savez combien je vous aime, si vous avez effectivement quelques motifs de suspecter les intentions de madame de Valnoir, pourquoi ces détours, ces mystères? N'est-il pas de votre devoir de m'instruire, en me prouvant que je suis abusé?

ANGÉLIQUE. — Ah! mon respectable protecteur, ne me jugez pas trop sévèrement, et croyez que j'ai de fortes raisons pour en agir ainsi.

LE COMTE. — Des raisons! quelles sont-elles? je veux les connaître.

ANGÉLIQUE. — Bientôt j'espère pouvoir vous les dire.

LE COMTE. — Quel est ce Timon qui m'a écrit cette lettre?

ANGÉLIQUE. — Un homme qui vous est sincèrement attaché.

LE COMTE. — Toujours des mystères! Parlez, Angélique, je le veux.

ANGÉLIQUE. — Monsieur le comte...

LE COMTE. — Eh bien! mademoiselle, puisque vous ne voulez rien me dire, sachez qu'indigné de votre dissimulation envers moi, j'ai le droit de vous en punir; sachez que je ne suis ni un étranger ni un maître pour vous... Angélique, tu es ma nièce.

ANGÉLIQUE. — Je le savais, mon oncle.

LE COMTE. — Tu le savais?...

ANGÉLIQUE. — En entrant chez vous et depuis longtemps. O le meilleur des hommes, ne me punissez pas d'une dissimulation à laquelle j'ai été forcée, et qui m'a bien coûté.

LE COMTE. — Qui t'y a forcée?

ANGÉLIQUE. — L'ami de l'étranger qui ce matin vous a fait remettre une lettre.

LE COMTE. — Et quels droits ont sur toi ces deux particuliers?

ANGÉLIQUE. — Mon oncle!... dussé-je exciter contre moi toute votre colère, j'oserai vous demander la permission de me taire encore quelque temps.

LE COMTE. — Mais enfin, puisque tu savais être ma nièce, et que l'on a tardé si longtemps à t'introduire près de moi, pourquoi l'a-t-on fait à la fin?

ANGÉLIQUE. — C'est lorsque l'on a vu madame de Valnoir s'établir chez vous, et capter votre cœur en même temps que votre confiance. On s'est douté de ses projets, et l'on m'a envoyée pour la surveiller et pour avertir de ses moindres démarches ceux qui vous portent un si grand intérêt.

LE COMTE. — D'où peut naître cet intérêt?

ANGÉLIQUE. — Vous le saurez, mon oncle.

LE COMTE. — Ciel! madame de Valnoir...

SCÈNE IV

LES PRÉCÉDENTS, MADAME DE VALNOIR

MADAME DE VALNOIR, *en entrant*. — Toujours avec cette Angélique... (*Au comte.*) Mon cher Albert, je viens vous avertir que votre notaire est arrivé; il vous attend.

LE COMTE, *embarrassé*. — Le notaire!... (*A part.*) Grand Dieu! dans quel embarras elle me jette!

ANGÉLIQUE, *à part*. — Le notaire ici!... ne perdons pas un instant, allons prévenir Timon.

(*Elle sort vivement.*)

SCÈNE V

LE COMTE, MADAME DE VALNOIR

MADAME DE VALNOIR, *à part.* — D'où peut naître cet embarras que je lis dans les yeux du comte, et cette fuite précipitée d'Angélique?

LE COMTE, *à part.* — Tâchons de gagner quelques instants, peut-être alors saurai-je...

MADAME DE VALNOIR. — Qu'avez-vous donc, mon ami? Je vous trouve l'air triste, inquiet...

LE COMTE. — Moi!... vous vous trompez.

MADAME DE VALNOIR. — Non. Je sais lire dans votre âme. Eh quoi! ce moment qui devait faire votre félicité, qu'hier vous paraissiez désirer si ardemment, serait-il cause de cette contrainte que je remarque en vous?

LE COMTE. — Pouvez-vous le croire? (*A part.*) Contraignons-nous. (*Haut.*) Non, ma chère amie, vous vous méprenez sur la nature de mes sentiments... Quelques souvenirs de famille m'occupaient, voilà tout; mais laissons cela: le notaire, dites-vous, vient d'arriver. Je vais le trouver; mais comme les arrangements que je vais lui dicter pourraient être un peu longs et fastidieux, veuillez remonter dans votre appartement, j'irai moi-même vous y chercher lorsqu'il n'y aura plus qu'à signer.

MADAME DE VALNOIR. — J'y consens, et je vous attends avec impatience. (*A part.*) Malheur à lui s'il ose m'abuser!   (*Elle s'éloigne.*)

SCÈNE VI

LE COMTE, *seul.*

Cruelle incertitude!... et cet   qui refuse

de me parler, et qui me laisse dans le moment où ses révélations me sont indispensables! *(Il réfléchit.)*

SCÈNE VII

LE COMTE, CLARY

CLARY. — Mon père !... le notaire est arrivé : tout est prêt pour la cérémonie.

LE COMTE. — Ah !... c'est toi, Clary.

CLARY. — Qu'avez-vous donc, mon père ? vous êtes triste ?

LE COMTE. — Ce n'est rien, mon enfant.

CLARY, *naïvement.* — Est-ce qu'on est comme cela quand on va se marier ?

LE COMTE, *à part.* — Se marier... se marier !... *(Haut.)* Eh bien ! ma chère Clary, tu n'en veux donc plus à madame de Valnoir ? Tu ne l'aimais pas autrefois, et tu parais contente maintenant de me voir l'épouser...

CLARY, *vivement.* — Contente... oh ! non, mon père !

LE COMTE. — Comment ?

CLARY, *se reprenant.* — Mais je n'ose pas en être fâchée.

LE COMTE. — Tu n'oses pas... Voyons, parle, explique-toi.

CLARY. — Mon père, c'est que... si je vous dis que je n'aime pas madame de Valnoir, vous me renverrez encore d'auprès de vous.

LE COMTE. — Non, ma chère Clary, non ; j'ai été injuste, peut-être... mais je te promets de ne plus t'éloigner de moi... Cependant, je serais fâché que celle que j'ai choisie pour mon épouse...

CLARY. — Oh ! je l'aimerai, mon père, puisque vous me promettez de me garder avec vous.

LE COMTE. — Sans doute ; mais enfin tu avais des raisons pour lui en vouloir ?

CLARY. — J'avais tort, peut-être... Il est vrai qu'elle

me faisait pleurer toutes les fois que j'étais seule avec elle.

LE COMTE. — Pleurer !...

CLARY. — C'était peut-être sans le vouloir, mon père ; elle me disait que lorsqu'elle serait maîtresse en ces lieux, elle m'en ferait chasser.

LE COMTE. — Chasser !

CLARY. — Oh ! mais elle m'avait bien défendu de vous le dire.

LE COMTE, *à part*. — Oh ! ceci est trop fort, et il faut que je m'assure...

SCÈNE VIII

LES PRÉCÉDENTS, ANGÉLIQUE, *ensuite* TIMON *et* SATURNIN

ANGÉLIQUE. — Monsieur le comte, voici la personne dont je vous ai parlé ce matin.

TIMON. — Monsieur le comte, je viens troubler votre bonheur peut-être, mais les révélations que j'ai à vous faire sont trop importantes pour l'honneur de votre famille et votre repos futur. Il m'en coûte beaucoup à moi-même, mais vous alliez conclure votre hymen, et je n'ai pu différer davantage.

LE COMTE. — Seriez-vous l'auteur de la lettre que j'ai reçue hier ?

TIMON. — Oui, monsieur le comte, je suis ce Timon Vaklin, et le père de madame de Valnoir.

TOUS. — Le père de madame de Valnoir !

LE COMTE. — Et cet homme que je vis il y a un an sous le nom de Saint-Brice...

TIMON. — N'était qu'un fripon chargé de jouer ce rôle. Oui, monsieur le comte, je suis le père de cette femme qui ose aspirer au titre de votre épouse, et qui en est indigne par les vices révoltants qui composent son odieux caractère et qui ont déshonoré ma vieillesse... Qu'elle cesse donc d'être à vos yeux madame de Valnoir, elle s'appelle Thérèse Vaklin et n'a jamais été mariée.

LE COMTE. — Grand Dieu!

SCÈNE IX

Les précédents, PACÔME

PACÔME, *paraissant dans le fond*. — Que vois-je ? Timon ici !... Nous sommes perdus.

LE COMTE, *à Timon*. — Bon vieillard ! Que ne vous dois-je pas, et sans vous dans quel abime j'allais tomber !

TIMON. — J'ai fait mon devoir, monsieur le comte, je vais vous dévoiler une femme dont les desseins pernicieux étaient de vous brouiller avec vos enfants, et de faire par la suite le malheur de toute votre famille.

PACÔME, *à part*. — J'en sais assez, maintenant, retirons-nous.   *(Il sort.)*

LE COMTE. — Mes chers amis, que j'ai dû vous paraître coupable ! et toi surtout, ma Clary, combien tu dois m'en vouloir !

CLARY. — Je ne crains plus de perdre votre tendresse, mon père, c'était là mon plus grand chagrin.

SATURNIN. — Vraiment, c'est que la dame s'y prenait adroitement.

TIMON. — Je vous quitte, monsieur le comte, ma présence n'est plus nécessaire en ces lieux.

LE COMTE. — Je ne chercherai point à vous retenir maintenant, homme trop malheureux, mais promettez-moi que je vous reverrai.

TIMON. — Oui, monsieur le comte, vous me reverrez plus tôt peut-être que vous le pensez, si l'espoir que j'ai n'est pas déçu. En attendant, recevez mes adieux.

(Il sort.)

SCÈNE X

Les précédents, excepté TIMON

SATURNIN, *au comte*. — Mon bon maître ! vous nous êtes donc enfin rendu, car tant que cette maudite femme vous tenait dans ses filets, je vous regardais comme perdu pour nous.

LE COMTE. — Mon cher Saturnin, et toi, ma chère Angélique, vous aviez tous raison. Mais cette femme m'avait tellement fasciné les yeux...

SATURNIN. — Ah çà ! j'espère que bientôt elle nous débarrassera de sa présence.

LE COMTE. — Afin qu'elle sache que je suis instruit de tout, rendons-nous de suite à la chapelle, et que l'on fasse disparaître à l'instant tous les préparatifs de la cérémonie !... Suivez-moi, mes enfants.
(*Il sort avec Angélique et Clary.*)

SATURNIN, *seul*. — Nous triomphons enfin !... Ah ! madame de Valnoir... monsieur le chevalier, et toi, hypocrite de Pacôme, vous ne vous attendiez pas à ce dénoûment-là. (*Il sort.*)

SCÈNE XI

PACÔME, *seul*.

Non, ma foi, je ne m'y attendais pas. Allons, tout est fini ; il ne nous reste plus qu'à faire notre paquet... Voilà ma maîtresse... je vais lui conseiller de quitter ses habits de noce.

SCÈNE XII

PACÔME, MADAME DE VALNOIR

MADAME DE VALNOIR. — Pacôme, sais-tu ce qu'est devenu le comte? je l'attends en vain depuis longtemps.

PACÔME. — Eh! parbleu, madame, ce n'est plus la peine de l'attendre, tout est découvert.

MADAME DE VALNOIR. — Que veux-tu dire? Qu'est-il donc arrivé?

PACÔME. — Je vous répète que tout est découvert, madame; savez-vous que j'ai vu tout à l'heure dans cette salle, au milieu de la famille assemblée... le diable : Timon Vaklin?

MADAME DE VALNOIR.— Grand Dieu! se pourrait-il?... Tu es sûr... ?

PACÔME. — Oh! très-sûr...

MADAME DE VALNOIR. — Aurait-il parlé?

PACÔME. — Il a tout dit.

MADAME DE VALNOIR. — Tout dit! je suis perdue... Et le comte?...

PACÔME. — Le comte va revenir furieux. Il va nous chasser tous comme des fripons... vous d'abord, qui êtes notre chef, et moi après.

MADAME DE VALNOIR. — Allons, il n'y a pas à balancer, vengeons-nous de cette odieuse famille.

PACÔME. — J'aperçois M. le chevalier, il n'a pas non plus l'air très-rassuré, on lui a sans doute déjà donné son congé. Croyez-moi, madame, partons au plus vite; quant à moi, je me sauve. *(Il sort.)*

SCÈNE XIII

MADAME DE VALNOIR, LE CHEVALIER

LE CHEVALIER. — Qu'y a-t-il donc de nouveau? On

défait les préparatifs de votre hymen? Qu'est-ce que cela veut dire?

MADAME DE VALNOIR. — Que M. le comte sait tout, que nos projets sont détruits, et qu'il faut que je renonce au but que je m'étais proposé.

LE CHEVALIER. — Diable! mais cela ne fait pas mon compte à moi; et mes cinquante mille francs?

MADAME DE VALNOIR. — Il s'agit bien de votre argent!

LE CHEVALIER. — Comment! mais ce n'est qu'à cette condition que j'ai consenti à...

MADAME DE VALNOIR. — Vous serez payé, chevalier, si vous voulez me servir. Je partirai de ce château, mais quand je me serai cruellement vengée. Oui, il faut que cette famille orgueilleuse verse des larmes de sang de m'avoir outragée; il faut qu'elle reconnaisse en frémissant l'ouvrage d'une femme qui devient à jamais sa plus mortelle ennemie.

LE CHEVALIER. — Mais quels moyens avez-vous?

MADAME DE VALNOIR. — Prenez ces papiers. Ils vous apprendront le véritable nom du comte. Vous y trouverez l'arrêt qui condamne à la peine de mort son frère Evrard Dervil, qui dépouille lui et sa famille de leurs biens, de leurs titres, qui les flétrit tous enfin.

LE CHEVALIER. — Se pourrait-il?

MADAME DE VALNOIR. — L'arrêt qui les condamne est en pleine vigueur, aussitôt qu'ils seront reconnus il peut être exécuté. Vous savez maintenant ce qui vous reste à faire et à qui vous devez vous adresser. Allez chez le magistrat du lieu, faites diligence, que je sois témoin du désespoir de mes ennemis!

LE CHEVALIER. — Il suffit; je vole, et dans peu vous triompherez.

(Il sort.)

SCÈNE XIV

MADAME DE VALNOIR, *seule*.

Trop confiant Albert, tu apprendras, mais trop tard, à connaître celle que tu méprises... Je l'aperçois, contraignons-nous encore.

SCÈNE XV

LE COMTE, MADAME DE VALNOIR

LE COMTE, *apercevant madame de Valnoir*. — Ciel! encore cette femme!... Allons, débarrassons-nous d'un entretien pénible pour tous deux.

MADAME DE VALNOIR, *à part*. — Son embarras m'amuse... son agitation me fait pitié.

LE COMTE, *d'un ton froid, mais poli*. — Vous êtes sans doute surprise, madame, de ne pas m'avoir vu plus tôt ?

MADAME DE VALNOIR. — Moi, monsieur, point du tout !... Ne suis-je pas habituée à souffrir, ici, les caprices de tout le monde ?

LE COMTE. — Je dois vous apprendre que j'ai changé de résolution... et que mon intention n'est plus de...

MADAME DE VALNOIR. — Il suffit, monsieur; je veux bien vous éviter toute explication, qui, peut-être, ne serait pas à votre avantage.

LE COMTE, *à part*. — Quel excès d'audace !

MADAME DE VALNOIR. — Je ne vous demande pas quels sont vos motifs... Vous verrez dans peu si vous devez vous féliciter d'avoir agi de la sorte : et peut-être alors vous repentirez-vous d'une conduite trop précipitée, voilà tout ce que j'ai à vous dire. Adieu, comte Albert, je vous engage à l'avenir à vous défier des appa rences, à être moins sensible, et surtout moins confiant. Souvenez-vous de cet avis.

(*Le comte se retourne ; elle lui lance un regard menaçant et sort.*)

SCÈNE XVI

LE COMTE, SATURNIN

SATURNIN, *la regardant sortir*. — Que lui avez-vous donc dit, monsieur ? elle a l'air menaçant ?

LE COMTE. — Le dépit de se voir démasquée en est sans doute la cause.

SATURNIN. — Hum ! j'ai dans l'idée qu'ils trament encore quelques complots avec le chevalier : je l'ai rencontré tout à l'heure qui courait... ah !

LE COMTE. — Quel complot veux-tu qu'ils trament ?

SATURNIN. — Je ne sais : mais ils sont si méchants ! Je ne pense pas cependant qu'ils puissent... Vous n'avez pas eu l'imprudence de leur confier...

LE COMTE, *comme frappé d'une idée soudaine*. — O ciel !... affreuse lumière !... tu me fais penser... J'avais oublié dans mon aveuglement... Fatale indiscrétion !

SATURNIN. — Quoi ! monsieur ! vous auriez...

LE COMTE. — Oui, Saturnin, il n'est que trop vrai... Mais pourraient-ils... si mes papiers... Je les ai ces papiers précieux... Je dois les avoir... Saturnin, mon ami, monte à mon cabinet... tu sais où ils sont... délivre-moi de mon inquiétude !

SATURNIN. — J'y vole, monsieur. Fasse le ciel que mes pressentiments ne se réalisent pas ! (*Il sort.*)

SCÈNE XVII

LE COMTE, *seul.*

Imprudent Albert !... voilà donc où t'a conduit une

passion aveugle... Malheureuse faiblesse!... si cette femme s'est emparée de ces papiers, ou, sans cela, si elle révèle le secret que je lui ai confié, nous sommes tous perdus... déshonorés... mes enfants... et c'est moi qui serai cause... Ah! quelle leçon pour un père de famille!... On vient.

SCÈNE XVIII

LE COMTE, CLARY, ANGÉLIQUE

ANGÉLIQUE. — Qu'y a-t-il donc, mon cher oncle? Nous venons de voir Saturnin, dont l'air effrayé...

CLARY. — Mais vous-même, mon père, qu'avez-vous?

ANGÉLIQUE. — Vous paraissez éprouver des chagrins...

LE COMTE. — Ah! je tremble... vous ne la connaîtrez que trop tôt, la cause de mes tourments... Puissent-ils ne pas avoir les suites que je redoute!

CLARY. — Que voulez-vous dire?

LE COMTE. — Voilà Saturnin; grand Dieu! que va-t-il m'apprendre?

SCÈNE XIX

Les précédents, SATURNIN

SATURNIN, *arrivant désespéré*. — Hélas! monsieur le comte, mes craintes n'étaient que trop fondées! Les papiers ont été enlevés.

LE COMTE. — Malheureux!

CLARY. — Qu'est-ce donc?... Quels papiers?

LE COMTE, *au désespoir*. — Ceux relatifs à la condamnation de mon frère, de ma famille... c'est moi qui ai confié ce secret important à madame de Valnoir, et c'est elle sans doute qui s'en sera emparée. Malheureux que je suis ! Je vous perds tous. Quel est ce bruit ! Grand Dieu ! serait-ce déjà ?...

SATURNIN, *regardant à une fenêtre du salon.* — Des gendarmes entrent dans la cour du château. Madame de Valnoir va au-devant d'eux... Elle les amène de ce côté... O mon pauvre maître !

LE COMTE. — Nous sommes perdus !

SCÈNE XX

Les précédents, EVRARD, TIMON, MADAME DE VALNOIR, *gendarmes.*

(*Tout le monde entre par la porte du fond, madame de Valnoir la première. Evrard est enveloppé d'un grand manteau et a sur la tête un chapeau militaire. Timon est mêlé parmi les gendarmes. Evrard tient un papier à la main.*)

MADAME DE VALNOIR, *entrant la première.* — Venez, messieurs, voici le comte Albert Dervil.

LE COMTE. — Femme abominable ! voilà donc ton ouvrage.

MADAME DE VALNOIR, *à Evrard.* — Monsieur le commandant, permettez-moi de vous rappeler que vous devez faire exécuter le jugement que j'ai fait remettre entre vos mains. Ce jugement porte qu'Evrard Dervil, frère du comte, condamné, déshonoré...

EVRARD, *couvert d'un manteau.* — Nous le savons, madame ; mais votre zèle devient inutile en ce moment. Apprenez que le roi, touché des longs malheurs de cette intéressante famille, vient d'annuler le jugement qui la condamnait à l'opprobre.

TOUS. — Est-il possible ?

MADAME DE VALNOIR. — Qu'entends-je ?

EVRARD. — Et dans celui qui vous parle, reconnaissez Evrard Dervil lui-même.

(*Il jette son manteau, et paraît en uniforme de maréchal de camp.*)

LE COMTE, *se jetant dans ses bras.* — Mon frère !

CLARY. — Mon cher oncle !

ANGÉLIQUE ET SATURNIN. — O bonheur !

LE COMTE. — Quoi ! c'est toi que je serre dans mes bras ?

EVRARD. — Oui, mes amis ; proscrit, errant pendant vingt années, j'avais perdu tout espoir de jamais rentrer au sein de la société ; mais cet ami fidèle (*montrant Timon*) ne m'a pas abandonné dans ma disgrâce. C'est à ses soins, c'est à ses nombreuses démarches auprès du ministre, que je dois le bonheur dont je jouis en ce moment. Qu'il vous suffise de savoir que ce matin je suis allé me jeter aux pieds du roi, et que Sa Majesté, déjà prévenue en ma faveur, a daigné m'accorder, avec notre grâce, un brevet de maréchal de camp.

SATURNIN, *avec un cri de joie.* — Dieu soit loué !

EVRARD. — Vous le voyez, madame, votre projet de vengeance a tourné contre vous et votre indigne complice ; au moment où ce perfide venait solliciter l'ordre qui devait perdre mon frère et sa famille, je me suis trouvé chez le magistrat, où je m'étais rendu pour justifier de mes lettres de grâce. Ce digne soutien des lois a bien voulu me confier l'ordre qui vous concerne, et m'a chargé de le faire mettre à exécution. Déjà le chevalier est arrêté, et vous allez subir le châtiment réservé à tant d'intrigues.

MADAME DE VALNOIR. — Je suis perdue !

LE COMTE. — Comment ?

TIMON. — Oui, monsieur le comte ; cette femme, qui, pour récompenser votre amour, n'a pas craint de vous précipiter dans l'abîme, va recevoir sa juste punition. Le ministre, écoutant les réclamations d'un père, m'a donné le pouvoir de faire séquestrer de la société un être aussi vil, aussi dangereux. (*A l'exempt.*) Prenez ce papier, monsieur, et faites votre devoir.

SATURNIN. — Faudra-t-il préparer à madame la couronne nuptiale ?

LE COMTE. — Paix, paix, Saturnin !

MADAME DE VALNOIR. — Vous triomphez, mais redoutez encore ma colère.

SCÈNE XXI

Les précédents, excepté MADAME DE VALNOIR

LE COMTE. — Mon ami, mon frère !

EVRARD. — Cher Dervil ! ma chère Angélique, viens donc aussi dans mes bras ; tu peux maintenant sans rougir me nommer ton père.

CLARY ET SATURNIN. — Son père !

LE COMTE. — Oui, mes amis, Angélique est aussi de la famille. (*A Timon.*) Bon vieillard, j'espère que vous ne nous quitterez pas... nous tâcherons de vous faire oublier, par nos soins et notre amitié, le malheur d'avoir donné le jour à un monstre tel que celui dont nous sommes heureusement délivrés... Et toi, ma Clary, pardonne à ton père son erreur : puisse-t-elle servir de leçon à tous les chefs de famille !

FIN DE MADAME DE VALNOIR

Paris. — Imp. V⁽ᵉ⁾ P. LAROUSSE et Cⁱᵉ, rue Montparnasse, 19.

Original en couleur
NF Z 43-120-8

www.ingramcontent.com/pod-product-compliance
Lightning Source LLC
Chambersburg PA
CBHW070847170426
43202CB00012B/1982